KB094466

우리는 침묵할 수 없다

세계의 여성 17명,
러시아-우크라이나 전쟁과 삶을 이야기하다

우리는 침묵할 수 없다
윤영호, 윤지영 인터뷰집

‘□’

· 내용 이해를 돕기 위해 일부 고유명사와 지명에는 외국어 표기를 병기했습니다.

머리말

전쟁이 터졌다. 전쟁에 대한 반응은 다양했다. 공포, 불안, 분노, 슬픔, 공감, 동정, 연민, 위로 그리고 냉소까지. 침략자에 대한 비난과 전쟁 반대가 주를 이뤘지만, 간간이 다른 의견들이 보였다. 전쟁을 선악의 프레임으로 보지 말고 지정학의 프레임으로 보자는 의견이나, 감상에 빠지지 말고 이성적으로 보자는 주장도 있었다. 누구는 전쟁에 아주 가까이 있었고, 누구는 전쟁으로부터 멀리 떨어져 있었다. 단순히 물리적 거리를 말하는 것이 아니다. 전쟁 당사자여도 누군가는 전쟁을 외면했고, 누군가는 물리적으로 멀리 떨어져 있어도 심리적으로는 가까이 있었다. 무엇이 그 거리감을 결정했을까? 전쟁터의 군인, 전쟁 난민, 난민의 지인, 난민을 돕는 사람의 생생한 목소리를 듣는다면 전쟁과의 거리는 좁혀질까? 거리를 좁힌다는 것은 무슨 의미일까? 전쟁과의 심리적 거리를 좁히면 전쟁을 필요악으로 보지 않게 될까? 전쟁의 폐해를 머리로, 동시에 가슴으로 느끼는 사람이 한 명이라도 늘어난다면 전쟁이라는 최악의 비극을 피할 수 있을까?

알 수 없는 일이다. 우선 전쟁에 대한 논란을, 전쟁에 대한 감정을 다양한 각도에서 살펴보기로 했다. 소셜 미디어 시대에 다양한 나라의 사람을 인터뷰하는 일은 크게 어렵지 않았다. 우리는 중앙아시아의 초원부터 발트해까지 쉽게 연결되는 세상에 살고 있다. 심지어 전장에 있는 군인을 인터뷰할 수도 있었다. 인터뷰를 진행하면서 먼저 피부에 와닿은 것은 각자의 감정이었다. 감정이란 뻔한 것이라고 생각할 수도 있다. 그러나 같은 단어라고 해도, 가령 초조라는 단어를 예로 들면, 전쟁의 초조와 일상의 초조는 다르다. 그래서 전쟁의 감정은 생각처럼 뻔하지 않다. 난민으로 런던에 온 한 우크라이나 여성은 전쟁이 시작된 뒤 첫 두 달 동안 자포리자에 머물렀다. 러시아군이 20킬로미터 떨어진 곳까지 접근해왔을 때 그녀가 가장 바랐던 것은 초조한 마음 없이 커피를 마시는 것이었다. 우리는 늘 커피를 마신다. 때로는 일상 속에서 초조함을 느끼기도 한다. 그러나 초조함 없이 커피를 마시는 것이 삶의 가장 큰 소망인 순간에 대해 모르기에 전쟁의 초조함은 뻔하지 않다. 영국 화가 레슬리 버치는 "미술은 사람들의 감정을 연결하는 것이다. 그래서 미술은 개인적인 감정임과 동시에 보편적인 감정이다"라고 말했다.* 레슬리가 말하는 미술처럼 이 책도 감정을 연결하고 싶은 욕심에서 시작되었다. 그것도 뻔하지 않은 감정을 말이다. 그 연결이 전쟁을 끝나게 하는 데 도움이 되거나 전쟁의 교훈을 깨닫게 하는 면에서 작은 역할이나마 할 수 있을지도 모른다는 바람을 가졌다.

그렇게 감정을 하나둘씩 연결하는 사이에 전쟁 소식은 뉴

---

* 「What Is the Artist's Role in Society?」, 〈Artwork Archive〉.

스 헤드라인에서 밀려났다. 소셜 미디어에서도 전쟁 이야기는 뜸해졌다. 소셜 미디어상의 화젯거리가 바뀌면서 감정도 변해갔다. 마치 소설 속 한 장면 같았다. 밀란 쿤데라의 소설《참을 수 없는 존재의 가벼움》에서 주인공 테레자는 '프라하의 봄'을 찍은 사진을 언론사에 가져간다. 스위스 언론사 편집국장은 작품에 찬사를 보내면서도, 이 사건은 이미 옛날이야기이고 사진이 아무리 멋져도 게재될 가능성은 없다고 잘라 말한다. 테레자가 "그러나 프라하에서는 아무것도 끝나지 않았어요"라고 말해보지만 이미 아무도 관심이 없었다.*

감정을 연결하는 것은 어렵고 그게 식어가는 감정이라면 더욱 어려워진다. 전쟁은 모든 것을 시들게 만든다고 하는데 그 점에서 시간은 전쟁보다 더 유능하다. 전쟁의 감정이 시간을 이길 수 없다면 이 책은 무슨 의미를 가질까? 이 책이 휘발성 있는 것을 담고 있다면 시간이 흐른 뒤 이 책에는 무엇이 남을까?

다시 밀란 쿤데라가 생각났다. 1968년 그가 겪은 '프라하의 봄'은 2022년 우크라이나 전쟁으로 다시 태어났고, 이 책에서 보여주려고 했던 많은 것이 《참을 수 없는 존재의 가벼움》에 예언처럼 쓰여 있다. 그는 감정만으로는 부족하며, 거기에 하나가 덧붙여져야 한다고 생각했다. 쿤데라는 이성이 감정에게 자리를 온전히 내주면 인간은 타인을 이해하지 못하고 편협한 세상에 머문다고 말했다. 도스토옙스키의 소설에 나타난 세상 이야말로 바로 감정이 지배하는 세상인 것이다. 인간의 감정

---

* 《참을 수 없는 존재의 가벼움》(이재룡 옮김, 민음사), 밀란 쿤데라.

은 숭고하다. 하지만 가해자가 끔찍한 죄를 범한 뒤 감정에 빠지고 자신의 잔혹한 행위를 회개하는 것만으로는 문제가 해결되지 않는다. 그것은 개인의 세계다. 참혹한 일이 일어나고 있는 전쟁에서 감정만을 강조한다면 전쟁을 개인의 세계로 한정하는 것이다. 전쟁은 개인의 세계를 뛰어넘는 문제다. 따라서 감정을 연결하는 것만으로는 충분하지 않고 그 이상을 보여주어야 한다. 그렇다면 우리도 밀란 쿤데라가 도스토옙스키를 분석했듯이 전쟁 논리를 분석하고 파헤쳐야만 할까?

고민 끝에 인터뷰 대상자의 목소리를 인터뷰가 행해진 순간의 공기와 함께 최대한 가감 없이 전달하는 것에 집중하기로 했다. 감정도, 이성도, 그 이상의 무엇인가도 있는 그대로 생생하게 담는 것을 목표로 삼았다. 진정성 있는 이야기는 그 자체로 좋은 기록이며, 시간과 함께 해석이 달라질 수는 있지만, 쉽게 소멸되지 않을 것이란 기대를 가져본다. 인터뷰 대상자와 독자가 어떤 형태로인가 연결되면 독자에게 각자의 것이 생길 것이다. 인터뷰에서 질문 뒤에 답변이 이어지는 것처럼, 이 책 자체가 새로운 질문이 되고 독자 각자의 해답이 이어지길 바란다.

가족의 생사를 확인할 수 없는 마리우폴 출신의 예비 신부, 작은 가방 하나를 들고 낯선 집의 초인종을 누른 난민, 한 번도 보지 못한 사람에게 자신의 집을 내준 싱글맘, 피난길인지 미지의 세계로 떠나는 여행인지 혼란스러웠던 아이, 내일의 불확실성이 두려웠던 변호사 지망생, 방아쇠를 당기는 전쟁터의 저격수, 공범자라는 죄책감을 가지고 있는 반전 시위자, 장애인 선수의 뒷모습을 통해 전쟁의 슬픔을 본 올림픽 위원회 직원, 중립을 외치지만 자신의 말이 공허하다는 것을 아는 카자흐스탄인 직장인, 그림으로 전쟁의 감정들을 연결하려고 하는 예술가, 음악으로 우크라이나를 지지하는 바이올리니스트, 푸틴의 오류를 지적하는 국제관계사 학자, 이번 전쟁은 경제적·문화적 매력에 관한 문제라고 말하는 국제정치학 학자, 작품 대신 방어용 바리케이드를 만들고 있는 작가를 바라보는 갤러리 관장, 러시아 문학을 전쟁의 공범이라고 생각하는 우크라이나 작가 등의 이야기가 이 책에 실렸다.

　많은 사람이 어려운 환경 속에서도 인터뷰에 응해준 이유는 침묵으로는 표현할 수 없는 이야기, 반드시 해야만 하는 이야기가 각자에게 있기 때문이다. 런던 로열 오페라 하우스에서 활동하는 안나는 자신에겐 모든 자유가 있지만, 지금은 "침묵할 자유가 없다"라고 말했다. 전쟁을 멈추기 위해서는 한 명이라도 더 많은 사람이 함께 연대해야 하기 때문에 말과 글과 바이올린으로 목소리를 내고 있다. 인터뷰 대상자들의 깊고도 복잡한 이야기는 감정이기도 하고 이성이기도 하며, 당위이기도 하고 현실이기도 하다. 이 책을 통해 한국 독자가 멀리 떨어진 타국에서 일어난 비극과의 거리를 좁히고 전쟁에서 발생한 여러 이슈에 대해 자신만의 답을 찾기를 기대한다.

2022년 7월
윤영호, 윤지영

차례

일상이 무너진 순간

우크라이나·폴란드
다리야 마르첸코
Dariya Marchenko, Дарія Марченко

조부모의 안위를 걱정하는 마리우폴 출신 애널리스트

손녀의 드레스를 구하다

할아버지와 할머니는 지금 살아남기 위해서
싸우고 있지만, 어쩌면 나의 결혼식을 보기 위해
살아남으려 하고 있는 건지도 몰라요.
우리는 할머니와 할아버지 이야기를 할 때마다
눈물을 흘려요.
눈물이 나기 시작하면 한동안 멈추질 않아요.

2022년 4월 15일, 4월 17일 줌Zoom 인터뷰.
추후 왓츠앱WhatsApp으로 소통하며 내용 보강.

우크라이나 전쟁 소식은 많은 사람을 걱정과 불안에 빠뜨렸다. 하지만 시간이 지나고 전쟁이 장기화되면서 전쟁 소식에 무감각해지는 사람이 늘어나고 있다. 누군가는 아직도 전쟁 이야기를 하냐고 탓하기도 하고, 누군가는 양쪽 모두 잘못했다는 논리를 펼치기도 하고, 누군가는 모든 전쟁 소식에는 의도가 있다고 하고, 누군가는 감정적으로 전쟁을 바라보지 말고 지정학의 운명을 보라고 훈계한다. 그러나 우리가 생각하는 우선순위는 다르다. 먼저 전쟁터에 있는 사람들, 전쟁으로 인해 삶의 터전을 버려야 했던 사람들, 그리고 그들을 가까이서 돌보는 사람들의 이야기를 들어보고자 한다. 그러고 난 후에 양비론, 프로파간다와 국제 정치에 대해 생각해도 늦지 않을 것이다.

폴란드와 우크라이나 국적을 가지고 있는 20대 여성 다리야 마르첸코(가명)가 있다. 다리야는 아무리 시간이 지나도 이번 전쟁에 무디어질 수 없고, 지루함을 느낄 수도 없다. 다리야는 결혼을 앞둔 예비 신부였지만 결혼식은 언제 열릴지 알 수 없게 되었다.

다리야와의 인터뷰는 4월 15일과 17일, 마리우폴 전투가 치열하게 전개되고 있던 때에 진행되었고, 그녀는 감정을 여과 없이 드러냈다. 다리야의 복잡한 심경 때문에 인터뷰는 느리게 진행되었지만 모두가 대화에 더욱 집중할 수 있었다. 다리야의 감정 중 일부는 고심 끝에 지면에 옮기지 않기로 결정했다. 인터뷰 대상자의 목소리를 최대한 있는 그대로 옮기려고 했던 다짐은 처음부터 난관을 맞았다. 전쟁이 벌어지고 있는 세상 속에서 예상대로 되는 일은 별로 없다.

자기소개를 부탁합니다.

내 이름은 다리야입니다. 책 읽기, 노래 부르기, 그림 그리기를 좋아합니다. 나이는 25세이고, 글로벌 기업에서 시장 분석 애널리스트로 일하고 있어요. 나는 폴란드와 우크라이나 국적을 가지고 있습니다. 어릴 적에 우크라이나에서 폴란드로 왔지요.

언제, 어떻게 폴란드로 이주했나요?

2014년이었어요. 고등학교를 졸업한 해였죠. 나는 열일곱 살이었고 우크라이나의 마리우폴에서 살고 있었어요. 새로운 세상이 내 눈앞에 열리고 있었고, 대학 입학을 위해 어느 도시로 갈지 고민하고 있었지요. 그런데 부모님이 폴란드가 좋겠다고 하셨고, 그때부터 폴란드를 고려하기 시작했어요. 아직 나이가 어렸고, 부모님과 1천7백 킬로미터나 떨어진 곳에서 살아야 한다는 점이 두려웠지만요.

고등학교를 졸업하기 한 달 전에 러시아가 돈바스를 공격했어요. 러시아는 당시 루한스크, 도네츠크*를 사실상 점령했고, 내가 살고 있던 도시인 마리우폴도 원하고 있었죠. 우리는 불

---

* 우크라이나 동부에 위치한 주들이다. 2014년 친러 분리주의 세력이 각각 루한스크 인민 공화국과 도네츠크 인민 공화국을 선언하고 우크라이나로부터 독립을 주장했다. 루한스크와 도네츠크 일대를 묶어 돈바스라고 칭하기도 한다. 항구 도시 마리우폴이 도네츠크에 속해 있다.

타는 건물들을 지나 학교에 갔어요. 나무, 철조망, 자동차 등으로 만들어진 바리케이드가 도처에 있었고요. 2014년 5월 9일에 분리주의자들이 마리우폴 경찰서에 총격을 가했죠. 그곳에서 아버지의 친구가 죽었어요. 그때 부모님은 나를 폴란드로 보내려는 판단에 확신을 가지셨고, 하루 빨리 나를 안전한 곳으로 보내야 한다고 생각하셨어요. 그렇게 해서 우리 가족 중 나만 안전한 곳에서 살게 되었습니다.

마리우폴에서의 삶은 어떠했나요?

2014년까지는 최고 중의 최고였죠. 어려서 많은 것을 눈치채지 못했거나 이해하지 못했을 수도 있지만, 내 눈에는 마리우폴이 번창하고 있는 것으로 보였어요. 많은 관광객이 찾아왔고, 새 건물이 들어섰고, 낡은 건물이 재건축되고 있었죠. 대통령을 포함한 권력층의 부패가 심각했지만 국민들은 대처하는 법을 알아가며, 개선점을 찾아가고 있었어요. 그러나 러시아가 우크라이나를 공격하면서 모든 것이 복잡해졌습니다. 우리는 총소리가 어디서 나는 건지 궁금해하며 잠을 청했죠. 총소리는 때로는 육지에서 공기를 가르며 날아오는 것 같았고, 때로는 바다에서 물을 가르며 날아오는 것 같았어요.

갑자기 러시아와의 합병을 요구하는 사람들이 우리 도시에 끊임없이 나타나기 시작했어요. 그들은 자신들이 우리 도시에서 오래전부터 살아왔다고 떠들어댔지만, 시청이 어디에 있는지도 모르면서 깃발을 들고 다녔어요. 우리에게는 성장하고 발전하려는 열망이 있었고 미래가 있는 것처럼 보였지만, 러시아가 등장하면서 우리는 미래를 위해 싸워야 한다는 것을 깨달았죠. 누구든지 무기를 들고 와서 우리 삶 전체를 파괴할 수 있다는 것을 비로소 깨닫기 시작했어요.

마리우폴은 지금 전 세계인의 관심의 대상인데요, 이 도시에 대해 자세히 설명해줄 수 있나요?

마리우폴은 다양한 국적을 가진 사람들이 다양한 언어를 구사하며 평화롭게 사는 항구 도시였죠. 인구는 50만 명 정도였어요. 아름다운 아조우 해변 덕분에 관광객도 많았고, 영화 촬영을 위해 배우와 영화감독 들이 늘 찾아왔어요.

그리고 중공업이 발전한 도시이기도 해요. 아조우스탈이라는 커다란 철강 공장이 있어요. 마리우폴 시민이 숨은 곳도 이곳이고, 우크라이나군과 러시아군이 최후까지 싸우고 있는 곳이 바로 이곳이죠. 아조우스탈에서 나오는 매연으로 간혹 문제가 생기기도 했지만, 마리우폴에는 새로운 투자가 들어왔고, 공원은 잘 가꾸어졌고, 도심 풍경도 유럽처럼 낭만적인 데다 다양한 축제가 열렸어요. 도시는 주민들과 함께 번영하고 있었지요.

그런데 지금은 완전히 폐허가 되어 건물 95퍼센트가 폭탄과 탱크로 파괴되었고, 아름다웠던 거리와 새로 건설되었던 도로에는 시신들이 놓이게 되었어요. 살아남은 사람들은 철강 공장 지하에서 물과 빛 없이 지내고 있어요. 폭격 때문에 갈라진 틈으로 한줄기 빛이 광선처럼 들어오고 간혹 빗물이 떨어지는 곳에 있는 여성, 노인, 아이, 부상자를 상상해보세요. 그들은 친척에게 무슨 일이 일어났는지, 누가 살았고, 누가 죽었는지 모릅니다.* 통신망과 이동 수단을 포함한 모든 것이 파괴된 상황에서 자신의 삶을 지키기 위해 싸우고 있어요.** 우크라이나의 젤렌스키 대통령은 아조우스탈 지하에 대피해 있는 피난민과 군인을 구하기 위해 최선을 다하고 있고요.

이 전쟁은 다리야의 삶을 어떻게 바꾸어놓았나요?

나는 8년 전에 마리우폴을 떠나 폴란드로 왔기에 이번 전쟁의 참상에서 어느 정도 벗어나 있어요. 그러나 어리석고 피비린내 나는 전쟁은 내 영혼, 내 가족의 영혼, 모든 우크라이나인의 영혼을 영원히 불구로 만들고 있습니다.

나는 올 6월에 남자친구와 결혼할 예정이었고, 우리는 그 시간을 손꼽아 기다렸어요. 이곳에 양가 친척 모두 오게 한 뒤 결혼식을 올릴 예정이었지요. 피로연을 열 레스토랑을 정했고 메뉴까지 골라두었어요. 결혼식에 신을 예쁜 구두도 사놓았고요. 우리는 얼마 전까지 한없이 낭만적이었어요. 그러나 지금은 어떻죠? 내 고국에서 러시아 군인이 사람들을 죽이고 있어요. 이제 나의 세상은 온통 검은색으로 물들어버렸어요.

---

* 드미트리 무라토프가 노벨 평화상 수상 때 받은 메달을 우크라이나 난민을 위해 경매에 내놓으면서 이렇게 말했다. "마리우폴의 어린아이가 두 손을 모으고 다음과 같이 기도했다. 하나님, 엄마와 통화할 수 있도록 우리 휴대전화를 충전해주세요."
** 2022년 5월 17일 우크라이나가 마리우폴 전투 작전 종료를 선언했다. 이후 아조우스탈 철강 공장 지하에서 82일간 항전해온 우크라이나 수비대가 항복했고 마리우폴은 러시아에게 점령당했다.

〈세상의 끝The Ends of the World〉.*

* 영국의 엔트 카버가 기후 변화의 심각성을 일깨우기 위해 그린 거리 벽화이지만, 최근 이 그림을
  본 사람 대다수가 메릴랜라 죽은 해바라기 꽃 때문에 우크라이나 전쟁을 떠올린다고 한다.

벌써 52일 동안 어머니 쪽 할머니와 이야기를 나누지 못했고, 할아버지는 어딘가로 끌려가셨다고만 들었어요. 지금은 돌아오실지 어떠실지 모르는 상태예요. 지금 마리우폴 사람들에게는 음식도, 물도, 빛도, 통신 수단도 없어요. 아버지 쪽 할아버지와 할머니는 마리우폴로부터 조금 떨어진 지역에 살고 계신데, 그곳은 이미 러시아에게 점령당한 지역이에요. 할아버지는 우리에게 전화할 방법을 찾기 위해 고군분투하고 있고, 사흘에 한 번씩 어떻게든 소식을 전해주시고 있어요. 당신이 살아 있다는 것을 말해주기 위해서요. 할아버지와 할머니는 지금 살아남기 위해서 싸우고 있지만, 어쩌면 나의 결혼식을 보기 위해 살아남으려 하고 있는 건지도 몰라요. 우리는 할머니와 할아버지 이야기를 할 때마다 눈물을 흘려요. 눈물이 나기 시작하면 한동안 멈추질 않아요.

아빠와 여동생은 전기, 난방, 물 없이 포격을 받으며 한 달 동안 버티다가 가까스로 마리우폴을 빠져나왔어요. 여분의 옷이나 신발도 없었고, 조그마한 배낭 하나를 메고 나왔지요. 그곳을 떠난 모든 사람처럼 곧 돌아갈 수 있을 거라 생각했고요. 가족의 모든 삶은 마리우폴 집에 남겨져 있어요. 동생이 졸업 파티에서 입으려고 했던 드레스, 엄마가 살아 계셨을 때 찍었던 사진, 좋아하는 책, 아버지의 일, 친구들. 나와 가족에게 의미 있었던 그곳에는 죽음과 파괴만이 남겨졌어요.

총에 맞아 죽은 사람들과 파괴된 자동차들이 거리에 누워 있습니다. 침략자들은 사람들이 숨어 있던 학교와 병원을 파괴하고 있어요. 사람을 죽이고 여성과 어린이를 강간합니다.

심지어 아기가 강간당하는 경우도 있습니다. 그들은 동물을 죽여 불태우고, 집에서 귀중품을 약탈하고 탱크로 집을 부셔요. 그들은 아이들과 사파리 놀이를 합니다. 우크라이나 아이들이 도망가도록 내버려두고, 누군가가 충분히 빨리 달리지 않으면 다리에 총을 쏩니다. (일부 생략) 그러고는 우리가 우리 스스로를 죽여 자작극을 벌이고 있다는 말도 안 되는 소리를 떠벌립니다. 나는 이 전쟁이 남긴 장면 하나하나를 영원히 잊지 않고 기억할 거예요.

전쟁이 내 삶에 어떤 영향을 미쳤냐고요? 그 질문을 듣는 것만으로도 눈물이 흐릅니다. 나는 흰색 웨딩드레스를 입는 대신에 검은 운동복을 입고 있습니다. 그야말로 재앙이지만, 내가 겪는 고통은 이 전쟁의 아주 작은 일부분에 불과합니다.

이 전쟁에 대한 책임은 누구에게 있다고 생각하나요?
러시아와 러시아 국민 모두에게 있습니다. 전쟁 결정을 내린 푸틴과 푸틴의 협조자들에게 직접적인 책임이 있습니다. 모든 러시아 국민, 우크라이나 땅에서 헛되이 죽어가고 있는 러시아 젊은이를 모른 척하고 있는 러시아 사람, 지금 일어나고 있는 일에 기여하고 있는 모든 사람, 이 전쟁을 가능하게 한 모든 사람, 남편과 자식을 전쟁터에 내보낸 모든 어머니와 아내에게도 똑같은 책임이 있습니다. 총알을 하나라도 쏘거나 폭탄을 하나라도 떨어뜨린 사람들, 죽은 우크라이나인을 두고 우크라이나의 자작극이라고 주장하는 선동가들, 그들 모두의 책임입니다. 이런 문명화된 세계에서 어떻게 이런 일이 가능한지 아직도 이해가 되질 않아요.

어떤 사람은 우크라이나의 루한스크와 도네츠크에서 우크라이나 정부도 러시아 지지자를 많이 죽였다고 주장합니다. 그것이 푸틴에게 침공의 명분을 주었다고 말하지요. 이에 대해서는 어떻게 생각하나요?

우크라이나 정부는 국민을 러시아계와 우크라이나계로 나눈 적이 없어요. 우크라이나의 모든 국민은 어떠한 정치적 입장을 갖고 있든지 모두 우크라이나 국민입니다. 2014년에 친러시아 시민들이 도네츠크와 루한스크에 갑작스럽게 많이 등장했어요. 이들은 러시아를 위해 캠페인을 벌이고, 친러시아 집회를 조직했으며, 러시아 군대가 올 수 있도록 분위기를 조성했습니다. 그들 대부분은 우크라이나 국민이 아니었어요. 그들은 러시아가 보낸 사람들이었습니다.

이것은 오늘날의 국제 관계에서 용납되지 않는 것입니다. 우크라이나 정부는 러시아에서 온 스파이와 분리주의자를 색출하려고 노력했습니다. 이웃이 무기를 가지고 당신 집에 침입한다면 당신은 어떤 선택을 하겠습니까? 우크라이나는 그러한 선택을 한 겁니다.

우크라이나는 러시아어를 쓰는 사람, 러시아 문학이나 음악을 좋아하는 사람, 유럽보다는 러시아와의 연합을 원하는 사람을 공격한 적이 없어요. 모든 사람은 자신의 기호에 따라 언어와 문화를 선택할 권리를 가집니다. 그러나 그들이 국가의 주권에 무력으로 도전한다면, 상황은 달라집니다. 좋아요, 루

아조우스탈 지하 사진, 드미트로 코자츠키.*

---

* 우크라이나의 사진작가이자 아조우스탈을 끝까지 지킨 군인 중 한 명이다. 그는
전쟁의 참상을 알리는 데 최대한 이용해 달라며 많은 사진을 찍어 온라인으로 전
송했다. 통신 사정상 저용량 사진들밖에 전달되지 못했지만 그의 사진은 전 세계
인의 마음을 울렸다. 지금은 러시아의 포로가 되어 연락이 두절된 상태다.

한스크와 도네츠크의 러시아계 사람과 러시아 문화를 보호하는 것에 대해 함께 생각해봅시다.

내 이야기를 더 하자면 나는 어렸을 때부터 러시아어를 구사했으며, 러시아어로 생활하고, 러시아어로 공부했어요. 우리 모두는 생활 언어와 공부 언어를 선택할 수 있었지요. 50만 명이 살고 있던 마리우폴에서 많은 사람이 러시아어를 선택했습니다. 현재 푸틴은 군대를 보내 마리우폴 건물의 95퍼센트를 파괴했으며, 오늘까지 약 2만2천 명을 죽음으로 내몰았습니다. 푸틴은 러시아어를 사용하는 마리우폴에 군대를 파견하고, 러시아어를 사용하는 사람을 죽이고, 러시아어를 사용하는 사람의 집을 거의 다 파괴했어요. 생존자들은 음식, 물, 빛, 통신 및 난방이 없는 상황에서 고통을 겪고 있습니다. 이러한 조치가 러시아어 사용자를 어떻게 보호할 수 있는지 생각해보세요.

영국 옥스퍼드 대학의 연구 자료에 의하면, 우크라이나 동부 지역에서도 친러 세력보다는 친유럽 세력이 다수를 차지했으며, 이 친유럽 세력은 꾸준히 증가하는 추세였다고 합니다. 그러나 어떤 사람은 이곳에선 친러 세력이 다수였다고 말합니다. 어느 주장이 맞을까요?

우크라이나 동부를 이해하려면 지도를 펼치고 우크라이나의 동서남북 이웃이 누구인지 확인해야 합니다. 예를 들어, 우크라이나 서부에서는 많은 사람이 우크라이나어를 사용하고 폴란드어도 사용합니다. 동부 돈바스에는, 러시아와 국경을 접하고 있기 때문에 러시아어를 사용하는 사람이 많아요. 그리고 러시아의 대중 문화가 인기 있었어요. 러시아 국경 안쪽에도 우크라이나 문화가 강하게 영향을 미치고 있는 지역들이 있습니다. 대표적인 곳이 러시아의 쿠반이지요.

러시아어를 주 언어로 사용하는 사람들과 친러 세력은 분명히 따로 구분해야 해요. 러시아어를 제1언어로 사용하는 돈바스 사람 중에 러시아와 가까워져야 한다고 주장하는 사람은 많지 않았어요. 사람들 대부분은 어느 언어를 사용하든지 간에 유럽을 동경했고, 자유롭게 살기를 원했으며, 좋은 길을 따라 유럽에 가기를 원했고, 유럽적 가치를 지향했습니다.

자신을 러시아인으로 여기고 러시아와의 병합을 생각한 사람들 대부분은 소련 시절에 대한 향수를 가진 노인들이었고, 그들은 인구의 다수를 차지하지도 않았어요. 그들조차 백 킬로미터도 떨어지지 않은 곳에 러시아가 있는데 러시아로 갈 생각은 하지 않았지요. 그들은 소련과 러시아가 다른 나라라는 사실을 알지 못하며, 소련은 다시 돌아갈 수 없는 먼 옛날이야기라는 것을 이해하지 못해요. 그런 노인들조차도 지금은 더 이상 러시아에 합류하기를 원하지 않을 거라고 생각합니다.

구시흐루스탈니가 러시아에서 가장 유럽 지향적인 도시라고 알려져 있지만, 그 도시조차 돈바스에 비할 바가 못 돼요. 돈바스 사람은 정신적으로 항상 유럽인이었습니다. 어떤 언어를 쓰든지 상관없이요. 러시아는 원하는 만큼 영토를 장악할 수 있을지 모르지만, 그 지역이 친러 지역이 되게 할 수는 없을 것입니다.

우크라이나 땅 일부를 러시아로 병합하는 것, 나아가 우크라이나를 러시아화하려는 푸틴의 욕망은 결코 성공할 수 없다고 보는 것이지요?

바보의 머릿속에서 무슨 일이 일어나고 있는지는 관심이 없어요. 그가 어떤 목표를 추구하고, 어떤 명분을 가져다 대더라도 이 전쟁을 정당화할 수 있다고 생각하지 않아요. 러시아어 표현 중에는 이런 말이 있습니다. '말이 죽으면, 말에서 내려라!' 소련은 이미 오래전에 죽었습니다. 어떻게 그 말에 올라탑니까? 자유롭게 살 줄 아는 나라의 국민이 어떻게 속박 국가의 국민이 될 수 있지요?

푸틴은 우크라이나와 러시아는 하나의 민족이며, 우크라이나는 한 번도 별도의 민족인 적이 없다고 말했습니다. 이 말을 어떻게 평가하나요?

푸틴은 정신이 분열하고 있는 환자이고 오랫동안 특별한 치료를 받을 필요가 있다고 생각해요. 우크라이나와 러시아는 다른 역사, 다른 영웅, 다른 문화를 가지고 있습니다. 전쟁에서 일어나는 모든 과정을 보면 우크라이나인이 러시아인과 얼마나 다른지 알 수 있어요. 이 전쟁을 통해서 전 세계인이 러시아인과 우크라이나인의 차이를 절실히 느꼈다고 생각합니다.

다리야도 러시아어를 제1언어로 사용하며 자랐습니다. 이번 전쟁이 우크라이나의 러시아어 사용자에게 어떤 영향을 미칠까요?

이제 러시아어를 사용했던 우크라이나인들이 대대적으로 우크라이나어를 일상어로 사용하기 시작했습니다. 러시아어를 잘하는 우크라이나인에게 러시아어로 말을 걸어보세요. 그중 많은 사람이 러시아어를 하지 못한다고 대답할 겁니다. 그것도 우크라이나어로 말이죠. 우크라이나어로 노래가 쓰이고, 문학 작품이 쓰일 것입니다. 우크라이나 문화는 더 이상 러시아 문화와 우크라이나 문화의 혼합물이지 않고, 오직 우크라이나어로만 구성될 것입니다. 책과 음악뿐만 아니라 우크라이나의 모든 면에서 새로운 문화가 일어설 거라고 믿어요.

폴란드인들은 이 전쟁에 대해 어떤 태도를 취하고 있나요? 이 상황에서 폴란드인은 우크라이나인의 가장 친한 친구예요. 그들은 러시아인이 있는 곳이라면 어디든지 나가 항의를 하고, 우크라이나 군대에 무기를 보내고 물건과 돈으로 우크라이나를 돕고 있습니다. 난민에게 집을 제공하거나 국경을 넘어 악몽에서 빠져나온 사람들을 돕기 위해 국경 근처에서 밤낮없이 일합니다. 아이들을 즐겁게 해주려고 즉석에서 연극을 펼쳐보이고 장난감을 나눠주어요. 그리고 음식을 나누어줄 뿐만 아니라 서류 작업까지 도와주고 있어요.

폴란드 정부는 모든 난민을 재정적으로 지원하고 대중교통을 무료로 이용할 수 있게 해주며, 우크라이나인이 일자리를 찾을 수 있도록 도와주고 있습니다. 모든 지역에 지원 센터가 있어요. 난민들은 그곳에서 밤을 보내며 필요한 옷과 음식을 얻을 수 있을뿐더러 휴대전화 배터리도 충전할 수 있습니다.

분유와 기저귀는 물론이고, 유모차까지 무료로 가져갈 수 있지요. 아이들은 별도의 서류 없이 학교와 유치원에 갈 수 있고요. 폴란드인은 우크라이나인의 심리적 안정을 위해 무료 심리 상담, 무료 정신과 상담을 진행하고 있으며, 우크라이나인을 도울 수 있는 사람이 모든 역과 주요 시설에 배치되어 있답니다.

폴란드의 지원은 전 세계의 모범이 되며, 세상에 있는 모든 상을 폴란드에게 주어도 부족할 정도예요. 폴란드인은 우크라이나인을 도우면서 돈이나 어떠한 형태의 보상도 기대하지 않아요.

폴란드 정부는 이 전쟁의 확전에 잘 대비하고 있나요? 향후 폴란드와 러시아의 관계는 어떻게 될까요?

내가 알기로는, 폴란드는 러시아의 공격 가능성에 대비하고 있고, NATO는 국경을 지속적으로 모니터링하고 있다고 합니다. 폴란드는 우크라이나인을 도와줄 뿐만 아니라 자신을 지킬 준비도 철저히 하고 있어요.

러시아는 우크라이나를 나치와 파시스트의 나라라고 부르지만 그들은 우크라이나 땅에 와서 우크라이나인을 대량 학살하고, 우크라이나 역사를 허구라고 부릅니다. 히틀러는 유대인과 폴란드인을 죽였고 푸틴은 우크라이나인을 죽였습니다. 폴란드인은 히틀러와 푸틴을 다르다고 생각하지 않아요. 러시아와의 우호적인 관계는 더 이상 이어지지 않을 것이고, 다시는 손잡는 일이 없을 것입니다.

벨라루스 여성을 인터뷰한 적이 있어요. 그녀는 전쟁에 반대하다가 고초를 겪었고, 지금도 정신적으로 힘들어하고 있습니다. 다리야는 이 벨라루스 여성에게 어떤 말을 해주고 싶은가요?

나 역시 그녀의 걱정을 이해하고, 그 두려움을 이해합니다. 불행히도 벨라루스 당국은 러시아 침공을 전적으로 지원했고, 그로 인해 벨라루스인은 전 세계인의 조롱거리가 되었지요. 우리는 벨라루스인이 2020년에 독재자와 싸웠던 모습을 기억하고 있습니다. 그리고 이번 전쟁에 반대하는 벨라루스인의 노력에 대해 들었고, 감사하게 생각해요. 그러나 우리의 이해 및 감사와 별개로 벨라루스인의 궁극적인 행복은 루카셴코 대통령을 타도함으로써만 가능하다고 생각합니다. 그게 쉽지 않은 길임을 알기에 응원하지 않을 수 없어요. 그것은 우리 슬라브 국가가 서로를 피로 물들이지 않기 위해 반드시 필요한 과정이라고 봅니다.

인터뷰 소감은 어떠한가요? 한국 독자들에게 특별히 하고 싶은 말이 있나요?

말을 쏟아내고 나니 공허감에 빠집니다. 내 감정을 여과없이 드러낸 것은 아닌가 싶어 걱정도 되어요. 우크라이나를 지원할 수 있는 여러 채널이 있습니다. 한국인의 많은 지원을 바라며, 이 도움과 은혜는 절대로 잊지 않겠습니다.

민간인과 군인이 아조우스탈에 갇혀 있었다. 마리우폴의 우크라이나 수비대는 아조우스탈을 근거지로 삼아 82일 간 항전했다. 5월 16일에 우크라이나 장군은 수비대에게 항복하고 목숨을 보존하라는 명령을 내렸다. 마지막까지 살아남은 우크라이나 수비대 5백여 명은 그로부터 나흘 후인 5월 20일에 결국 러시아군에 투항했다. 그들은 우크라이나 동부의 러시아 점령지 또는 러시아 본토로 후송된 것으로 알려졌다. 마지막으로 투항한 군인 중에는 사진작가 드미트로 코자츠키도 있었다.

다리야는 인터뷰 중간에 동생이 졸업 파티에서 입으려고 했던 드레스 사진을 보여주었다. 동생은 인터넷 쇼핑몰에서 9만7천 원을 주고 구입한 그 드레스를 무척 좋아했다. 스베틀라나 알렉시예비치의 《전쟁은 여자의 얼굴을 하지 않았다》에도 드레스에 얽힌 이야기가 나온다. 한 학생에게 하늘하늘한 예쁜 드레스가 있었는데 친구가 그 드레스를 너무 좋아해서 몇 번이나 입어보곤 했다. 드레스 주인은 네가 결혼하면 선물로 줄게, 라고 친구에게 말했다. 친구는 좋은 남자와 곧 결혼할 예정이었다. 하지만 제2차 세계 대전이 시작되었고 결혼식은 연기되었다.

드레스 주인은 전장으로 떠나기 전 친구에게 드레스를 선물하려고 했지만 친구는 결혼할 때 달라며 거절했다. 하지만 결국 그 드레스는 불타버렸다. 이후 드레스 주인은 처참한 전장에서 사흘 밤낮 내내 전사한 전우들을 묻게

알렉산드라가 직접 그려 언니에게 선물한 그림.

되었다. 그러나 너무 힘들어서 울지도 못했다.[*]

다리야의 동생이 고등학교 졸업 파티에서 입으려고 했던 드레스도 불타 없어질 뻔했다. 인터뷰 당시 다리야는 드레스가 소실된 것으로 알고 있었다. 인터뷰집 출간을 위해 최종 교정 작업을 하던 도중에 갑작스럽게 다리야에게서 연락이 왔다. 인터뷰 후 정확히 석 달만이었다. 다리야의 동생도 하고 싶은 이야기가 있다고 했다. 동생과 짧지만 심도 있는 내용의 인터뷰를 했다.

동생의 이름은 알렉산드라. 나이는 열일곱 살이다. 그녀

[*] 《전쟁은 여자의 얼굴을 하지 않았다》(박은정 옮김, 문학동네), 스베틀라나 알렉시예비치.

의 졸업 파티 드레스는 불타지 않았다. 하지만 전쟁 발발 직전에 배달되었기에 알렉산드라는 드레스를 제대로 입어보지 못했다. 알렉산드라가 드레스에 대한 안타까움을 표현하자 할아버지와 할머니가 위험을 감수하고 마리우폴 아파트에 가서 드레스를 구해왔다. 다리야의 결혼식도 예정대로 6월 중순에 진행되었다. 신부 신랑 가족을 합해 총 열세 명이 저녁 식사를 함께한 것이었을 뿐이지만 그들은 이를 결혼식이라고 부르기로 했다. 다리야 가족 중에서는 아버지와 알렉산드라만 참석했다. 할아버지와 할머니는 참석하지 못했다. 51세인 아버지는 원래 전쟁 중인 우크라이나를 떠날 수 없었지만, 아직 어린 알렉산드라를 폴란드로 혼자 가게 할 수 없었기에 당국으로부터 특별 허가를 받았다. 아버지와 알렉산드라는 다리야의 결혼식만 보고 이틀 만에 다시 우크라이나로 돌아갔다.

알렉산드라는 다리야에게 직접 그린 그림을 선물했다. 이틀간의 폴란드 방문은 알렉산드라 인생에서 가장 슬픈 여행이었다.

영국
아만다 그리토렉스
Amanda Greatorex

난민에게 집을 내준 싱어송라이터

프로세코의 굴욕

나타샤는 나이보다 어려 보였고,
조금 지쳐 보였지만 엷은 미소를 띠고 있었죠.
나도 모르게 두 팔을 벌려 꼬옥 안아주었어요.
"너의 집에 온 것을 환영해!"라고 큰 소리로 말했죠.
나타샤는 놀란 표정을 띠며
"고마워요, 고마워요"라고 대답했어요.

2022년 5월 14일, 5월 18일, 5월 24일 대면 인터뷰.
추후 이메일로 소통하며 내용 보강.

런던 덜위치에서는 매년 5월에 페스티벌이 열린다. 음악, 미술, 문학, 연극 등과 관련해 60여 개의 문화 행사가 열흘 동안 펼쳐진다. 2012년과 2013년에는 덜위치 픽처 갤러리가 보유하고 있는 미술 작품을 거리 예술가가 재해석해서 거리 예술로 남기는 이벤트*가 진행되었다. 미술사가 잉그리드 비즐리의 기획으로 이뤄진 이 프로젝트는 순수 미술과 거리 미술, 고전 미술과 현대 미술 사이에 존재하는 장벽을 무너트리는 실험이었다. 그런데 프로젝트 중간에 잉그리드 비즐리가 암 선고를 받게 되면서 그녀를 돕던 아만다 그리토렉스의 일이 많아졌다. 아만다는 모든 과정을 함께했고, 지금도 관련 일을 하고 있다. 해마다 덜위치 페스티벌에서 '아만다와 함께하는 거리 예술 산책'이라는 이벤트가 진행된다. 올해도 세 시간 동안 지역 곳곳을 돌며 거리 미술과 바로크 미술에 대해 알아보는 흥미로운 강의가 진행되었다. 아만다는 '죽음', '여성', '보호'라는 주제에 특히 집중했고 아만다의 진정성 어린 설명에 많은 참가자가 감동했다. 알고 보니 그녀는 우크라이나 난민과 함께 살면서 난민을 돕는 활동을 하고 있었다. 아만다는 왜 그렇게 하기로 결정했고, 어떤 감정과 보람을 느끼고 있을까?

3월 12일은 엄마 생일이었습니다. 데본에 사는 엄마가 런던에

---

*   덜위치 아웃도어 갤러리Dulwich Outdoor Gallery 프로젝트.

〈베네티아 딕비 부인의 죽음Venetia Lady Digby on the
Deadbed〉(1633),[*] 반 다이크.

매드 시의 작품을 설명하고 있는 아만다.^{**}

<hr />

*   부인이 깨어나지 못하자 남편이 아내의 평온한 아름다움을 영원히 남기기 위해 화
    가 친구 반 다이크를 불렀다. 이불 위에는 뿌리가 없어 시들고 있는 장미꽃이 있다.

**   독일의 거리 예술가 매드 시가 추상으로 반 다이크의 그림을 재해석한 작품 속에
    서 장미꽃만 추상의 형태를 띠고 있지 않다.

와서 생일 파티를 열었지요. 그때 친구 슬라자나에게서 전화가 왔고요. 그녀는 유고슬라비아 출신으로 런던에 35년째 살고 있는 의사예요. 요즘은 시간이 있을 때마다 우크라이나 난민이 영국으로 올 수 있도록 돕고 있어요. 슬라자나는 폴란드 국경에 있는 우크라이나 여성 나타샤를 도울 사람을 찾는다고 다급한 목소리로 설명했어요. 나타샤가 사는 곳에 폭격이 쏟아졌고 나타샤는 20분 안에 옷 몇 가지만 작은 여행 가방에 담아 급하게 탈출했대요. 며칠이나 걸려 폴란드 국경까지 왔지만 갈 곳이 없는 상황이라고 했죠.

생각해보니 우리 집에 빈방이 있었어요. 우리 집으로 오라고 했죠. 큰아들은 독립해서 따로 살고 있고, 작은아들은 대학 기숙사에 묵고 있거든요. 작은아이가 돌아오는 부활절 방학까지는 시간이 있으니 몇 주 동안은 우리 집에 머물 수 있겠다고 생각했어요. 그런데 최소 6개월 동안은 머물 수 있어야 하고 신원 보증서와 공식 초청장을 보내야 한다고 하더라고요. 일단 알겠다고 했어요. 나는 나타샤가 누구인지 어떤 사람인지 전혀 몰랐지만 긴박하고 절실한 상황에 있는 그녀를 도와야 한다고 생각했어요. 다른 생각은 할 수 없겠더라고요. 우리 아이들이 어렸을 때 남편이 갑자기 세상을 떠났어요. 가정 형편이 어려워졌고, 어떻게든 혼자서 아이들을 키워야 했지요. 두렵고 막막한 상황에 있을 때 다른 사람의 도움이 얼마나 절실한지 잘 알아요.

나는 신원 보증서와 초청장을 만들어 보냈어요. '나타샤, 39세.' 내가 아는 것은 이름과 나이뿐이었죠. 한 친구가 그러더라고요. "걱정 안 돼? 어떤 사람인지나 알고? 정신 이상자나 범죄자 혹은 평생 보살펴야 하는 사람일 수도 있잖아!" 나중에 나타샤의 사진을 한 장 받았는데, 사진 속 모습을 보고 빨리 만나고 싶었어요. 걱정은 없었어요. 나타샤는 헝가리 항공사 위즈 에어Wizz Air에서 제공한 무료 항공편을 타고 런던에 왔지요.

나타샤가 도착하는 날 집안 청소를 하고 침구류와 욕실 수건, 세면도구를 준비했어요. 침대 커버가 너무 칙칙하더라고요. 아들만 키우다 보니 여성 취향의 침구류가 없었죠. 그런데 이곳저곳을 찾아보니 한 번도 쓰지 않은 꽃무늬 침대 시트가 있던 거예요. 생각난 김에 꽃도 사와서 화병에 담아두었어요. 질 좋은 양고기를 사와서 나타샤가 도착할 시간에 맞춰 식사 준비를 했죠. 요리하면서 나타샤는 어떤 사람일지 궁금해했어요. 마음이 설레더라고요. 나타샤와 함께 지낼 날들도 상상해 보았죠.

초인종이 울렸어요. 슬라자나가 루턴 공항에 도착한 나타샤를 우리 집까지 데려오기로 했죠. 나는 숨을 크게 한 번 들이쉬고 문을 열었어요. 나타샤는 나이보다 어려 보였고, 조금 지쳐 보였지만 엷은 미소를 띠고 있었죠. 나도 모르게 두 팔을 벌려 꼬옥 안아주었어요. "너의 집에 온 것을 환영해!Welcome to YOUR HOUSE!"라고 큰 소리로 말했죠. 나타샤는 놀란 표정을 띠며 "고마워요, 고마워요Thank You, Thank You"라고 대답했어요.

나타샤는 정말 작은 가방 하나만 들고 있었어요. 방으로 안내해 쉬게 한 다음, 같이 저녁을 먹었지요. 나타샤는 영어를 능숙하게 사용했어요. 대학에서 영문학을 전공했고, 좋은 직장을 다녔죠. 지금은 직장 건물도, 집도 모두 폭격으로 무너졌어요. 처음에는 무엇을 물어보아야 하는지, 무엇을 묻지 말아야 하는지 모르겠더라고요. 그래서 우리가 마시던 와인 이야기, 저녁 식사 메뉴 이야기만 했어요.

다음 날 나타샤를 데리고 동네 구경을 나갔답니다. 산책하기에 아주 좋은 날씨였어요. 동네 이웃들도 소개해주었죠. 나는 이 동네에서 25년이나 살았거든요. 웬만한 이웃은 다 알죠. 카페와 상점 주인도 모두 친구처럼 지내요. 다들 우크라이나 전쟁 상황을 알고 있었어요. 나타샤에게 친절하게 대해줬고 따뜻한 말을 건네주었지요. 잘 왔다고, 반갑다고.

많은 사람이 각자의 방식으로 돕고 싶어 했어요. 나타샤가 필요한 것이 무엇인지 묻고, 옷과 신발 등을 가져다주었어요. 나타샤는 받은 물건들을 좋아했죠. 동네 주민들이 준 물건은 사용하던 것들이었지만 다 상태가 좋았어요. 하지만 문득 이런 생각이 들더라고요. '나타샤에게 취향이 있을 것이고, 자기 취향에 맞는 새 물건이 필요하지 않을까?' 친구 몇몇은 '웨이트로스'와 '세인즈버리', '막스 앤 스펜서'와 같은 고급 상점에서 사용할 수 있는 상품권을 선물했어요. 나타샤를 데리고 쇼핑하러 갔죠. 카트 하나를 쥐여주고 원하는 것을 고르게 했어요. 나타샤는 취향에 맞는 레깅스를 고르고, 속옷과 선크림을 샀어요.

며칠 후 주민 센터 요가 수업에 나타샤를 데리고 갔어요. 나타샤의 사정을 이야기했더니 스포츠 시설을 무료로 이용할 수 있게 해주었지요. 나타샤는 요가를 처음 해보았대요. 명상도 함께했죠. 나타샤는 차분하고 안정적으로 보였지만, 우크라이

〈창가의 소녀Girl at a Window〉(1645), 렘브란트.

〈창가의 소녀〉, 레미 러프가 배경,
시스템이 소녀를 그렸다.

나에서 벌어진 참혹한 일들이 매 순간 머릿속을 떠나지 않는 것 같았어요. 부모님과 함께 오고 싶었지만 아버지는 그곳에 남겠다고 했대요. 어머니는 아버지 곁에 있겠다고 했죠. 오빠는 전쟁터에 있고요. 쉽지 않겠지만 나타샤가 잠시라도 전쟁을 잊길 바랐어요. 그래서 밖으로 자주 데리고 나갔죠.

나타샤는 깔끔하고 부지런해요. 나보다 일찍 일어나 아침 식사를 준비하고, 커피를 내려요. 커피를 좋아해서 커다란 머그컵으로 모닝 커피를 두 잔 마셔요. 버터와 빵, 코티지치즈를 좋아하죠. 나는 빵을 먹지 않기 때문에 식사는 각자 준비해요. 나타샤를 초청한 것을 아이들은 모르고 있었어요. 아이들에게 물어볼 여유도 없었죠. 다행히 엄마가 자랑스럽다고 말해주었어요. 부활절 기간이 되어 아이들이 왔을 때, 우리는 한 가족처럼 휴일을 보냈어요. 아이들이 어렸을 때부터 삶은 계란에 얼굴을 그려 부활절 달걀Easter Egg을 만들었는데요, 올해는 나타샤 얼굴도 그렸어요. 환한 얼굴이 그려진 달걀이 아직도 바구니에 담겨 있어요.

나타샤가 우리 집에 도착한 날이 3월 17일이고, 영국 정부가 우크라이나 난민 프로그램을 시작한 날은 3월 18일이죠. 나타샤는 영국 여행 비자가 있어서 신원 보증서와 초청장만으로 올 수 있었지만, 난민으로 입국한 것이 아니었어요. 그래서 난민 인정 절차가 필요했지만, 이미 영국에 체류하고 있는 사람은 난민 등록 신청을 할 수가 없었죠. 우리는 상황을 설명하려고 매일 관공서를 찾아가야 했어요. 난민으로 인정받아야 경제적 지원을 받고, 일자리도 구할 수가 있거든요. 하지만 난

나타샤를 그린 부활절 달걀.

민 지위를 인정받는 데 두 달이나 걸렸어요. 그동안 어떠한 정부 지원도 받지 못했고요. 이제 나타샤는 정부로부터 한 달에 2백 파운드를 받게 되었어요. 나는 생활 지원비로 350파운드를 받을 수 있지요.

정부는 난민 프로그램을 국내외에서 홍보하고 있지만 처음에는 제대로 되지 않는 게 많았어요. 주민이 난민에게 주택을 제공하겠다고 신청하면, 정부에서 지나칠 정도로 꼼꼼하게 조사를 하죠. 집에 난민이 거주할 수 있는 충분한 독립 공간이 있는지, 화재 경보기가 있는지, 창문은 안전하게 잠기는지, 집주인이 혼자 사는 남자는 아닌지, 난민에게 가사를 시키거나 노동력을 착취할 여지가 있는지 등을 검토하는 거예요. 집 제공자에게 범죄 기록이 있어도 안 되기 때문에 범죄 이력 내역서를 떼서 제출해야 해요. 그렇게 엄격한 심사를 통과한 가정의 집만을 난민에게 배정하지요. 처음에는 20만 가구가 신청했는데, 과정이 지나치게 복잡해서 많은 사람이 중도에 포기했고, 시간이 지체되어 필요한 때에 도움을 주지 못하는 결과가 나왔어요.

덜위치와 헌 힐 지역에는 난민 초청 가정이 128곳이나 있어요. 서로 정보를 공유하는 온라인 대화방이 있고, 각자 이런저런 어려움을 겪고 있지요. 어떤 가정은 영어를 한 마디도 못하는 난민과 함께 지내고 있기도 하고요. 나와 나타샤가 도움을 주었지만 시간이 해결해주는 문제에 대해서는 이렇게 대답해주곤 했어요. "자! 다들 와인 잔을 채워오세요. 그리고 소파에 등을 기대고 편히 앉으세요. 인내하고 기다리면 언젠가는 답이 옵니다."

무작정 기다리는 것은 쉬운 일이 아니었죠. 그럴 때는 나타샤를 데리고 런던 시내 이곳저곳을 돌아다녔어요. 하루는 나타샤와 함께 사우스뱅크 센터*에서 열린 클래식 콘서트에 갔어요. 친구가 예약한 공연이었는데 몸이 좋지 않아 갈 수 없어서 내게 표를 준 거예요. 나타샤는 런던 한복판에서 세계적인 연주자들의 공연을 보게 된 자신의 상황이 비현실적이라고 했어요. 공연장을 가득 메운 열기에 살짝 흥분한 것도 같았지요. 1부가 끝난 뒤 휴식 시간이 있고 나서 2부가 시작되었어요. 그런데 그 순간 지휘자가 "슬라바 우크라이나!(우크라이나에게 영광을!)"라고 외쳤고 연주자들은 우크라이나 민속 음악을 연주하기 시작했어요. 침착했던 나타샤가 갑자기 오열했지요.

---

* 템스강 남단에 위치한, 클래식 공연 및 미술 전시 등이 열리는 공간.

얼른 나타샤를 부축해 공연장을 빠져나왔어요. 실컷 울 수 있게 해주고 싶었거든요. 그때 공연장 건물에 딸린 고급 레스토랑이 눈에 띄었어요. 관객이 모두 공연장에 있어서 아무도 없었죠. 그래서 나타샤를 구석 자리에 앉히고 진정될 때까지 기다렸어요. 그런데 시간이 지나도 진정될 것 같지 않았어요. 무언가 긴급 조치가 필요했던 거예요. 그래서 '응급 프로세코'를 주문했죠. 나타샤는 프로세코를 한 모금씩 마시면서 조금씩 나아졌어요. 종업원은 하던 일을 계속했지만 우리를 신경 쓰고 있었죠. 나는 그를 불러서 우리 상황을 설명하고 나타샤를 위해 프로세코 한 잔을 베풀어줄 수 있는지 물었어요. 종업원은 한 잔 더 가져왔지만, 그걸 그냥 줄 수 있는지는 매니저에게 물어봐야 한다고 했어요. 매니저가 와서 그에게 상황을 설명했지요. 이야기를 들은 매니저는 단호하게 "우리는 여기서 장사를 하고 있는 겁니다!We have a business to run here!"라고 말했어요. 너무 당황스러웠어요. 정말 모욕적으로 느껴졌지요. 나타샤 앞에서 큰 잘못을 한 것 같았어요. 감정이 격해진 나는 "구걸처럼 들렸다면 유감이네요!Sorry for Begging!"라고 대답하면서 테이블에 현금 30파운드를 세게 내려놓고 나왔어요.

딱히 매니저를 비난할 생각은 없어요. 다른 사람의 상황에 관심이 없을 수도 있으니까요. 이해해요. 우리는 대도시에 살고 있잖아요. 누구에게나 호의를 베풀 수는 없죠. 위험한 사람도 있고, 나에게 손해를 끼칠 사람도 있으니 조심해야 하는 거

---

* 이탈리아 북부에서 생산되는 고급 스파클링 와인.

예요. 하지만 그러한 조심성은 삶을 대하는 좋은 태도는 아니라고 생각해요. 무시무시한 태도죠. 나는 인류애를 믿거든요. 따뜻한 시선으로 보면 세상은 살 만하지요. 따뜻한 시선이 없는 사람은 누군가에게 호의를 베푸는 것이 쉽지 않아요. 나는 우리 모두가 각자 처지에 맞는 방식으로 어려운 사람을 도와야 한다고 생각해요. 엄마에게서 배웠죠. '그녀가 울고 있다. 그녀 곁에 있는 우리가 같이 위로해주자'라는 의미로 프로세코 한 잔의 호의를 부탁한 거였어요. 하지만 매니저에게 그건 단순한 구걸이었죠. 나타샤를 위로하려는 상황이 전혀 예상치 못했던 모멸의 순간으로 바뀌었어요. 프리랜서로 일하며 아이들을 키우고 대출 이자를 갚고 세금과 관리비를 내야 하는 나에게 한 잔에 15파운드인 프로세코는 사치였지요. 생각해보면, 내 잘못이에요. 내 행동이 적절하지 않았어요. 그 일 이후, 누구에게도 관심을 가져 달라거나 도와 달라는 말은 하지 않기로 했어요.

그날은 그렇게 공연도 다 보지 못하고 우울하게 집으로 돌아왔어요. 오자마자 와인 한 병을 놓고, 넷플릭스 드라마 〈에밀리 인 파리Emily in Paris〉를 함께 보았죠. 미국에서 온 에밀리가 프랑스 파리에서 겪는 문화적 충격을 코믹하게 그린 드라마예요. 우리는 아무 일도 없었던 것처럼 낄낄대며 TV를 봤어요. 나타샤는 '나타샤 인 런던'을 떠올렸을 수도 있고요. 프로세코 사건 말고는 불쾌한 일은 없었어요.

함께 지내면서 불편한 건 없냐고요? 글쎄요. 내가 평소 물건을 놓아두는 위치가 있고, 그녀가 물건을 쓰고 놓아두는 위치가 있죠. 그것이 다르기 때문에 물건을 찾을 때 불편함을 느끼

프로세코의 굴욕을 설명하고 있는 아만다.

기도 해요. 그리고 아이들을 키우면서 "전기 스위치를 내려라", "물을 아껴서 써라"라고 잔소리하곤 했는데, 나타샤에게는 그런 말을 할 수가 없어요. 탈출하기 전에 전기와 수도가 끊겼다는 이야기를 들었거든요.

첫날 느낌도 그랬지만, 시간이 지날수록 나타샤는 정말 좋은 사람이라고 느껴요. 교양 있고 현명한 여성이에요. 나타샤가 덜위치 아웃도어 갤러리에서 제일 좋아하는 작품은 스틱Stik*의 〈수호천사The Guardian Angel〉예요. 이 작품을 보면서 나타샤는 내가 자기의 수호천사라고 했어요. 우리는 운 좋게 서로 좋은 사람을 만났어요. 한동안 고양이 한 마리만 있는 조용한 집에서 살면서 쓸쓸했는데, 이제 저녁마다 와인을 함께 마실 친구가 생겼으니 기쁜 일이죠. 내가 나타샤를 위해 할 수 있는 일은 편안하게 지낼 수 있도록 해주는 거예요. 하고 싶은 말은 언제든 할 수 있게 하고, 말하고 싶지 않은 것은 하지 않도록 해주는 것이죠.

'나, 아만다 그리토렉스'는 미술 프로젝트를 진행하고, 작곡을 하고 노래도 부르며, 여러 이벤트에서 DJ로도 활약해요. 모

---

*   스틱은 사람을 막대기stick 모양으로 그리는 거리 예술가이다. 런던에서 첫 전시회를 열 때까지 노숙인 숙박 시설에서 살았다. 2012년 덜위치 페스티벌은 거리 예술에 대한 관심을 높였고 여기에서 작품을 선보인 스틱은 명성을 얻었다. 2013년 덜위치 페스티벌은 유럽 전역에서 코너 해링톤, 매드시, 티에리 누아르, 레미 러프, 시스템, 미어 원, 눈카, 레카 원, 로아 등의 거리 예술가들을 초청해 작품을 남기게 했다. 이들 작품을 통칭하여 덜위치 아웃도어 갤러리라고 부른다. 아만다는 작품 관리 책임도 맡고 있다. 작품이 훼손되면 작가에게 연락하여 복구 작업을 하는데, 참여 작가 모두 유명인사가 되어 예전처럼 빨리 복구되지는 못한다.

〈수호천사〉(1716), 마르칸토니오 프란체스키니.

〈수호천사〉,* 스틱.

* 마르칸토니오 프란체스키니의 〈수호천사〉를 스틱이 재해석한 작품이다. 스틱은 선
으로 감정을 표현하는 화풍을 구사한다. 발과 손의 곡선만으로 작품의 의미를 드
러내고 있지만, 선이 가지는 특징으로 인해 입체적인 표현에는 한계가 있었다. 그
래서 모퉁이가 있는 담벼락을 선택했다. 원작의 좌상귀에 태양이 있기 때문에 스틱
은 좌상귀에 가로등이 있는 곳을 찾았다. 주변의 나무, 화분은 물론이고 풀까지 작
품 표현에 활용되었다.

두 고정 수입이 있는 일이 아니기 때문에 나타샤를 풍족하게 지원하지는 못하지만, 나타샤를 도울 수 있다는 사실이 기뻐요. 우리 지역에 온 난민 네 명을 대상으로 영어도 가르치고 있어요. 러시아와 우크라이나 전쟁은 내가 어떻게 할 수 없는 글로벌한 문제이지만, 내가 할 수 있는 한에서 모든 도움을 주려고 해요.

〈나, 다니엘 블레이크I. Daniel Blake〉라는 영국 영화에는 경제적으로 어려운 블레이크가 자신보다 더 어려운 싱글맘을 돕는 이야기가 나온다. 어느 평론가는 주인공의 행동에 개연성이 없어서 감정 이입이 되지 않는다고 말했다. 러브 라인이 형성되거나 도와주는 것을 통해 얻을 수 있는 기대 이익이 있어야 스토리의 앞뒤가 맞는다는 의미였다. 도움이란 무엇인가? 대가가 있을 경우 우리는 그것을 교환이나 투자라고 부른다. 우리는 남을 돕는 것도 여유가 있어야 할 수 있다고 말한다. 제공할 공간이 있어야 아만다처럼 난민을 받을 수 있기에 어느 정도는 맞는 말이다. 영국 난민 지원 프로그램에 의하면, 집 제공자에게는 독립적이고 쾌적한 공간을 제공할 의무가 있고, 난민이 안전하다고 느낄 환경을 조성할 의무가 있다. 하지만 음식을 제공할 의무는 없는데도 집 제공자 대부분은 음식도 제공한다. 아만다도 형편이 좋지 않음에도 불구하고 기꺼이 음식을 제공한다. 누군가를 돕기 위한 충분 조건은 금전적 여유가 아니라 정서적 공감sympathy일 것이다.

sympathy는 '함께'라는 sym과 '감정'이라는 pathos가 결합한 단어다. 영어사전에서 sympathy를 찾아보면 '다른 사람의 불운에 대한 연민과 슬픔', '사람들 사이의 이해' 라고 나와 있는 것을 볼 수 있다. 다른 사람의 불운에 공감하지 못한다면 우리는 삶 자체를 이해하지 못할 가능성이 크다.

우크라이나
나탈리아 쉐레메타
Natalia Sheremeta, Наталія Шеремета

작은 가방 하나만 들고 영국으로 피난한 직장인

햄퍼 바스켓의 위로

아만다는 그건 본능이라고 대답했어요.
길거리에 누군가가 쓰러져 도움을 구하는데
어떤 사람이 그냥 지나칠 수 있겠냐고 하더군요.
그러나 그렇지 않아요.
도움 줄 것을 거절하는 사람도 있죠.
나는 아만다가 천사라고 생각해요.

2022년 5월 24일 대면 인터뷰.
추후 왓츠앱으로 소통하며 내용 보강.

아만다와의 인터뷰 내용을 몇몇 친구에게 보여주었다. 좋은 반응을 얻었고, 여러 질문을 받았다. 질문은 이런 것들이었다. "낯선 집에 가서 살게 되었을 때 나타샤(나탈리아의 애칭)에게 불안한 마음은 없었을까?", "꽃무늬 침대 시트를 보았을 때 어떤 기분이 들었을까?", "프로세코 사건을 어떻게 기억하고 있을까?" 주변 사람의 궁금증을 해소하기 위해 나탸샤에게 대화를 요청하고 싶었다. 아만다는 나탸샤가 주목을 받는 것을 불편하게 생각할 때도 있다고 말한 적이 있었다. 나타샤는 영국에 일찍 도착한 우크라이나 사람 중 한 명이었다. 그동안 BBC 라디오를 포함한 몇몇 언론사와 인터뷰를 했다. 긴박한 탈출 과정을 설명하기 위해서는 잊고 싶은 기억을 떠올려야 했다. 그러했던 상황을 전해들었기에 우리는 나타샤를 보호하려는 아만다의 배려를 존중해 인터뷰를 요청하지 못하고 있었다. 그러다가 아만다에게 정리한 인터뷰를 보여주고 인터뷰에 실을 사진을 상의하는 과정에서 나타샤가 자신의 이야기가 한국에 소개되는 것에 관심을 보였다. 나타샤는 자신도 하고 싶은 이야기가 있다면서 만남을 자청했다. 그렇게 해서 '프로세코의 굴욕'을 나타샤의 버전으로 들을 수 있었다.

낯선 집에 가게 된다고 들었을 때 불안한 생각이 들지는 않았나요?

나를 받아줄 사람은 아만다라는 이름을 가진 싱어송라이터라고 들었어요. 친절하고 관대하고 밝은 사람이라는 소리도 들었죠. 그렇기에 걱정은 전혀 없었어요. 아만다에 대한 정보가 없었더라도 걱정하지 않았을 거예요. 어려움에 처한 사람을 선뜻 돕겠다고 나선 사람이라면, 분명 좋은 사람일 거라고 생각했어요. 나에겐 두려움이 없었지만, 오히려 아만다에게는 걱정이 있지 않을까 신경이 쓰였지요.

아만다가 "너의 집에 온 것을 환영해"라고 말하며 반겨주었을 때 어떤 생각이 들었나요?

아만다의 한마디에 정말 내 집에 온 것처럼 마음이 편안해졌어요(웃음). 진짜예요. 언어에는 놀라운 힘이 있어요. 그렇게 말하는 순간 그렇게 되기도 하죠. 나중에 누군지도 모르는 나를 어떻게 맞이할 생각을 했냐고 물었더니 아만다는 그건 본능이라고 대답했어요. 길거리에 누군가가 쓰러져 도움을 구하는데 어떤 사람이 그냥 지나칠 수 있겠냐고 하더군요. 그러나 그렇지 않아요. 도움 줄 것을 거절하는 사람도 있죠. 나는 아만다가 천사라고 생각해요.

아만다가 준비한 방에 꽃무늬 침구가 있었나요? 긴 여정 끝에 침구를 마주하고 어떤 생각이 들었나요?

침구가 구김 하나 없이 단정하게 정리되어 있었어요. 녹색과 흰색 바탕에 여러 색 꽃무늬가 들어간 시트였어요. 세련된 디자인이었고, 새것이었죠. 아만다는 자꾸 남자아이가 쓰던 방이고 아름답게 꾸미지 못해서 미안하다고 했어요. 그러나 그런 건 전혀 문제가 되지 않았어요. 설령 쓰던 침대 시트이고,

꽃무늬가 아니었어도 아무 상관 없었을 거예요. 모르는 사람에게 동정심을 느껴 도움의 손길을 건네고, 아무것도 아닌 나를 생각해서 무언가를 준비하는 마음, 그것만으로 충분하죠. 우리 인생에서 아무 이유 없이 누군가를 만나는 일은 없다고 생각해요. 살면서 한 번도 상상해보지 않은 난민이 되었고, 예고 없이 이곳에 와 아만다를 만나게 되었죠. 이것은 말로 설명하기 어려운 운명이에요.

아만다가 첫날 준비한 양고기는 맛있었나요?

최고였어요. 그날만이 아니에요. 아만다는 요리를 잘하는데 그 과정이 특별해요. 음식을 만들 때 내 머릿속에는 어떤 재료를 얼마만큼 사용해 어떤 방식으로 만들지 계획이 있어요. 그 계획에 따라 요리를 하지요. 하지만 아만다에게는 정해진 요리법이 없어요. 그때그때 기분에 따라 다양한 재료를 매번 다른 방식으로 요리해요. 향신료도 기분에 따라 선택하고, 같은 요리라도 요리법이 매번 달라져요. 그리고 플레이팅으로 음식을 예술 작품으로 만들지요. 아만다는 소울푸드 요리사예요.

아만다의 집에 고양이가 있죠? 고양이도 나타샤를 잘 대해주나요?

나는 우크라이나에서 강아지를 키웠어요. 아만다 집에는 '볼로'라는 고양이가 있고요. 나는 고양이를 한 번도 키워보지 않았고, 고양이는 강아지와 달리 독립적이라고 들었어요. 그래서 주인을 따르지 않고 애착 관계도 없다고 생각했는데, 내가 잘못 알고 있었나 봐요. 밖에 나갔다가 들어와보면 볼로가 내 방 침대에서 턱을 괴고 누워 있어요. 어느 날 친구들과 영상 통화를 하고 있었어요. 같이 여행을 다녔던 친한 친구들이에요. 지금은 난민이 되어 폴란드, 프랑스, 영국으로 흩어져 있고요. 친구들과 통화하고 있는데 볼로가 옆으로 오더니 화면에 비친 얼굴들을 하나하나 살펴보았어요. 그러고는 두 발을 내 팔등에 얹고 그대로 기대어 누워 있었죠. 친구들은 대화를 멈추고 사랑스러운 볼로를 감탄하며 바라보았어요. 볼로는 나를 친구로 받아들인 것 같아요.

동네 사람들이 물건을 가져다주었다고 들었어요.

집에 도착한 날 밤, 휴대전화에서 우크라이나용 심 카드를 빼고 영국용 심 카드를 넣으려고 했어요. 그런데 아만다가 우크라이나 가족과 편하게 연락하려면 우크라이나용 휴대전화도 필요하다면서 잠시 기다리라고 했어요. 사용하지 않는 휴대전화를 구할 수 있을 것이라고요. 그때가 밤 9시 반이었어요. 아만다가 동네 단체 대화방에서 여분의 휴대전화를 수소문했고 1분도 지나지 않아 답이 왔어요. 그래서 나는 내일 만나서 받을 수 있을 거라고 생각했는데, 5분 만에 초인종이 울린 거예요. 그렇게 해서 9시 36분에 중고 아이폰 하나가 내 손에 쥐였죠. 다음 날도 마찬가지였어요. 아만다 주변 사람들이 기꺼이 나를 도왔어요. 옷, 가방, 화장품을 가져다주었지요. 케이크도 들고 오고, 매일매일 이웃들이 무엇인가를 들고 찾아왔어요. 꼭 쓰던 것만 있었던 것은 아니에요. 나는 운동을 하고 싶었어요. 내가 들고 온 작은 가방에는 운동복이 들어 있지 않았고, 아만다의 옷은 내게 맞지 않았죠. 아만다는 여분의 운동복을 가진 사람이 있는지 수소문했어요. 그런데 다음 날 이웃 한 명이 쇼핑백을 들고 찾아왔어요. 새 나이키 운동화, 운동복 바지, 상의, 점퍼가 들어 있었지요. 스포츠 용품점을 운영하는 친구에게 부탁해 내 사이즈에 맞는 새것을 구해온 거예요.

런던은 나타샤에게 어떤 도시인가요? 나이키 운동화를 신고 달려보니 당신이 살던 곳과 런던은 어떻게 다른가요?

나는 전쟁이 시작되기 두 달 전에 런던에 처음 와보았어요. 여행으로 온 거예요. 우크라이나 사람들에게 런던 여행은 버킷 리스트에 올라 있는 일 중 하나죠. 여행은 너무 좋았어요. 하루하루 목적지가 있었고, 가장 좋은 곳을 찾아다니며 추억을 남기기에 바빴죠. 그때는 겨울이었는데 봄에도 다시 와보고 싶었어요. 그래서 비행기표도 사두었어요. 그런데 이런 식으로 올 줄 누가 알았겠어요? 난민으로 오는 것은 완전히 다른 이야기예요. 처음에는 정말 힘들었어요. 여행으로 런던에 왔을 때와는 정말 달랐지요. 그때는 매 순간 사진을 찍었어요. 추억할 수 있는 것을 남기고 싶었거든요. 하지만 난민이 되어 이곳에 온 뒤 한 달 동안은 단 한 장의 사진도 찍지 않았어요. 아만다가 같이 사진을 찍자고 한 적도 있지만 그럴 기분이 아니었지요. 그래서 아만다가 멀리 있는 친구들에게 내 얘기를 할 때 사진이 한 장도 없으니까 아만다의 친구들이 "나타샤는 너의 상상 속 친구 아니야?"라고 물을 정도였어요. 한 달이 지난 후에야 아만다와 함께 요가를 하고 달리기를 하기 시작했지요. 운동을 하면서 활력을 되찾았어요. 헌 힐이나 시드넘 힐 언덕에서 보는 런던은 아름다웠어요. 모두 달리면서 서로 밝게 인사하니까 거리가 더 아름다워 보이더라고요.

'프로세코의 굴욕' 사건이 있었죠? 나타샤는 그 상황을 어떻게 기억하고 있나요?

활기를 되찾고 있는 와중에 '프로세코의 굴욕' 사건이 있었죠. 그때 이야기는 하지 말죠. 아만다가 이야기했다면, 그대로일 거예요. 더 보탤 것도 뺄 것도 없을 거예요. 난 그때 일은 생각하고 싶지 않아요. 그걸 제외하면, 또 직업 센터에서의 경험을 제외하면 다 좋은 일만 있었어요. 비즈니스가 먼저인 사람이 있고, 사람에 대한 배려가 먼저인 사람도 있어요. 나는 아만다와 같이 지내고 있으니 그러면 된 거예요. 아만다가 어떤 사람인지 아세요? 4월 18일은 내 생일이었어요. 외출 후 돌아오니 거실로 들어가는 복도에 아만다가 작은 햄퍼 바스켓Hamper Basket*을 들고 서 있었어요. 조그마한 향수, 아로마 오일, 샤워젤 등 스파 용품이 가득 들어 있었죠. 선물은 그것뿐만이 아니었어요. 아만다가 다니는 미용실의 헤어 디자이너가 '헤어 앤 바디 케어' 이용권을 주었어요. 아만다가 친구 결혼식 때문에 미용실에 갔는데 미용실 주인이 내 안부를 물었고, 생일이라고 말했더니 선물을 보낸 거예요. 주변 사람들이 아만다를 대하는

---

* 나무로 된 선물 바구니.

태도를 보면 그녀가 어떤 사람인지 알 수 있죠. 그날 난 여왕이 된 기분이었어요. 미용실에 가고 멋진 스파를 하면 여왕 같은 기분이 드는데, 이용권을 받은 것만으로도 이미 그런 기분이 들었어요. '프로세코의 굴욕'보다는 '햄퍼 바스켓의 위로'나 '여왕이 된 기분' 같은 단어로 나를 한국에 소개해주세요.

직업 센터요? 일자리를 찾고 있나요? 우크라이나에서 하던 일을 원격으로 할 수는 없나요?

어려운 과정을 거쳐 난민 자격 심사를 통과했고 이제는 합법적으로 일을 할 수 있어요. 그래서 직업 센터를 찾아갔어요. 영화 〈나, 다니엘 블레이크〉를 보면 다른 사람들은 다 착한데 실업 수당 지급 담당자만 착하지 않잖아요. 나도 딱 그런 느낌을 받았어요. 영국 사람들은 다 착한데, 직업 센터 직원만 착하지 않은 것 같았어요. 센터 직원은 나를 정부 보조금을 받으러 온 난민으로 취급했어요. 그는 우크라이나 난민은 농장에 가서 일하면 된다고 생각하는 것 같았지요. 전쟁 전에도 우크라이나 사람들은 영국 농장에 와서 과일과 야채를 수확하는 계절 노동자로 일해 돈을 벌어갔어요. 하지만 나는 우크라이나에서 종사하던 분야의 일을 할 수 있기를 바라요. 나는 체르니히우* 상공회의소에서 해외 투자자를 유치하는 일을 담당했어요. 얼마 전 회사 대표와 전화로 서로의 안부를 물었어요. 대표는 나에게 안전한 곳에서 잘 정착하고 있으라고 했어요. 전쟁

---

* 키이우에서 북쪽으로 150킬로미터 떨어진 곳에 위치한 도시. 체르니히우 주의 주도州都이다.

67   햄퍼 바스켓의 위로

이 끝나고 도시가 복구되려면 상당한 시간이 걸릴 것이고, 그때까지 회사도 정상화되기가 힘들다고 했어요. 당연히 급여도 받을 수 없는 상황이죠. 런던에서 직장을 구할 거예요.

런던에서 직장을 구하고 정착할 생각은 없나요?

아만다는 이곳에 정착해 좋은 사람을 만나 결혼하라고 했어요. 만일 체르니히우가 2월 24일 전으로 돌아갈 수 있다면 고민 없이 그곳으로 돌아갈 거예요. 그럴 수 없다면 아만다가 말한 대로 하고 싶은 생각도 있어요. 매일매일 이랬다저랬다 해요. 그러나 아마 나는 돌아갈 거예요. 친구들과 함께 가던 영화관, 쇼핑몰, 스포츠 센터, 공원, 미술관, 박물관이 있는 내 도시가 좋아요. 런던의 것과 비교하면 그것은 미술관도 아니고 박물관도 아니지만요. 하지만 나는 그곳이 눈물 나게 그리워요. 덜위치 페스티벌처럼 우리 도시에도 5월에 열리는 행사가 있어요. 올해는 폐허 속에서 몇몇 주민이 꽃을 들고 나와 조촐하게 행사를 치렀다고 해요. 전화로 엄마가 이렇게 말했죠. "고개를 들고 하늘을 보면, 변한 건 아무것도 없어. 무너진 건물만 보이지 않으면 이곳은 예전 그대로야. 그리고 무너진 건물도 다시 세워질 거야."

우크라이나로 돌아가면 아만다를 초대할 건가요?

세상은 베푸는 사람들을 통해 조금씩 나아져요. 지금까지 나는 좋은 사람을 많이 만났죠. 나도 그렇게 좋은 사람인지 되돌아보게 돼요. 지금 내가 가장 바라는 것은 우크라이나가 이번 전쟁에서 승리하고 평화를 되찾는 거예요. 평화가 찾아오면 나는 우크라이나로 돌아갈 것이고, 이번에는 내가 아만다를 우리 집으로 초대할 거예요. 아만다가 좋아하는 것이 무엇인지 알고 있으니까 그녀가 좋아하는 모든 것을 해주고 싶어요.

아만다는 프로세코 사건을 이야기하면서 굴욕적이었다는 단어를 여러 번 썼다. 그녀가 쓴 단어는 humiliated였다. 이것을 굴욕이라고 표현하는 것이 적당한지 고민했다. '나타샤가 말하고 싶어 하지 않는 사건을 굳이 제목으로 뽑을 필요가 있나?'라는 문제 제기도 타당했다. 굴욕이라는 단어 사용에 대해 자문을 구해보았고, 사전도 찾아봤다. 굴욕은 어려운 단어였다. 정신 건강이 현대 사회의 중요한 문제가 되면서 굴욕감은 인간 감정 중 가장 활발히 연구되고 있는 주제이다.

굴욕감은 협박, 정신적 또는 육체적 학대, 업신여김을 받았을 때 올 수 있는 감정이라고 한다. 굴욕은 다른 사람의 개입이 있어야 성립되기에 굴욕감은 부끄러움이라는 감정과 구별이 된다고 한다. 잘못에 대한 인식만으로는 굴욕감을 느끼지 않는다. 신과 인간의 관계에서도 굴욕감이라는 감정은 성립하지 않는다. 굴욕에는 반드시 다른 사람이 개입해야 한다.*

레스토랑의 매니저가 "미안하다. 내가 해주고 싶은데,

* 「The Psychology of Humiliation」(2014. 8. 17), Neel Burton, 〈Psychology Today〉.

그럴 권한이 없다"라는 말로 피해갔다면 아만다는 수긍했을 것이다. 그러나 매니저는 "우리는 여기서 장사를 하고 있는 겁니다"라는 말로 아만다를 가르치려고 했고, 아만다는 나타샤와 종업원 앞에서 굴욕감을 느꼈다.

굴욕은 인간 관계에서 가장 심오한 문제로, 개인의 내면에서, 개인 간의 관계에서, 집단 간의 관계에서 그리고 국가 간의 관계에서 중요한 함의를 가진다. 전쟁 전의 국제 관계에서 우크라이나가 굴욕을 경험했을 수도 있고, 전쟁 중에 지원을 호소하면서 굴욕감을 느꼈을 수도 있다. 분명한 점은 난민이 느낀 감정 중에 굴욕감이 있을 것이고, 포로가 느낀 감정 중에도 굴욕감이 있을 것이라는 점이다. 굴욕은 이번 전쟁을 상징하는 주된 요소 중 하나이자 중요한 변수이기에 아만다와 나타샤에게 양해를 구하고 굴욕이라는 단어를 사용하기로 했다.

인터뷰하는 날 나타샤는 청 재킷을 입고 왔는데, 재킷 등판에 수호천사라는 단어가 쓰여 있었다. 마치 수호천사 그림 이야기가 이 책에 실린 사실을 아는 것 같았다. 나타샤와의 인터뷰에서 가장 인상적이었던 것은 나타샤의 엄마가 전화로 한 말이었다. "하늘을 보면, 변한 건 아무것도 없어." 그 말은 땅에는 변한 것이 많다는 의미다. 하늘을 본다는 것은 현실을 부정하는 행동일 수도, 부정을 긍정으로 바꾸겠다는 의지의 발현일 수도 있다.

우크라이나
리디아 비노그라드나
Lidia Vinogradna, Лідія Виноградна

난민이 된 전 리듬체조 국가대표

우리에게 형제가 둘뿐인 것이 얼마나 다행인가?

가방 속에는 치마 두 벌, 드레스 하나, 바지 두 벌,
상의 세 벌, 점퍼 두 벌, 속옷, 양말, 화장품,
운동화 한 켤레, 구두 두 켤레, 노트북, 사진첩이 들어 있었죠.
특별한 것은 없었습니다.

2022년 4월 28일, 6월 18일 줌 및 대면 인터뷰.

영국에 온 우크라이나 난민, 리디아 비노그라드나를 소개받았다. 인터뷰를 준비하기 위해 리디아의 페이스북을 봤다. 프로필에 단란한 가족 사진이 게시되어 있었다. 리디아의 계정은 우크라이나에 관한 소식이 주를 이뤘지만 그렇다고 슬픔으로 도배된 것은 아니었다. 우리는 인터뷰를 조율하기 위해 메시지를 주고받았고 리디아는 거침없으면서도 격조 있는 언어를 구사했다. 리디아의 상황은 나타샤의 상황과는 달랐다. 나타샤가 런던에서 모든 것을 새롭게 준비해야 했다면 리디아는 준비된 난민 프로그램을 통해서 왔기에 행정적인 어려움이 없었다. 엄마와 같이 왔고, 큰 가방 속에 좋아하는 드레스도 넣어올 수 있었다.

리디아 이야기의 표면에는 큰 슬픔이 드러나 있지 않지만 그 뒤편에는 전쟁 비극의 핵심이 내포되어 있다. 아이폰을 들고 고급 선글라스를 끼고 안정적인 삶을 살았던 사람도 한순간에 삶의 터전을 잃고 낯선 곳을 떠돌아야 하는 처지가 될 수 있다는 것 말이다. 우크라이나 인구 4천4백만 명 중 1천6백만 명이 그렇게 난민이 되었다.

이 전쟁이 유럽 전체의 안보를 위협한다는 이유만으로 서구 사회가 우크라이나 전쟁에 관심을 쏟는 것은 아니다. 다른 난민과 달리 우크라이나 난민에게 유독 연민을 느끼는 이유는 이들에게서 자신의 모습을 보기 때문이다. 난민은 자신과 다른 옷을 입고, 다른 기후 지방에서 살고, 다른 종교를 믿고, 다른 삶의 패턴을 가진 사람이라는 인식이 있었을지도 모른다. 난민 생활은 극도로 운이 없는 사람에게나 발생하는 것이라고 생각했을 수 있다. 그러나 그렇지 않다. 충분히 피할 수 있을 때조차도 어떤 한 사람의 잘못된 결정으로 우리 모두 쉽게 난민이 될 수 있다.

자기소개를 부탁합니다.

우크라이나 키이우에서 태어나 자란 33세 여성입니다. 남편과 다섯 살 난 딸이 있어요. 어릴 적에는 리듬체조 선수로 활약했지요. 대회에 참여하기 위해 런던에 온 적도 있습니다. 우크라이나 리듬체조 협회 일도 했고, 임원으로 런던 올림픽에도 참가했어요. 리듬체조 심판으로 글래스고에 간 적도 있고요. 전쟁 전에는 면세점 매장을 기획하고 오픈하는 일을 했습니다. 2월 28일에 키이우 공항 면세점에서 새로운 브랜드를 런칭하려고 준비하고 있었는데, 전쟁이 발발하고 말았어요.

전쟁을 예상하지 못했나요? 전쟁 초기에 리디아와 가족은 어떻게 지냈나요?

전쟁을 전혀 예상하지 못했어요. 푸틴이 서방 세계에 강한 경고 메시지를 날린다고만 생각했습니다. 전쟁이 시작된 후 40일 동안 우리는 키이우에 있는 단독 주택에서 살았어요. 폭격 또는 사이렌 소리가 들리면 옆집 지하실로 갔지요.

지하 방공호요? 옆집은 전쟁을 예상했나요?

아뇨. 전쟁을 예상한 우크라이나인들이 있었던 것 같지만 내 가까운 주변에서는 누구도 전쟁을 염두에 두고 있지 않았어요. 전쟁에 대비한 방공호라기보다는 평범한 가정집의 지하실일 뿐이었지요. 식품이 저장되어 있고 와인도 있는 그런 공간 말이에요. 지하실에 모여 있는 우리 신세가 처량했지만 익숙한 장소였고, 간혹 농담과 아이들 웃음소리가 있었기 때문에 그렇게 비극적이지는 않았습니다. 어른들 표정에서 미래에 대한 불안감이 엿보였지만, 누구도 대놓고 드러내려고 하지는 않았죠.

어떻게 우크라이나를 탈출했나요?

탈출이라고 할 만큼 비극적이지는 않았어요. 운이 좋았죠. 인터넷을 통해 유럽 여러 나라가 제공하는 일자리에 대해 알아볼 수 있어요. 나는 영어를 잘하기 때문에 영국에서 일자리를 찾으려고 했습니다. 영국의 스포츠 마케팅 회사에서 우크라이나 난민을 위한 구인 공고를 올렸고 내가 그 공고를 보고 지원하여 일자리를 얻었죠. 그래서 엄마, 딸, 친한 친구와 함께 자동차를 타고 헝가리 부다페스트로 향했어요. 가다가 길가에 차를 세워놓고 한숨 잔 뒤 눈 뜨자마자 또 달려서 부다페스트로 갔지요. 혼자 운전했습니다. 부다페스트에서 하루 자고 지인에게 자동차를 맡긴 뒤 비행기를 타고 파리로 갔어요. 파리에 도착했는데 아직 영국으로 갈 수 있는 절차가 마무리되지 않아서 잠시 거기에 머물렀죠. 중간에 기차를 타고 해변에도 가봤어요. 관광객처럼 말이죠.

혹시 비자를 받는 데 어려움이 있었나요? 시간은 얼마나 걸렸나요?

비자를 받은 게 아니에요. 특별입국허가 문서 같은 것이 이메일로 날아옵니다. 그것을 가지고 영국에 입국할 수 있고, 입국 후 6개월간 체류하면서 집을 찾거나 일자리 없이 온 사람은 직장을 찾죠. 6개월 안에 정식 절차를 밟아서 3년짜리 비자를 받는 거예요. 절차가 어렵거나 번거롭지는 않았고 모두가 잘 도와주었기 때문에 큰 어려움이 없었어요.

영국까지 오는 데 드는 비용은 누가 부담했나요?

부다페스트에서 파리까지 가는 항공편의 비용은 우리가 부담했어요. 파리에 도착하고 나서는 모든 교통편이 무료였지요. 에어비앤비를 통한 숙박도 무료였습니다. 파리에서 런던까지 유로스타를 타고 왔는데 그것도 무료였고, 런던에서 지금 살고 있는 밀튼 케인즈까지 오는 교통편도 무료였어요. 그렇게 하는 도중에 만난 사람 모두가 친절했습니다. 불쾌한 일이 전혀 없었어요. 참으로 훌륭한 문명 세상이라고 생각했지요.

리디아가 지금 살고 있는 집은 편안한가요? 출근은 시작했나요? 아이 학교는 구했나요? 어려운 점은 없나요?

회사에서 주택을 제공해줄 사람을 찾아주었어요. 그래서 안락한 집에서 살고 있어요. 영국인은 주변을 돕는 습관이 몸에 잘 배어 있는 것 같습니다. 모든 것이 자연스럽게 이어지고 있는 듯한 느낌이 들어요. 4월 25일부터 직장에 나갔는데 모두가 환영해줬죠. 아이 학교도 찾았고, 5월부터는 학교에 나가요.

어려운 점이요? 굳이 문제점을 말하라고 하면, 영국은 교통 요금이 비싸다는 겁니다. 버스를 타고 직장에 다니는데 매일 요금으로 5파운드 넘게 나가요.

우크라이나 난민은 교통비가 무료라고 하지 않았나요?
영국 도착 후에 48시간까지만 교통비가 공짜고, 그 이후부터는 똑같아요. 웨일스는 9월까지 교통비가 무료라고 하는데, 잉글랜드는 그렇지 않아요. 우크라이나 난민 중에는 식료품보다 교통 수단에 돈을 더 쓰는 사람이 많아요. 영국 교통 요금은 정말 비싸네요. 지역에 따라서는 학교에 자리가 없는 경우가 있어서 학교를 구하기 어려운 난민도 있습니다. 난민의 우선 과제는 교통비를 마련하고 학교를 구하는 것이에요.

우크라이나에서 나올 때 돈은 충분히 가져왔나요? 현재 금전적인 어려움은 없나요? 가방은 몇 개를 가지고 왔나는지 궁금해요.
가방에 담아올 달러는 없었습니다. 조금 가져왔고 그걸로는 부족하죠. 그러나 우크라이나 은행에 돈이 있고요, 우크라이나 카드를 여기서도 쓸 수 있어요. 생활 필수품은 주변에서 많이 도와주고 있기 때문에 당장은 부족하지 않아요. 네 명이 오면서 여행용 가방을 네 개 가지고 왔습니다. 한 사람당 한 개씩 가져왔죠. 키이우에서 부다페스트까지 몰아간 자동차에 가방이 네 개밖에 들어가지 않았거든요.

타인의 가방 속에 대해 물어보는 것은 실례될 수 있는 일이지만, 리디아의 가방에는 무엇이 들어 있었는지 질문해도 될까요?

가방 속에는 치마 두 벌, 드레스 하나, 바지 두 벌, 상의 세 벌, 점퍼 두 벌, 속옷, 양말, 화장품, 운동화 한 켤레, 구두 두 켤레, 노트북, 사진첩이 들어 있었죠. 특별한 것은 없었습니다. 내 가방은 우크라이나 리듬체조 국가대표 시절에 받은 가방이에요.

아! 리디아는 리듬체조 선수였죠.* 선수 시절 대회에서 러시아 선수들을 많이 만났을 테고, 러시아인 친구들도 많으리라 생각해요. 그들과 이번 전쟁에 대해 의견을 주고받은 적이 있나요?

단 한 명과 이야기를 나누었어요. 그 친구가 전화를 걸어와 울면서 미안하다고 말했죠. 지금 생각해보면, 그 친구의 의사 표현을 고맙게 생각해야 했지만, 전화를 받았을 당시에는 그런 마음이 들지 않았어요. 그리고 이 전쟁에 대해 침묵하는 다른 친구들은 모두 공범자라고 생각합니다. 지금도 그리고 앞으로도 그들과 이야기를 나눌 이유는 없을 것 같아요. 내게 미안하다고 말한 친구는 이미 러시아에서 곤경에 처해 있고, 곧 러시아를 떠날 예정이에요.

리디아는 영국으로 왔어요. 영어를 잘하기에 영국에서 일

---

* 리디아는 리듬체조 선수와 심판으로 활약했다. 푸틴의 사실상 부인으로 알려진 전 리듬체조 선수 알리나 카바예바와도 잘 아는 사이였다.

자리를 찾는 것이 비교적 쉬웠을 것 같아요. 다른 친구들은 어느 나라로 갔나요?

프랑스, 독일, 핀란드, 이탈리아, 스페인 등등이에요. 가장 많이 간 곳은 폴란드죠. 대부분 전쟁이 끝나면 돌아갈 생각을 하고 있기 때문입니다. 이제 폴란드에는 폴란드 사람보다 우크라이나 사람이 더 많을지도 모르겠어요(웃음). 미국으로 간 경우는 아직 보지 못했습니다. 아직 미국은 우크라이나 난민 프로그램을 가동하지 않은 것 같아요.

전쟁이 끝나면 우크라이나로 돌아갈 건지 물어도 될까요? 미안한 질문이지만, 전쟁 전에는 우크라이나 사람이 영국에서 일하고 싶어도 올 수 없는 경우가 많았잖아요.

딸이 좋은 학교를 찾았고 좋은 교육을 받게 될 것 같아서 기뻐요. 그렇지만 나는 우크라이나 키이우로 돌아가고 싶어요. 남편이 그곳에서 일하고, 우리 삶이 그곳에 있으며, 내가 맡은 면세점 일도 재미있었으니까요. "외국에서 사는 사람은 구명줄 없이 허공을 걷는 사람이다"라는 구절을 어느 소설에서 읽었던 것 같아요. 영국이 좋아도 언젠가는 우크라이나로 가야죠.

리디아의 남편에 대해 이야기를 해봐도 괜찮을까요? 그는 우크라이나 밖으로 나갈 수 없는 상황이죠? 남편도 우크라이나를 떠나려는 시도를 했나요? 지금 안전한가요?

18세 이상 60세 이하의 남성은 우크라이나 밖으로 나갈 수 없어요. 따라서 나가려는 시도를 할 이유가 없고, 그런 부끄러운

부다페스트로 향한 자동차에 실은 네 개의 가방.

행동을 하는 사람을 보지도 못했습니다. 남편은 지금 키이우에서 전쟁을 지원하는 일을 맡고 있어요. 무기를 들고 싸우지는 않기에 비교적 안전하다고 느껴요. 우리는 매일 영상 통화를 하며 안부를 묻죠.

푸틴은 이 전쟁을 통해서 무엇을 얻으려고 할까요? 러시아인은 푸틴의 전쟁을 어떻게 정당화할 수 있을까요? 러시아에서 푸틴의 지지율이 80퍼센트가 넘는다고 하는데 이 사실이 믿기나요?

푸틴은 우크라이나가 러시아와 멀어지는 것을 더는 좌시할 수 없었던 것 같습니다. 지금이 아니면 영영 우크라이나를 잃으리라고 생각한 것이죠. 그러나 그런 이유로 사람을 죽이는 것이 어떻게 정당화될 수 있으며, 그런 이유로 어떻게 마리우폴 같은 도시를 초토화시킬 수가 있어요? 그런 이유로 형제 국가를 초토화시키겠다고, 어떻게 보통 사람의 머리로 생각할 수 있을까요? 우리나라에는 이런 말이 있어요. '우크라이나에게는 형제가 둘 있다. 그러나 형제가 둘뿐인 것이 얼마나 다행인가?'

뭐라고요? 그게 무슨 뜻인가요?

러시아, 우크라이나, 벨라루스를 슬라브 형제 국가들이라고 부르잖아요. 우리에게는 아무 도움도 안 되고 문제만 일으키는 형제 나라가 두 개 있는 셈이죠. 만약 형제가 더 있었다면 지금보다 훨씬 더 괴로웠을 것이라는, 우리의 자조 섞인 말이에요. 러시아인의 푸틴 지지에 대해 말한다면, 어떤 이들은 의사 표현을 겁내고 있을 거라고 생각해요. 제대로 교육받은 사람이 푸틴의 전쟁을 어떻게 지지할 수 있는지 이해되지 않을 때가 많아요. 그럼에도 불구하고 러시아인 다수가 푸틴을 지지할 수는 있겠지요. 푸틴을 지지하는 사람과 침묵하는 사람은 똑같다고 생각해요. 그래서 80퍼센트 모두 푸틴을 지지하든, 그 안에 침묵하는 다수가 있든 그것은 내게는 하나도 중요하지 않아요.

이런 사람도 많아요. 2014년에 크름 반도가 러시아의 것이 된 이후 그곳 사람은 러시아 여권을 가지게 되었죠. 그리고 지금 크름 반도 사람들은 동유럽으로 가고 있습니다. 거기서 러시아 여권을 버리고 유효 기간이 만료된 우크라이나 여권이나 우크라이나 신분증을 제시해요. 그렇게 거짓 난민이 되어 유럽 국가의 도움을 받아 정착하지요. 그런 사람들도 모두 여론조사에 응할 때는 푸틴을 지지한다고 대답했을 거예요.

리디아가 생각하기에 평화 회담은 어떻게 진행될까요? 젤렌스키 대통령이 종전을 위해 돈바스를 러시아에 넘겨주는 결정을 내린다면 리디아는 받아들일 수 있나요?

많은 사람이 돈바스를 떠났어요. 이제 폭탄으로 폐허가 된 곳이죠. 많은 사람이 다시는 그 지역으로 돌아오지 않을 거예요. 우크라이나 서부로 떠나겠지요. 일부는 해외로 가서 돌아오지 않을 거고요. 슬프지만 어쩔 수 없는 현실입니다. 많은 사람을 죽이고 난민으로 만들면서까지 해야만 하는 일이 돈바스를 차지하는 일이라면, 그 지역을 가져가고 다시는 얼굴을 보지 말자고 푸틴에게 말하고 싶어요. 나는 그런 결정이 나온다면 눈물을 머금고 젤렌스키의 고뇌를 이해할 거예요. 그러나 시간이 지날수록 우리 여론은 우크라이나 땅을 1센티미터도 내줄 수 없다는 쪽으로 흐르고 있어요.

리디아의 다섯 살 난 딸은 이 사태를 어떻게 이해하고 있을까요? "미지로 떠나는 것보다 더 아름다운 것은 없다"라는 말도 있는데, 딸에게 이 여정이 피난길이 아니라 미지의 세계로 달려가는 과정처럼 보이려고 노력하지는 않았나요?

아이는 폭발 소리를 들었고 전쟁이 났다는 것을 알고 있죠. 그러나 전쟁과 피난을 완전히 이해하지는 못했을 거예요. 우리는 영화 〈인생은 아름다워〉에서 아들을 속이는 유대인 아버지처럼 현실을 얼마간 거짓으로 보이게 하려고 노력했습니다. 그래서 딸은 엄마와 할머니와 함께 여행을 왔다고 생각할 수도 있어요. 모든 사람이 선하게 우리를 돌봐주고 있는 덕분에 우리 작전은 어느 정도 성공을 거뒀고, 딸은 비극을 온전히 비극으로 생각하고 있지는 않아요. 미지의 세계로 달려오는 과정에서 따뜻함을 느꼈고 희망도 보았으니 어찌 아름다운 부분이 없었겠어요? 다만 가끔 딸이 "언제 집에 돌아갈 수 있어?"라고 묻는데, 그 질문에 명확히 답해줄 수 없는 게 슬픈 일이에요.

리디아는 영국 은행 계좌를 가지고 있나요? 한국에 사는 한국인이나 영국에 사는 한국인이 영국에 온 우크라이나

우크라이나 여권으로 영국 인터넷 은행의 계좌를 쉽게 만들 수 있습니다. 일반 은행에서도 우크라이나 여권만으로 쉽게 계좌를 개설할 수 있지요. 영국에서는 은행 계좌 개설을 위한 필수 서류가 거주지 증명 서류라고 들었어요. 그러나 우크라이나 사람이 계좌를 개설할 때는 그런 서류를 요구하지 않아요. 은행에 우크라이나 여권만 제시하면 금방 계좌를 만들어 줍니다. 나는 HSBC에서 계좌를 개설했는데, 우크라이나에서 왔다고 하니까 모든 직원이 나와서 응원의 말을 해주었어요.

우크라이나 난민에게 가장 큰 도움이 되는 것은 안 쓰는 자전거를 주는 것이라고 생각합니다. 이미 말한 것처럼 교통 요금이 너무 비싸니까요. 영국에 온 우크라이나 난민을 돕기 위해 소셜 미디어에서 Help Ukraine를 검색하면, 각 지역마다 우크라이나를 돕는 조직이 결성되어 있는 것을 보실 수 있어요. 저희 지역을 돕고 싶으시다면, Help Ukraine BAMK^{Bedford, Aylesbury, Milton Keynes}를 검색해보시면 돼요.

인터뷰를 하고 나서 한 달 후에 리디아와 통화했다. 직장 생활에는 어려움이 없으며 첫 월급도 받았다. 같이 온 친구도 언어치료사 보조로서 일을 시작했다. 학교 선생님은 딸이 학교 생활에 잘 적응하고 있다고 했다. 영어를 쓰는 데 어려움을 겪고 있지만, 수학 성취도는 최우수 등급이라는 칭찬을 받았다. 곧 생일이 다가오는데 초대하고 싶은 친구도 생겼단다. 리디아의 어머니는 손녀를 학교에

데려다주고 산책을 하고 영어를 공부하고 손녀를 학교에서 데리고 온다. 가끔은 이웃들의 정원 손질을 도와주고 돈을 벌기도 한다. 이제 리디아는 자신은 물론이고 엄마, 딸, 친구 누구도 걱정할 필요가 없게 되었다. 남은 걱정의 대상은 키이우에 있는 남편뿐이다.

우크라이나
루드밀라 홀로디

Ludmila Kholodii, Людмила Холодий

자포리자에서 온 변호사 지망 난민

낯선 곳을 향한 백 일간의 여정

전쟁이 시작되고 나서 일주일이 지났다.
러시아 친구들의 이야기 톤이 달라지기 시작했다.
휴대전화에 "이건 우크라이나 국민을 상대로 한
전쟁이 아니야", "우크라이나 정부는 왜 이것을
러시아의 침략이라고 하지?"와 같은
메시지가 오기 시작했다.

2022년 5월 14일, 5월 22일, 6월 5일, 6월 21일 대면 인터뷰.
추후 왓츠앱으로 소통하며 내용 보강.

밀라(루드밀라의 애칭) 홀로디는 우크라이나의 자포리자에서 온 22세 여성이다. 법대를 졸업하고 병원 법무팀에서 일하며 법학 대학원을 다니고 있었다. 대학원 과정을 마친 후에는 변호사가 되려고 했다. 밀라의 첫인상은 활기차고 당당했지만, 겉으로 드러나지 않는 마음까지 알 수는 없기에 조심스러웠다. 전쟁으로 인한 아픔과 슬픔을 들추고 싶지 않았다. 첫 만남에서는 우크라이나에 남은 가족이나 전쟁 상황에 대해 묻지 않았다. 런던 생활은 어떤지, 버킹엄 궁전이나 웨스트민스터에는 가보았는지 등, 여행객에게 묻는 의례적인 질문들만 했다. 이후 우리는 여러 번 만나 이야기를 나누었다. 밀라의 지난 백 일간의 여정을 정리해보았다.

2월 24일

전쟁이 시작된 날. 새벽에 엄마가 다급히 방문을 열고 들어왔다. 전쟁이 일어났다고 했다. 무슨 말인지 이해할 수 없었고 믿기지도 않았다. 휴대전화로 검색을 하니 러시아가 우크라이나를 공격하기 시작했다는 소식이 올라오고 있었다. 키이우에 있는 오빠에게 전화를 했다. 오빠는 사이렌이 울리고 멀리서 폭격 소리도 들린다고 했다. 도로와 공항이 폐쇄되었다고도 했다. 어디로 갈 수도 없었고, 어디로 가야 하는지도 몰랐다. 서로에게 이제 무엇을 어떻게 해야 하는지 물었지만, 그것은 누구도 무엇을 어떻게 해야 할지 모른다는 의미였다. 한 번도 상상해보지 않은 일, 대비하지 않은 일이 전쟁인 경우엔, 누가 무엇을 알 수 있을까? 다니고 있던 직장에 전화를 했다. 출근하라는 말은 하지 않았다. 머릿속이 진공 상태가 되었다. 답 없는 질문을 계속 떠올리며 하루를 보냈다.

2월 25일

출근했다. 다른 곳은 몰라도 내가 근무하는 곳은 병원이기 때문에 문을 닫을 수가 없었다.

2월 26일

모스크바에 사는 러시아 친구들로부터 안부를 묻는 연락이 왔다. 작년 여름휴가 때 튀르키예*의 케메르에서 알게 된 친구들이다. 여행하는 동안 함께 시간을 보내며 가까워졌다. 언어가 통하고 대부분 내 또래여서 쉽게 친해졌다. 여행 후에도 서로 안부를 묻는 사이가 되었다. 전쟁이 시작되기 며칠 전부터는 자주 연락을 주고받았다. 한 친구는 러시아 군대가 우크라이나 국경으로 이동하고 있다며 조심하라고 일렀다. 나는 알겠다고 했지만 전쟁이 일어날 거라고는 생각해보지 않았기 때문에 크게 신경 쓰지 않았다. 푸틴은 싫었지만 나를 걱정해주는 러시아 친구들에게 고마움을 느꼈다.

3월 2일

전쟁이 시작되고 나서 일주일이 지났다. 러시아 친구들의 이야

---

*   2022년 5월에 터키는 국가 명칭을 튀르키예Türkiye로 표기해줄 것을 UN과
      각국에 요청했다.

기 톤이 달라지기 시작했다. 휴대전화에 "이건 우크라이나 국민을 상대로 한 전쟁이 아니야", "우크라이나 정부는 왜 이것을 러시아의 침략이라고 하지?"와 같은 메시지가 오기 시작했다.

3월 3일

또 다른 메시지가 도착했다. "우리나라는 너희를 파시즘과 네오나치즘으로부터 보호하려는 거야." 이런 말은 러시아 정부의 프로파간다일 뿐이다. 그 친구들은 모두 20대 초반의 젊은이다. 그들은 정부의 말을 전하는 뉴스만을 보는 것이 아니다. 유튜브, 인스타그램, 페이스북도 본다. 그런 그들의 생각이 어떻게 일주일 만에 달라질 수 있는지 알 수 없었다. 적어도 내 친구들은 열린 사회에 살고 있다고 생각했지만 그렇지 않았던 것이다. 열린 사회가 닫히는 것은 눈 깜짝할 새에 일어날 수 있는 일이구나, 라는 생각도 들었고, 어쩌면 저 사회는 처음부터 열린 사회가 아니었을 수도 있겠다는 생각이 들었다.

3월 4일

심지어 이런 메시지도 받았다. "너희 나라 때문에 우리가 국제적으로 비난을 받고 있다." 눈물이 났다. 그들이 비난받는 것이 왜 우리의 잘못인가? 우리 땅에 폭격이 가해지고 우리나라 사람들이 죽어가고 있는 이런 상황에서 나는 왜 그들에게 이런 말을 들어야 하는가? 이해할 수 없었고 공포스럽기까지 했다. 그들과 이야기를 하는 것을 포기했다. 포기했다기보다 그럴 여력이 없었다.

3월 14일

우리 병원은 사립 병원이어서 평소 환자로 북적거리던 곳이 아니다. 하지만 전쟁이 시작되자 폭격 피해가 큰 다른 도시 환자들이 우리 병원으로 몰려왔다. 폭격으로 부상당한 응급 환자도 있었고, 항암 치료를 계속 받아야 하는 사람도 있었다. 병원은 전쟁으로 다친 환자 모두를 무료로 치료해주었다. 의료진을 포함한 병원 직원 모두가 바쁘게 움직여야 하는 날들이 이어지고 있었다.

3월 15일

하루에도 몇 번씩 사이렌 소리가 들렸다. 사이렌은 안전을 확보하라는 신호였지만 그 자체로 공포였다. 폭탄이 예고 없이 떨어지더라도 사이렌이 울리지 않았으면 좋겠다는 생각마저 들었다. 사이렌이 울리면 건물 지하 주차장이나 기계실 같은 곳으로 대피했다. 모두 제대로 된 방공호는 아니었다. 전쟁에 대비하지 않았기에 변변한 방공호도 없었다. 자포리자는 드니프로 강변에 위치한 도시다. 이 도시 동쪽에 돈바스가 있다. 러시아군이 우크라이나 전역을 장악하려면 최대한 빨리 이곳을 점령해야 한다. 상황은 매일 달라졌고 당장 내일 무슨 일이 일어날지 몰라 공포스러웠다. 직장에서 휴식 시간에 커피 마시는 것을 좋아했지만 전쟁이 시작된 후로는 오히려 그 시간이 싫어졌다. 초조하게 커피를 마시는 것은 불쾌한 일이다. 내일을 알 수 없다는 초조함과 커피의 평온함이 가져오는 극명한 대조가 싫었다.

3월 18일

영국 정부의 우크라이나 난민 지원 프로그램이 시작되었다.

3월 20일

전쟁이 시작되고 나서 몇 주 동안은 우크라이나를 떠날 생각이 없었다. 우크라이나 동부에서 서부로 피난 가는 사람들은 기차에 거의 매달려가다시피 했다. 네 명이 타게 되어 있는 쿠페*에 25명이 탔다. 그런 모습을 보면서도 내가 사는 도시를 떠나야겠다는 생각은 들지 않았다. 그러나 러시아군이 매일 조금씩 우리 도시로 진격해오고 있다. 엄마와 아빠도 내가 어딘가 안전한 곳으로 가기를 원한다. 혼자 떠나는 것이 두렵지만 어쩌면 이제 엄마, 아빠 품을 떠나 어른이 되어야만 하는 건지도 모른다.

3월 22일

영국 정부의 우크라이나 난민 지원 프로그램에 등록했다.

4월 7일

우리나라에 파시즘과 네오나치가 있다는 말에 대해 계속 생각해봤다. 우크라이나는 독립 국가로, 국민은 민주적인 환경에서 자유롭게 살고 있다. 나는 미래를 꿈꾸며 열심히 살고 있다. 내가 잘할 수 있는 일, 좋아하는 일을 찾아 성공하고 싶다. 우

---

* 이층 침대가 양쪽에 놓여 있는 4인용 기차 객실.

리나라 어디에서도 네오나치가 자유를 억압하고 있다는 이야기를 들어보지 못했고, 억압당해 어려움을 겪는다는 이야기도 들어보지 못했다. 그런데 그들은 네오나치로부터 우리를 보호하겠다면서 민간인 대상으로 폭격을 가하고 있다. 세베로도네츠크에 공습이 시작되어 그곳 시민들이 도시를 탈출하려고 했다. 피난민 수천 명이 역으로 몰려들었다. 러시아군은 이 상황을 알고 정확히 기차역에 폭격을 가했다. 민간인 마을에 떨어진 로켓포에는 '아이들을 위하여'라는 글이 쓰여 있었다. 그 폭격에 아이들이 죽어갔다. 러시아 점령 지역에서는 반전 시위를 하는 시민들이 체포되고 있고 친우크라이나 정부 인사들이 납치되거나 실종되었다는 소식이 들려오고 있다.

4월 10일

러시아 군인에 대한 이야기를 이곳저곳에서 들었다. 러시아는 우크라이나보다 더 잘사는 나라라고 알려져 있지만 빈부 격차가 심하다. 이번 전쟁에서 러시아 군인을 직접 본 사람들이 하는 말이, 군인 대부분은 교육도 제대로 받지 못한 빈민층이란다. 평범한 우크라이나 사람이 누리고 있는 혜택을 받지 못한 젊은이들이 대다수인 것이다. 러시아군이 점령한 도시의 가정집에는 좋은 전자 제품과 아이폰, 개인용 컴퓨터와 자동차가 있었다. 러시아 군인 중에는 그 정도 생활 수준에 놀라는 사람들이 많았다. 그들은 어떻게 우크라이나가 러시아보다 잘살수 있느냐며 화를 내고 집기를 부수거나 약탈했다. 러시아 정부는 자국민에게 이번 전쟁을 우크라이나를 보호하기 위한 군사 작전으로 선전하는 한편 군인들에게는 우크라이나에 대한 증오심을 심어주고 있다. 나는 러시아 사람 중에서도 가장 가난하고 배우지 못한 사람들이 전쟁에 동원되고 있다는 현실이 슬펐다.

4월 22일

런던 덜위치의 한 가정으로부터 초청을 받아 영국으로 갈 수 있게 되었다.

4월 25일

마지막 출근을 했다. 나는 의사도 간호사도 아니지만 이런 상황에서 병원을 떠나게 되어 마음이 불편했다. 내 가족과 직장과 나라를 더 돕지 못하고 떠나게 되는 것에 대해 죄책감이 들었다.

4월 26일

우크라이나 난민에게 제공되는 무료 비행기표는 대기자가 너무 많아 구할 수 없었다. 나는 직접 표를 사려고 했는데 나를 후원한 영국 가족이 바르샤바를 출발해 런던에 도착하는 항공편 표를 보내주었다. 이제 정말 떠나야 할 시간이다.

4월 27일

짐을 싸며 이런저런 생각을 했다. 다시 가족을 만날 수 있을까? 언제 우크라이나로 돌아올 수 있을까? 이렇게 헤어지고 나면 다시 만나지 못하는 전쟁 영화 속 장면들이 떠올라 눈물이 났다. 가족이 걱정되었지만 마음을 굳게 먹었다. 엄마는 우리 모두 별일 없을 것이라면서 건강한 모습으로 다시 만나자고 했다. 짐을 꾸릴 시간은 충분했지만 무엇을 가져가야 할지 알 수 없었다. 한 달, 두 달, 아니면 일 년 후 언제 돌아올 수 있을지 모르고, 혹은 돌아올 수 없을지도 모르기 때문이다. 우선 봄과 여름 옷을 챙겼다. 나는 옷 입는 것으로 그날의 기분을 표현한다. 풀 메이크업을 하고 화려한 옷을 입은 날은 내 기분이 아주 좋은 날이라는 뜻이다. 우울하고 지친 날은 청바지를 입고 오버사이즈 재킷만 걸친다. 무슨 옷을 얼마나 챙겨야 할지 한참 고민했다. 나는 난민이다. 내 기분을 살피며 옷을 골라 입을 형편이 아니다. 런던에서는 그럴 여유도 없을 것이라는 생각이 들었다. 결국 가장 평범한 옷 몇 가지만을 가방에 넣었다.

4월 28일

여행 가방을 들고 스무 시간 넘게 기차와 버스를 타고 우크라이나와 폴란드 국경까지 왔다. 별 어려움 없이 무사히 국경을 통과했다. 사람들이 많았고 그들 표정에는 불안이 가득했다. 나는 내 얼굴을 거울에 비춰보지는 않았다. 국경에는 별의별 사람들이 있었다. 누구는 커다란 가방을, 누구는 하루 출장을 가는 것처럼 조그만 가방을 가지고 있었다. 커다란 그림 액자 같은 것을 들고 있는 사람도 있었다.

4월 30일

런던의 루턴 공항에 도착했다. 나를 초청한 가정의 여성이 공항에 나와 있었다. 비행기가 연착하는 바람에 나를 세 시간 넘게 기다렸다. 만나자마자 그녀는 두 팔을 벌려 따뜻하게 안아주었는데, 그 순간 나의 런던 생활이 고단하지만은 않을 것이라는 예감이 들었다.

5월 10일

런던에 와서 알았다. 아무 걱정 없이 가족과 함께 지낼 수 있다는 것이 얼마나 소중한 일인지를. 전쟁이 일어나기 전 내가 가장 중요하게 여긴 것은 성공한 커리어우먼이 되는 것이었다. 내 인생에서 가장 중요한 건 나였다. 전쟁이 일어나 가족과 헤어져 사니 가족이 얼마나 중요한지 알게 되었다. 내가 머물고 있는 가정에는 중고등학교를 다니는 아이가 둘 있다. 학교에 다녀오면 엄마를 향해 달려가고, 그들은 서로를 반기며 포옹한다. 저녁 시간이 되면 온 가족이 함께 식사를 한다. 소소한 그들의 일상이 너무 행복해 보여서 볼 때마다 눈물이 났다. 이제 나에게 가장 중요한 것은 가족의 안위다. 나는 긍정적이고 강한 사람이지만 여전히 누군가에게 기대고 보살핌을 받고 싶을 때가 있다. 런던에서 많은 사람의 도움을 받고 있지만 그럴 때마다 더욱 가족 생각이 난다. 이곳에서 나를 버티게 해주는 것도 우크라이나에 있는 내 가족이다. 러시아가 우크라이나를 공격하고 도시를 파괴하고 우리의 모든 것을 빼앗아가고 있지만 내게 가족이 있다면 나는 무너지지 않을 것 같다.

덜위치 페스티벌에서 한국인 여성 지영을 만났다. 지영은 페스티벌 자원봉사자였다. 그녀는 날씨 이야기를 먼저 꺼냈고 런던 일상의 즐거움을 설명해주었다. 지영은 내가 우크라이나에서 온 것을 안 후에는 왠지 조심스럽게 말하는 것 같았다. 나는 우크라이나에 대해 이야기하는 것도, 전쟁에 대해 이야기하는 것도 괜찮았다. 정말 괜찮았다. 어쩌면 내겐 그런 이야기를 할 의무가 있다. 내가 먼저 자포리자에서 왔다고 지영에게 이야기했다. 자포리자라는 말을 듣자 그녀는 전쟁을 더 가깝게 느끼는 것 같았다. 지영은 자포리자를 알고 있었다. 우크라이나 전쟁 뉴스에서 항상 언급되는 그곳을 모를 리 없었다.

초기에는 영국에 적응하느라 몸도 마음도 바빴다. 추가적으로 준비해야 할 서류도 많았고, 일자리를 구해야 한다는 압박감이 컸다. 난민을 받는 집은 6개월 동안 집을 제공할 의무가 있다. 6개월 이후에 난민은 스스로 집을 구해서 살아야 한다. 내가 머무는 집 주인은 몇 년이나 있어도 되니 원하는 대로 머물라고 말해주었다. 원하는 대로 머물라니! 이들은 어떻게 이리도 관대할 수가 있을까? 공항에서 느낀 내 예감은 틀리지 않았다. 하지만 나의 후원자가 아무리 좋은 사람이라고 해도 계속 도움만 받을 수는 없다. 나도 누군가에게 도움이 되는 사람이 되고 싶다. 나는 좋은 일자리를 구할 것이고, 여러 사람의 도움에 보답할 것이고, 우크라이나에 있는 가족을 도울 것이다.

동네 카페에서 지영을 만났다. 지영은 우크라이나 전쟁 관련 이야기를 쓰고 있었다. 그녀를 돕고 싶었다. 잘 털어놓지 않았던 이야기들도 깊숙한 부분까지 꺼내놓았다. 우크라이나 상황을 한국에 알릴 수 있다는 것이 좋았다. 한참 이야기를 나누었을 뿐인데 내 마음이 위로를 받는 느낌이었다. 나의 이야기를 지영에게 했을 뿐인데 그 말이 돌아와 나를 치유하고 있는 것 같았다.

일자리를 찾느라 바쁘다. 영국 정부에서 주는 월 2백 파운드는 생활비로 쓰기에 턱없이 부족하다. 시내로 구직 면접을 보러 갈 때 필요한 교통비로 쓰고 생필품을 조금 살 수 있는 정도다. 오늘은 처음으로 카페에서 일을 시작했다. 일주일에 다섯 시간씩 사흘 동안 바리스타로 일하고, 나머지 이틀 동안은 꽃 가게에서 일하게 되었다. 자립하려면 정규직 일자리를 구해야 하는데 이는 쉬운 일이 아니다. 법무 관련 일을 하고 싶지만 아직 영어가 능숙하지 않고 영국의 법 체계도 다시 배워야 한다.

나는 동정이나 도움만 바라는 난민으로 보이고 싶지 않다. 이곳에서 나는 한 개인이기도 하고 그 이상이기도 하다. 내가 하는 말과 행동이 우크라이나 난민 전체의 모습이 되기도 한다. 내가 얼마나 꿈을 갖고 열심히 사는지 보여주고 싶다. 무례한 사람이 아니라는 것을, 타인을 배려할 수 있는 사람이라는 것을 보여주고 싶다. 나는 부지런한 사람이고 스스로에 대한 자부심도 있어서 우크라이나에서는 내 미래를 걱정해본 적이 없었다. 그곳에서 내일은 걱정이 아니고 꿈이 있는 미래였다. 그러나 이곳에서는 다르다. 지금 내 수준에서 얻을 수 있는 정규직 일자리는 가사 도우미 정도다. 우크라이나에서 꿈꾸던 미래와 조금씩 멀어지는 것 같아 슬퍼지기도 한다. 그래서 오늘도 몇 번이나 고개를 떨구었다. 나는 과연 내가 좋은 사람이라는 것을, 남을 도울 수 있는 사람이라는 것을 보여줄 수 있을까?

6월 2일

병원에 남아 있는 동료들과 영상 통화를 했다. 동료들은 여전히 바빴다. 피난 온 사람을 진료해주거나 전쟁 부상자에게 긴급 수술을 해주고 있었다. 고난도 외과 수술이 필요한 경우가 많았고, 그에 따라 수술 시간이 늘어나 의료 인력이 더욱 부족한 상황이라고 했다. 다행히 얼마 전부터 무료 봉사를 위해 파견된 이스라엘 의사들이 일주일씩 머물면서 수술과 진료를 돕고 있다고 한다. 한 팀이 가면 또 다른 팀이 온다고 했다. 이들의 조건 없는 도움에 한없이 감사하다.

6월 4일

지금까지 백여 군데 일자리에 이력서를 냈고 십여 곳에서 면접 제안이 왔다. 오늘 오전에 집주인 아저씨가 소개해준 곳에 가서 면접을 보고 왔다. 파트 타임 일자리가 아니라 정규직 일자리다. 소아과 병원에서 행정 업무를 보는 일이다. 병원에서도 나를 마음에 들어 했고, 원하는 업무 조건에 최대한 맞춰주려고 했다. 나는 그들의 배려에 감사했지만 정말로 내 도움이 필요한지, 내가 그들을 제대로 도울 수 있을지 걱정이 되었다.

6월 5일

지영과 후속 인터뷰를 했다. 인터뷰 중간에 아빠에게 전화가 왔다. 매일 서로의 안부를 묻기 위한 전화다. 나중에 다시 하려고 했지만 지영이 받아도 괜찮다고 했다. 그래서 녹색 통화 버튼을 눌렀다. 항상 하는 영상 통화였지만, 왠지 특별하게 느껴졌다. 내가 한국 사람을 만나 한국 책에 실릴 인터뷰를 하고 있는 가운데 온 전화였기 때문이다. "별일 없지?" "별일 없죠. 아빠는요?" "나도 별일 없다." 짧은 안부 인사 후에 전화를 끊으려다가 아빠에게 내가 하고 있는 일을 보여주고 싶다는 생각이 들었다. 지영을 아빠에게 소개해주었다. 군용 반팔 티셔츠만 입고 있는 아빠는 쑥스러워했지만 지영과 반갑게 인사를 나눴고, "고맙다"라는 말을 했다. 지영의 모습을 본 후에 아빠는 "잘 있다"라는 내 말을 더욱 믿게 되었다.

6월 6일

최종적으로 일자리를 결정했다. 나도 바라고 그들도 나를 진정으로 필요로 하는 회사를 찾았다. 엔지니어링 컨설팅을 하는 회사인데, 그 회사에서 지원 업무를 맡게 되었다. 런던에 거점을 두고 전 세계 기업을 고객으로 가지고 있는 회사다. 이제 난민 생활이 아닌 직장 생활을 할 수 있게 되었다. 돈을 벌고 주변을 조금이라도 도울 수 있게 되어 진정으로 기쁘다.

6월 7일

밀라에게서 전화가 왔고, 그녀는 들뜬 목소리로 자신이 원하는 좋은 정규직 일자리를 얻었다고 말했다. 우리는 한참을 기뻐했다. 전화를 끊고 난 뒤 1년 또는 2년 후의 밀라의 행복한 모습을 상상해보았다.

6월 21일

인터뷰 속의 몇 가지 사실 관계를 확인하기 위해 밀라를 네 번째로 만났다. 밀라의 정규직 출근을 축하하기 위한 선물로 샴페인도 준비했다. 우리의 대화는 뉴욕 헤리티지 옥션 하우스에서 진행된 경매로 이어졌고, 같이 유튜브를 찾아봤다. 2021년에 노벨 평화상을 수상한 러시아 저널리스트 드미트리 무라토프가 우크라이나 난민을 돕기 위해 메달을 경매에 내놓았다. 경매 진행자 마이크 새들러는 러시아-우크라이나 전쟁으로 발생한 난민의 수가 16,083,432명이라고 말했다. 78만7천 달러에서 시작한 경매는 1백5십만 명의 열띤 관심 속에서 순식간에 1천6백 6십만 달러까지 올라갔다. 밀라는 상상하지 못한 놀라운 가격이라고 말했다. 공교롭게도 그 가격은 난민 숫자를 연상시켰다. 경매 대금은 유니세프를 통해 난민 어린이를 위해 쓰일 예정이지만, 만약 이 돈을 난민 모두에게 나눠준다고 상상해보면 일인당 고작 1달러가 지급된다. 얼마나 많은 난민이 발생했는지 새삼 실감할 수 있었다. 마이크 새들러는 이 경매는 노벨 평화상 메달을 얻으려는 경매가 아니라, 누가 가장 따뜻한 마음을 가졌는지에 대한 경매라고 했다. 돈의 액수로 가장 따뜻한 마음이 결정되는 것은 아니지만 진행자 입장에서는 경매 흥행을 위해 최고로 자극적인 말을 한 것이었을 테다. 그리고 경매 진행 22분 만에 한 대리인이 자리에서 일어나 나지막한 목소리로 자신의 고객이 제시한 호가를 말했다. 그의 호가는 1억350만 달러였다. 직전 가격보다 무려 8천6백9십만 달러 높았다. 결국 원화로 약 1,337억 원에 노벨 평화상 메달은 낙찰되었다. '최대한의 공감과 연대'라는 단어를 마주한 네 번째 만남이었다.

우크라이나
올레나 빌로제르스카
Olena Bilozerska, Олена Білозерська

전장에서 저격수로 활동하는 전직 기자

방아쇠에 감상은 없다

그들이 말하는 정보를 믿어서는 안 됩니다.
예를 들어, 러시아 측은 내가 민간인을 죽였다고
반복적으로 공표하고 있어요.
그들은 내 친구가 러시아인 시체에 나치 문양을 새겼고,
그것을 소셜 미디어 계정에서 자랑했다고 주장하고 있어요.
나와 내 친구는 절대로 그런 일을 한 적이 없습니다.

2022년 5월 14일~18일 이메일 인터뷰.
추후 전화로 소통하며 내용 보강.

우크라이나 여성은 제2차 세계 대전 전부터 전쟁에 참여해왔다. 1914년에 제1차 세계 대전이 발발했을 때 우크라이나는 제정 러시아의 일부였지만, 르비우를 포함한 서부 지역은 오스트리아·헝가리 제국에 속해 있었다. 당시 우크라이나 여성은 제정 러시아 편에서 싸웠고, 일부는 오스트리아·헝가리 제국을 위해 싸우기도 했다.

카지미르 말레비치*의 작품 중에 전쟁 참여를 독려하는 그림이 있다. 말레비치는 우크라이나에서 태어나 성장했기에 그림 속 여인의 모티브는 우크라이나 여성 농부에게서 얻었다고 할 수 있다. 이 그림은 제정 러시아의 프로파간다로 활용되었고, 배경이 된 지역은 당시 제정 러시아였던 지금의 폴란드 북서부이다. 폴란드 태생 부모를 둔 말레비치는 폴란드에서 산 적이 없다. 집에선 폴란드어를 사용하고 학교와 집 밖에서는 우크라이나어를 사용하며 자랐다. 우크라이나에서 그림을 배운 말레비치의 작품 곳곳에는 우크라이나 정서가 스며들어 있다. 현대 미술을 대표하는 작품인 〈검은 사각형Black Square〉(1915)도 우크라이나 전통에 뿌리를 두고 있다는 주장이 있다.** 제정 러시아 또는 말레비치는 왜 전쟁 참여를 독려하기 위해 여성 농부를 활용했을까? 우크라이나 전쟁에서의 여군 활약상 보

---

* 1879~1935. 기하학적이고 단순한 화풍의 선구자로, 현대 미술의 탄생에 큰 영향을 미쳤다.
** 「Kazimir Malevich: the Ukrainian roots of his avant-garde art」(2011. 12), Maks Karpovets, 〈The Day〉.

〈라지빌에 간 오스트리아 군인이 농부 쇠스랑에 찔렸다An Austrian Went To Radziwill And Came Right On To A Peasant Woman's Pitchfork〉(1914), 말레비치.

도를 프로파간다의 일종이라고 비판하는 사람도 있다. 만약 아주 조금이라도 그런 면이 있다면, 우크라이나 정부는 왜 프로파간다에 여성을 등장시키는 것일까? 아마 우크라이나 국민에게 호소력을 갖기 때문이지 않을까. 군에 입대해 전투에 참여하는 여성이 주변에 이렇게나 많다고 전하고 있는 듯하다.

각종 매체에 등장하는 우크라이나 여군 중 눈에 띄는 인물은 올레나 빌로제르스카다. 남편과 같이 중무장한 채 미소 짓고 있는 모습은 인간적인 느낌을 풍기고 있으며, 저격수로 잠복하고 있는 사진도 인상적이다. 망원경으로 먼 곳을 응시하고 있는 뒷모습 사진은 우크라이나 국가 추모위원회Ukraine Institute of National Remembrance가 발행한

《속박을 부수는 여인들Girls Cutting Their Locks》이라는 책의 표지 이미지로도 쓰였다.

올레나 빌로제르스카를 인터뷰했다. 저격수를, 그것도 전장에 있는 저격수를 인터넷을 통해 인터뷰할 수 있는 세상에 우리는 살고 있다. 기술의 발달로 지구촌 곳곳은 언제나 서로 쉽게 연결될 수 있다. 이러한 연결은 상호 이해를 증가시켜 세계 평화에 기여할 것 같지만, 이번 전쟁을 보면 꼭 그런 것은 아니다. 기술의 발전과 무관하게 전쟁은 일어나고 비극도 계속된다.

인터뷰를 전후하여 올레나와 2주 정도 연락을 주고받았다. 누군가가 올레나를 전쟁의 홍보 수단으로 활용하고 있을지도 모르지만 그녀는 필요 이상으로 솔직했고, 그녀가 하는 모든 말에서 진정성을 느꼈다. 올레나의 말을 최대한 가감 없이 전달하고 싶었다. 전장의 저격수는 어떠한 생각을 품은 채 방아쇠를 당기며, 저격수의 머리와 가슴속에서 전쟁은 어떠한 얼굴을 하고 있을까?

자기소개를 부탁합니다. 자세한 신분을 드러낼 수 없다면 밝히지 않아도 됩니다.

내 이름은 올레나 빌로제르스카이며, 42세입니다. 우크라이나 키이우에서 태어나 자랐어요. 문학 작품 읽는 것을 좋아하고 시를 쓰기도 하며, 시를 번역하기도 했어요. 나는 누구에게도 신분을 숨기지 않습니다. 저격수는 자신과 자신의 일에 대해 이야기하는 것을 좋아하지 않고, 이야기한다고 해도 얼굴을 가리죠. 하지만 나는 이런저런 이야기를 하고, 얼굴을 가리지 않아요. 이미 나는 러시아의 타깃 리스트 상단에 있는걸요. 더 이상 숨길 것도 없습니다.

가족 관계는 어떻게 되나요? 가족은 올레나의 일 때문에 걱정하지 않나요?

부모님과 남편이 있습니다. 엄마와 아빠는 당연히 걱정이 많죠. 나는 2014년부터 전쟁에 참여해왔으니 이제는 가족들이 익숙해졌기를 바라요. 남편은 군인으로, 나의 스승이자 친구예요. 남편에게는 전부인에게서 얻은 아들이 있는데, 그도 지금 전쟁터에 있습니다.

어떤 과정을 통해 군인이 되었나요?

2014년 이전에는 10년 동안 기자로 일했어요. 그리고 스포츠 사격 및 군사 기술을 가르치는 모임에 나갔죠. 이 단체에는 러시아가 우크라이나를 공격할 경우에 대비해 총 쏘는 법과 전투 기술을 배워야 한다고 생각하는 회원들이 있었습니다. 당시 나는 러시아가 우크라이나를 공격할 거라고 믿지 않았어요. 내게는 취미에 가까웠지요. 그러나 2014년에 러시아가 우크라이나를 침략하고 말았어요. 전투에 필요한 지식과 기술, 동료와 협력하는 법을 배웠기에 최대한 빨리 전선으로 갔습니다.

올레나는 저격수로 활동하고 있습니다. 왜 저격수를 선택했나요?

나는 침착하고 균형을 잡을 줄 알고 부지런하며 참을성이 많아요. 그리고 항상 총을 잘 쏘았지요. 내가 전쟁에 참여한다면 저격수가 가장 적성에 맞을 것이라고 오래전부터 생각했습니다.

제2차 세계 대전 때부터 여성 저격수가 늘어났습니다. 특히 러시아와 우크라이나에 유명한 여성 저격수가 많았는데요, 여성이 저격수에 적합한 이유가 있는지요?

여성은 일반적으로 남성보다 참을성과 집중력이 강하고 부지런하다고 생각해요. 적어도 우크라이나 여성은 그런 것 같아요. 그런 점이 저격수에 적합한 특성이라고 봅니다. 저격수는 다른 병종과 달리 상당한 수준의 육체적 힘이 필요하지는 않죠.

저격수로서 처음으로 적에게 방아쇠를 당겼을 때 심적 괴로움이나 주저함이 있었나요? 그 순간을 어떻게 기억하고 있나요?

심적 고통은 없었어요. 그런 이야기는 전쟁을 모르는 사람의 생각일 뿐이에요. 나는 조국을 위해 싸우고 있습니다. 적들은 비행기로 폭탄을 투하해 마을을 폐허로 만들고, 탱크로 동네를 쑥대밭으로 만들며 군인은 물론 민간인까지 죽여요. 그리고 상대는 방금까지 나를 죽이려고 했어요. 그들에게 방아쇠를 당기면서 감상에 빠질 수가 없습니다. 그저 방아쇠를 당기죠. 처음 적을 죽였을 때의 느낌이요? 내가 쏜 총탄이 적을 곤경에 빠트렸다는 것을 알았지만, 적이 사망했는지는 알 수가 없었습니다. 그 순간 코티지치즈와 계란을 사러 가야 한다고

올레나 빌로제르스카와 남편.

생각했어요. 교대자가 왔고 나는 코티지치즈와 계란을 사기 위해 서둘렀지요. 돌아오는 길에 우리 부대 군인을 만났는데, 내 총탄이 명중했고 러시아 병사가 죽었다고 말해줬어요. 그들은 적의 무전 교신을 감청해서 그 사실을 알게 되었죠.

그때 무슨 생각이 들었나요?

내가 적을 죽였구나. 죽음이 확인되었구나. 잘됐다. 잘했다. 그렇게 생각했어요. 굳이 감정으로 표현하라고 한다면, 임무를 잘 수행했다는 사실에 행복했습니다.

듣는 입장에서는 꽤나 고통스러운 이야기군요. 왜 하필이면 코티지치즈와 계란이었나요?

왜냐고요? 그것들은 그냥 상점에서 파는 것이 아니었어요. 가정집에서 생산하는 맛있고 영양가 있는 음식들이었죠. 전투가 벌어지던 곳 인근 마을의 주민이 염소와 닭을 키웠거든요. 전쟁 중에 신선하고 훌륭한 재료로 요리할 수 있다는 것은 놀랍고 미묘한 일입니다.

핀란드 저격수인 시모 해위해는 제2차 세계 대전 초기에 핀란드와 러시아 전쟁에서 5백 명이 넘는 적군을 사살했어요. 방아쇠를 당기면서 무엇을 느끼냐고 질문받았을 때, "그저 총의 반동을 느낄 뿐이다"라고 답했죠. 올레나도 마찬가지인가요?

그는 매우 정확하게 말한 겁니다. 오로지 어깨에 반동만 느낄 뿐, 다른 감정은 생기지 않아요. 물론 아드레날린이 나오죠. 아마 그것 때문에 전투가 하나도 무섭지 않게 느껴지는 것 같아요. 그러나 아드레날린이 너무 많이 나와도 안 좋지요. 사격 정확도에 영향을 미칩니다.

올레나의 유효 사거리는 어느 정도인가요? 저격수가 되려면 얼마나 훈련을 받아야 하는지 궁금합니다. 그리고 얼마나 많은 사람을 죽였느냐는 질문을 받은 적이 있나요?
6백 미터까지는 자신 있게 커버해요. 군인이 전장에 투입되기까지는 사람마다 다르겠죠. 아주 기초적인 과정을 소화하는 데는 아마 한 달 정도 걸릴 거예요. 그러나 저격수가 되는 과정은 쉽지 않고 기술을 연마해야 하는 끊임없는 독학의 과정입니다. 저격수는 공격 기회가 생기면 그 순간을 잡아야 하고, 기회를 놓쳤다는 생각이 들면 방아쇠를 당겨서는 안 돼요. 그리고 자신이 없으면 총을 쏴서는 안 되지요. 그런 상황에서 총을 쏜다면 오히려 파트너나 자기가 총을 맞을 수 있습니다. 그렇기 때문에 기초 과정 이수 후에 전장에 투입될 수는 있지만, 전투 경험이 쌓이기 전까지는 저격수로 활동할 수가 없어요. 저격수는 숫자를 이야기하지 않습니다. 우리끼리 있을 때는 사망이 확인된 숫자를 이야기할 수 있지만요. 확인되지 않은 사례까지 포함하면 사망자 수는 아마 세 배 이상 증가할 거예요. 우리 부대에는 1,500미터 거리를 커버하는 친구도 있어요. 2017년에 내 친구는 1,760미터 떨어진 곳에서 타깃을 명중했습니다. 그 친구가 진정한 저격수죠. 그에 비하면 나는 평범한 사격수입니다.

더 자세히 묻지는 못했다. 1,760미터 떨어진 곳에 있는 타깃을 저격하는 것이 가능한지 찾아보았다. 1,760미터도 흔치 않은 기록이지만, 이라크 전쟁에서 캐나다 군인인 코드명 JTF-2는 3,540미터 떨어진 곳에 있는 타깃을 맞힌 적이 있다.

저격수가 방아쇠를 당길 때 고려해야 하는 것은 한둘이 아니다. 중력, 고도, 바람, 총알의 스핀, 온도, 습도는 물론이고, 지구 자전까지 고려해야 한다. 타깃이 동쪽에 있다면 총알은 생각보다 위쪽에 떨어지고, 타깃이 서쪽에 있다면 총알은 생각보다 아래쪽에 떨어진다. 타깃이 남쪽이나 북쪽에 있다면 지구 자전은 고려할 필요가 없다. 보도에 따르면, 캐나다 최고 저격수 중 한 명이 우크라이나를 도와주러 갔다고 한다. 많은 사람이 JTF-2가 갔을 거라고 추측했지만, 우크라이나 전장에서 활약하고 있는 저격수는 별명이 왈리Wali인 군인으로 알려졌다. 그는 JTF-2는 자기가 아니라 다른 캐나다 군인이라고 밝혔다.

2016년까지 우크라이나에서는 여성의 전투 참여가 허용되지 않았습니다. 그러나 올레나는 법 개정을 위해 노력했지요. 왜 그런 법 개정이 필요했나요?

2016년까지 여성은 군대에서 요리사나 회계사로 복무하는 것은 가능했지만 기관총을 들고 복무하는 것은 불가능했습니다.

그러나 실제로는 전투에 참여하는 여성 군인들이 있었어요. 그래도 공식 기록에는 요리사나 회계사 등으로 거짓 기재되었지요. 이는 옳지 않습니다. 여성이 유령 부대 소속 군인이 되어서는 안 되잖아요. 그리고 여성이 싸우기 위해 전선으로 오는데 이를 허락하지 않으면 지휘관은 의지가 확고한 군인을 놓치는 것이고, 그 군인은 결국 다른 부대를 찾아갈 겁니다. 소녀든 숙녀든 누구든지 싸우러 온다면 싸우게 해야 해요.

올레나의 남편은 어떤 군인인가요? 남편에게서 저격술을 배웠나요?

남편은 정찰단 사령관이죠. 전쟁 전에 우리에게 정찰과 방해 공작 전술을 가르쳤어요. 그는 저격수가 아니라 나는 남편에게서 저격술을 배우지 않았습니다. 우리 부대는 남편이 관할하는 조직의 일부이기에 우리는 같은 부대에서 근무하고 있는 셈이에요. 남편의 아들도 남편의 예하 부대에서 근무해요.

2021년 보고서에 따르면 우크라이나의 여성 군인 수는 31,757명이며, 전체 군인의 15.6퍼센트를 차지하고 있다고 합니다. 2월 24일에 러시아가 우크라이나를 침공한 이후 많은 여성이 군대에 자원했습니다. 지금은 여성 군인이 얼마나 늘었을까요?

전쟁 발발 후에 여성의 자원 입대가 크게 늘어났어요. 우크라이나 군인의 17퍼센트가 여성인 것으로 알고 있습니다. 물론 그들 중 다수는 비전투 분야에 종사하고 있어요. 그러나 최전선에서 싸우는 여성이 점점 많아지고 있다는 사실을 전장에서 체감하고 있습니다.

> 우크라이나 여성이 전쟁을 두려워하지 않는 이유는 무엇인가요? 이에 대한 역사적 배경이 있나요?

우크라이나 여성은 역사적으로 러시아 여성보다 자유로웠고 남편과의 관계가 평등했습니다. 남편이 없을 때 우크라이나 여성은 모든 집안일과 농사일을 독립적으로 해냈지요. 남자들은 종종 전쟁에 나가거나 크름 반도로 소금을 사러 가야 했어요. 시간이 아주 오래 걸리는 일들이었지요.

> 어느 우크라이나 여성은 러시아 무장 군인에게 "주머니에 해바라기씨를 꼭 넣어두어라"라고 말했습니다. 다른 우크라이나 여성은 탱크를 멈춰 세우고, "우리 동네의 모든 여자는 마녀야"라고 말했습니다. 토마토 병조림을 던져 러시아 드론을 떨어뜨린 여성도 있대요. 그러한 용기는 어디에서 나오는 걸까요?

그런 이야기들은 이제 전설이 되어가고 있네요. 최전선 병사의 용기와 민간인의 용기는 우리 땅이 적에 의해 초토화되었다는 사실에서 나옵니다. 맙소사! 생각해보세요. 당신의 도시에 폭탄이 떨어지고, 도시가 불타고 군인과 민간인이 죽고 있어요. 당신도 무기를 들고 나올 것이고, 당신 나라 여성도 그럴 것이라고 생각합니다. 그렇게 하지 않는 것이 오히려 이상한 일입니다.

어느 우크라이나 군인은 전투에 나갈 때 화장하는 것을 잊지 않는다고 했어요. 그 이야기는 최대한 일상과 자기 취향을 유지하려는 노력으로도 들렸어요. 그렇지만 전쟁의 영향으로 자신은 더 사나워지고 여유가 없어지고 있다고 하더군요. 올레나에게도 어떤 변화가 있나요?

나는 전투에 나가면서 화장을 하지 않아요. 내가 많이 변했다고 생각하지는 않습니다. 어쩌면 조금 변했을까요? 조금 더 성숙해지고, 조금 더 책임감을 가지게 된 것은 긍정적인 변화일 거예요. 그리고 부정적인 변화도 있겠지요. 이에 대해 남편에게 물어봐야겠어요.

혹시 전쟁이 끝난 후에 겪을 심리적 상처가 두렵지는 않나요?

참전 군인이 외상 후 스트레스 증후군PTSD, Post-Traumatic Stress Disorder을 겪는다는 사실은 널리 알려져 있습니다. 미국에서는 '베트남 증후군'이라고도 불린다는 얘기를 들었어요. 아직 그것이 무엇인지 잘 모르겠어요. 나는 강인한 정신을 가지고 있다고 생각해요. 포격 소리가 들리는 집에서도 아기처럼 평화롭게 잠을 잘 수가 있지요. 지금은 심리적인 상처가 전쟁 후 내 생활을 괴롭힐 것이란 생각이 들지 않아요.

어느 여성은 상대적으로 안전한 장소에 있을 때 더욱 두려움을 느낀다고 밝혔습니다. 올레나는 어떤가요?

전선에 있을 때와 후방에 있을 때는 서로 다르죠. 그 여성이 무슨 말을 하는지 알겠어요. 나는 사랑하는 사람과 같이 전장에 있으면 홀로 안전한 곳에 있을 때보다 더 평온해져요. 그렇다고 휴가 중에 불안감을 느끼거나 갈등 상황에 빠지지는 않아요. 나는 스스로를 여전히 부드러운 사람이자 사교적인 사람으로 생각합니다.

서구 언론 보도에서 러시아군은 훈련을 잘 받지 못했고, 전쟁을 하려는 강한 의지가 없으며 작전을 잘 수행하지 못하는 것으로 묘사됩니다. 올레나도 전쟁터에서 그렇게 느끼나요? 아니면 러시아군은 여전히 강력한 상대인가요?

나도 그렇게 느낍니다. 그들은 형편없을 때가 많아요. 다만 그들이 수적으로 우세죠. 러시아군은 강하지 않고, 그저 길게 늘어섰을 뿐이에요. 역사적으로도 항상 그랬어요. 러시아는 군인을 죽음으로 내던지며 적과 싸웠어요. 인해전술로 싸운 것이지요. 러시아에는 이런 속담이 있습니다. '여자는 새로운 사람을 낳는다.' 러시아어 표현 중에는 '던져진 고기'라는 표현도 있습니다. 러시아 사령관은 자신의 부하를 귀하게 생각하지 않으며 대량 학살로 던져 넣습니다. 소련 시기에 주코프라는 사령관이 있었어요. 그는 지뢰밭을 청소하기 위해 보병을 전진하게 했죠. 병사들은 걸으면서 지뢰와 함께 폭발했고, 다른 병사들이 죽은 병사의 시체 위를 걸었습니다. 이것이 바로 군인을 고기로 활용한 전형적인 예입니다.

러시아군에 대한 올레나의 이야기는 우크라이나 입장에

서 바라본 이야기라는 것은 분명하지만, 역사적 사실에 부합하는 면이 있다. 《포린 어페어스Foreign Affairs》에 실린 다라 매시코트의 「러시아 군대의 인력 문제The Russian Military's People Problem」(2022. 5)라는 글도 올레나의 주장을 뒷받침하고 있다. 이 또한 미국 연구원의 편견이라고 한다면, 비스마르크가 19세기에 한 말을 참조해볼 필요가 있다. "러시아 군대와 절대로 싸우려고 하지 마라. 어떠한 전략을 들고 나오든 그들은 네가 **상상할 수 없는 우매함으로** 대응할 것이다Never fight with Russian. On your every stratagem they answer **unpredictable stupidity**."

러시아와 우크라이나는 제2차 세계 대전 때 함께 싸웠습니다. 올레나의 할머니와 할아버지는 소련을 위해 목숨을 바쳤을 것입니다. 이제 러시아와 우크라이나는 적이 되었어요. 역사의 아이러니가 느껴지나요?

이것은 역사의 아이러니가 아니라 역사의 비극입니다. 우크라이나는 1991년까지 약 3백 년 동안 사실상 러시아의 식민지였어요. 3백 년 동안 러시아는 우크라이나를 러시아화하기 위해 노력했습니다. 우리는 독립된 민족이 아니고 러시아 민족의 일부라는 말을 귀에 못이 박히게 들었지요. 이것이 바로 3백 년간 지속되어온 프로파간다입니다.

이 전쟁에 대한 책임은 전적으로 푸틴에게 있다고 생각하나요? 푸틴은 도대체 무엇을 얻으려고 하는 걸까요?

푸틴은 1991년 이전의 소련을 부활시키려고 애쓰고 있습니다. 그는 러시아에서 멀어진 나라들을 다시 데려오려고 하고 있지요. 그중 일부는 이미 NATO 회원국인데도 말이에요. 책임은 푸틴에게만 있는 것이 아니라 러시아 국민 전체에게 있습니다. 대다수가 푸틴을 지지하기 때문입니다. 그들은 우리를 나치라고 부르며, 나치의 억압으로부터 우리를 구원하겠다고 말하고 있어요. 그게 도대체 무슨 말입니까?

올레나가 보기에 이 전쟁은 어떻게 끝날 것 같나요? 우크라이나가 총공세를 퍼부어 돈바스를 탈환할 수 있을까요? 우크라이나의 승리는 돈바스는 물론이고 크름 반도까지 되찾는 것입니다. 국제적으로 인정된 국경 내에서 우리 영토에 대한 완전한 통제권을 회복하는 것만이 승리예요. 무기 대여법 Lend-Lease에 따라 우리에게 전해질 무기들 덕분에 가능할 것이라고 생각합니다. 물론 우크라이나와 러시아 모두 더 많은 피를 흘려야 하죠. 그것은 더없는 불행입니다.

젤렌스키 대통령이 돈바스를 러시아에 넘겨주고 서방과 러시아로부터 안전을 약속받기로 한다면, 올레나는 이에 동의할 건가요? 평화를 대가로 우리 영토의 일부를 포기한다는 뜻인가요? 아뇨, 나는 그런 안에는 절대 동의할 수 없어요. 러시아와 약속을 한다는 것은 전혀 쓸모가 없는 일이며, 그들은 그런 약속을 지키지 않습니다.

저격수로 위치한 올레나.

우크라이나에 대한 미국과 유럽의 지원은 충분하고 적절한가요?

우크라이나인은 미국과 영국에 불만이 없습니다. 원하는 것이 있다면 지원 범위가 아니라 지원 속도 면에서입니다. 일부 유럽 국가는 러시아와 싸우는 것을 두려워하고 있어요. 그러나 시간이 지날수록 그들도 점점 덜 두려워하고 있습니다.

우크라이나 국민의 영웅적인 노력에도 불구하고 우크라이나의 미래는 불확실합니다. 유럽은 우크라이나의 NATO 및 EU 가입에 대해 수동적이거나 양면적인 태도를 보여왔지요. 이에 대해 어떻게 생각하나요?

전쟁이 끝나면 국제 관계 양상이 변할 수밖에 없으며, 분명히 러시아에 유리하지 않을 것입니다. 지금 일어나고 있는 일은 사실상 제3차 세계 대전이에요. 전쟁이 끝나면 국제 질서가 새롭게 재편되겠지요.

여성과 아이들이 전쟁 속에서 더 고통받는 것 같습니다. 러시아군이 민간인을 학살하고 우크라이나 여성을 강간했다는 뉴스들이 있습니다. 러시아는 우크라이나군이 러시아 포로에게 총을 쏘았다고 주장하고 있고요. 지금까지 세계 여론의 다수는 우크라이나를 지지하고 있지만 시간이 지나면서 사람들은 피로감을 느낄 것이고, 양비론에 빠질 것입니다. 양비론에 빠질 사람들에게 해주고 싶은 말이 있나요?

간단합니다. 러시아 또는 친러시아 출처의 모든 정보는 거짓입니다. 항상 그랬어요. 그들이 말하는 정보를 믿어서는 안 됩니다. 예를 들어, 러시아 측은 내가 민간인을 죽였다고 반복적으로 공표하고 있어요. 그들은 내 친구가 러시아인 시체에 나치 문양을 새겼고, 그것을 소셜 미디어 계정에서 자랑했다고 주장하고 있어요. 나와 내 친구는 절대로 그런 일을 한 적이 없습니다.

올레나는 민간인을 공격한 적이 없다고 했지요. 전장에서는 군인과 민간인을 구분할 수 없는 상황도 혹시 발생할 수 있지 않을까요? 이건 만일의 경우인데, 민간인을 죽이라는 명령이 내려진다면 올레나는 그 명령을 수행할 수 있나요?

전장에서, 특히 러시아와 우크라이나 전장에서 민간인과 군인을 구별할 수 없는 상황은 발생하지 않습니다. 군인은 민간인과 매우 달라요. 군인은 사복을 입고 있어도 다릅니다. 게다가 나는 군복을 입지 않은 사람을 쏴본 적도 없어요. 저격수는 절대로 민간인을 쏘지 않습니다. 만일 그런 일이 벌어지면 동료 저격수 모두가 그 사람을 경멸할 거예요. 민간인을 죽이는 것은 명백한 범죄입니다. 군법에는 불법적인 지시를 받았을 때 그것을 행할 의무가 없다고 명시되어 있습니다. 그런 명령을 내린 자는 반드시 처벌을 받아야 해요.

올레나는 전쟁이 끝나면 무엇을 하고 싶나요?

가족에게 돌아가 평범하고 평화로운 삶을 살고 싶어요. 반려동물을 키우고 싶고, 2014년부터 이어져 내려오는 전쟁 이야기를 다큐멘터리 형식으로 풀어내는 책도 쓰고 싶어요.

올레나가 들려준 많은 이야기가 감동적이며, 일부는 충격적입니다. 올레나의 강인함이 인상적이어서 누군가는 올레나를 자신과는 다른 사람이라고 여길 수도 있을 것 같아요. 그리고 앞에서 당신은 스스로를 부드러운 사람이라고 했는데, 그걸 뒷받침할 만한 이야기가 있을까요?

나는 반드시 필요한 경우에도 남에게 목소리를 높인 적이 없어요. 그리고 부하들의 요구 사항을 잘 거절하지 못해요. 순번외 휴가를 달라는 부하도 있고, 전투 업무 배제를 부탁하는 부하도 있어요. 전투에 대한 회의감과 불안감이 커지는 순간들이 있으니까요. 그럴 때 나는 부하들의 요구를 들어줍니다. 그에 대해 상관으로부터 질책을 받곤 하지만, 그럼에도 불구하고 부하들의 요구를 들어주는 것을 선택해요.

현대전에서 저격수는 성능이 좋은 총으로 먼 거리에 있는 목표물을 노린다. 병사가 현실을 게임으로 착각할 가능성이 있을까? 이런 우려도 전쟁을 모르는 사람의 생각이다. 병사는 현실을 가상으로 착각하지 않는다. 그저 현실에 진지하게 임할 뿐이다. 현실과 가상 게임의 보상과 징벌은 서로 다르다. 가상 게임에서 승리할 경우 전투력이 증가하고 레벨이 향상된다. 패할 경우 소액 결제로 무기를 업그레이드하고 다시 시작 버튼을 누르면 된다. 현실에서 패할 경우, 병사는 목숨을 잃고 가족의 삶은 무너지고 나라는 빼앗긴다. 승리해도 얻을 수 있는 것은 별반 없다. 가상 게임에서는 방아쇠를 당기며 감상에 빠지는 경우가 없다. 현실에서는 방아쇠를 당기며 감상에 빠질 여유가 없다. 내가 맞추지 못하면, 상대가 나를 맞춘다. 다시 시작할 수 있는 버튼 따위는 없다.

여성은 약할 수도, 포기할 수도 없다?

우크라이나 여성은 강하다?

우크라이나 여성들은 자신들을 독립성 있고 강인하다고 주장한다. 그러한 주장은 오늘날의 국제 정치 맥락에서 주목할 만할까? 그렇다면 그 근거는 무엇일까? 이런 주장의 근거 중 하나로 지리적·기후적 특성이 꼽히기도 한다.

카자흐스탄의 1헥타르에서 밀이 1톤 생산된다면 우크라이나의 1헥타르에서는 5톤이 생산된다. 러시아와 우크라이나 전쟁으로 밀 생산량이 줄어들 가능성이 있어서 농산물 가격이 전 세계적으로 급등했다. 우크라이나가 유럽의 곡창 지대라고 불리는 이유는 비옥한 땅과 농사 짓기에 최적인 날씨 때문이다. 토질과 기후는 어제오늘 생겨나는 게 아니다. 오랜 세월 동안 우크라이나 땅에서 농사를 짓는 것은 다른 지역에서보다 훨씬 쉬운 일이었고, 따라서 농사를 짓는 데 남자의 힘이 꼭 필요하지도 않았다. 여성의 힘만으로도 충분히 농사를 지을 수 있었고 그러한 삶을 택한 여성도 역사적으로 많았다. 우크라이나 키이우에서 태어나 자란 말레비치의 그림 속 농사일 하

〈추수하러To Harvest〉(1928~1929), 말레비치.

는 농부들도 대부분 여성이다.

우크라이나 땅의 비옥한 특성 때문에 농부들은 비교적 여유
로웠고, 농부는 대지주에게 농노로 귀속될 이유가 없었다. 경
작 비용을 조달하기 위해 딸을 시집보낼 필요도 없었다. 여성
은 결혼해서 떠나는 대신에 고향에 남아 농사를 짓고 가축을
키우는 삶을 선택할 수 있었기에 결혼과 관련해 자신의 목소
리를 낼 수 있었다. "남자가 값진 물건을 가지고 청혼하러 오
면 여성은 자기 가족에게 호박을 전달함으로써 결혼 거부 의
사를 밝혔다. 우크라이나어 표현 중에 '호박을 잡는다'라는 표
현이 있는데, 이는 청혼 거부를 의미한다. 집 장식장에 놓여 있
는 호박의 개수가 젊은 여성의 인기도를 측정하는 지표였던

때도 있다."* 결혼을 할지 말지 자기 결정권이 있었다는 것은 여성의 독립성을 존중하는 인식이 있었음을 나타낸다.

그러나 여성의 독립성과 육체적 강건함, 또는 독립성과 용기의 상관 관계를 단정하기는 어렵다. 대신 우리는 우크라이나 여성의 강인함과 용기를 전쟁 초기에 벌어진 몇몇 사건 속에서 엿볼 수 있다. 한 우크라이나 여성은 토마토 병조림을 던져 러시아 드론을 격추시켰다고 한다. 믿을 수 없을 만한 이야기다. 그러나 영상 증거가 존재하는 사례도 있다. 러시아 무장 군인에게 다가가 "네 주머니에 해바라기씨를 꼭 넣어두어라. 네가 여기서 죽었을 때 해바라기꽃이 피어날 수 있도록!"**이라고 일갈한 여성이 있다. 탱크를 몰고 오는 러시아 장병을 가로막고 조롱한 여성도 있다. "너는 여기가 어딘지 모르는구나. 너는 코노톱이라는 마을에 왔다. 우리 동네의 모든 여자는 마녀야. 너는 내일부터 절대로 고추가 발기되지 않을 것이다."

2021년 보고서에 따르면, 우크라이나군의 여성 군인 수는 31,757명으로 전체 군인의 15.6퍼센트를 차지했다. 이는 징병제를 실시하지 않는 그 어떤 나라보다 높은 수치다. 이 중 1만 3천 명은 전투 요원이었고, 9백 명은 장교였다. 2022년 2월

---

*　「Ukraine's women fighters reflect a cultural tradition of feminist independence」(2022. 3. 21.), Mia Bloom and Sophia Moskalenko, 〈The Conversation〉.

**　우크라이나 곡창 지대의 주요 경작물은 밀과 해바라기다. 우크라이나 국기의 상단은 하늘을 뜻하는 푸른색, 하단은 밀과 해바라기 경작지를 뜻하는 노란색을 띠고 있다. 해바라기는 우크라이나를 상징하는 꽃이며, 이번 전쟁을 통해 전 세계적으로 저항과 연대, 희망과 평화의 표식이 되었다.

24일 전쟁이 시작되고 나서 많은 여성이 자원 입대했기에 여성 군인의 수는 크게 증가했을 것이다. 여성은 어떠한 이유로 군대나 지원 단체에 자원하며, 그곳에서 어떠한 활약을 하고 어떤 감정들을 느낄까?*

전쟁에 참여하는 이유

우크라이나의 젊은 여성 국회의원인 키라 루딕은 전쟁 첫날부터 총을 들고 키이우 시내를 지켰다. 키라의 행동을 보고 많은 여성이 군대에 자원했다. 여성도 무기를 들고 거리로 나오면서, 푸틴의 러시아군은 예상했던 것보다 훨씬 많은 군인을 전쟁터에서 만나게 되었다. 키이우를 공격한 러시아는 격퇴되었고 키라는 국회의원 업무에 복귀했으며 5월에는 다보스 포럼에 참여하여 전쟁의 부당성을 알렸다.

전쟁에 참여한 이유는 다양하다. 우크라이나에는 부모 중 한 명이 우크라이나인이고, 한 명이 러시아인인 국민이 많다. 올가 코발렌코도 그렇다. 러시아인 아버지는 러시아의 침략에 낙담하며 우크라이나를 지지하고 있다. 올가는 그녀의 피가

---

*   이후 내용은 《키이우 포스트Kyiv Post》와 뉴스 플랫폼 〈홀로드 미디어Holod Media〉, 대중 매체와 문화 등을 다루는 〈우크라이너Ukrainer〉 그리고 우크라이나 국가추모위원회의 웹사이트(https://uinp.gov.ua)에 게재된 내용을 바탕으로 서술되었다. 해당 매체로부터 인용을 허락받았다. 《키이우 포스트》와 우크라이나 국가추모위원회는 우크라이나 여군을 소개하는 것이라면 인용 표시 없이 사용해도 되며, 가독성을 위해 문장을 바꾸어도 좋다고 허락해주었다.

우크라이나를 위해 싸우라고 말하는 것을 들었다. 그래서 우크라이나 군대에 자원했다.

율리아 톨로파는 러시아에서 태어나고 자랐다. 러시아의 맨주먹 권투bare-knuckle boxing 챔피언이다. 우크라이나 오렌지 혁명 때 친구들을 보기 위해 우크라이나에 왔는데 자기 눈으로 직접 본 현실과 러시아 언론의 보도 내용 사이에는 큰 차이가 있었다. 그때부터 러시아의 프로파간다를 믿지 않았다. 그리고 전쟁이 나자마자 자원하여 공중 정찰 장교로 돈바스 전선에서 싸우고 있다. 율리아는 러시아 연방 보안국의 지명 수배 명단에 올라 있기에 러시아로 돌아가면 체포된다. 우크라이나를 위해 싸우기로 한 이후로 가족도 율리아에게서 등을 돌렸다.

해외에서 전쟁 소식을 듣고 우크라이나로 돌아온 여성도 있다. 이탈리아에 거주하고 있던 크리스티나는 주말에는 행사에서 노래를 부르고, 주중에는 슈퍼마켓에서 일했다. 전쟁이 발발하자 고국으로 돌아와 군인이 되었다. 그녀는 돌아오는 비행기 안에서 세상을 내려다보며 죽음이 두렵지 않다고 느꼈다.

다른 나라 여성도 우크라이나 전쟁터로 달려왔다. 나나는 2008년에 러시아가 조지아를 침략했을 때 16세의 나이로 참전했다. 그 이후 조지아에서 직업 군인으로 복무해왔다. 조지아군은 2014년부터 우크라이나를 돕고 있다. 러시아의 침략에 맞서 우크라이나를 위해 싸우는 조지아 군인이 적지 않다.

전쟁이 바꾸어놓은 삶

전쟁은 많은 사람의 삶을 바꾸어놓는다. 음악가는 악기를 놓고, 화가는 붓을 놓고, 테니스 선수는 라켓을 놓고 총을 든다. 다리야 주벤코는 인디 밴드에서 활동하고 있었다. 그녀는 여기저기에 널려 있는 똑같고 지루한 음악들을 넘어서려고 했다. 도전적인 음악을 찾아 다녔고, 창의적인 음악을 만드는 데 몰두했다. 그러나 전쟁이 발발한 뒤 전쟁과 관련이 없는 모든 것에 흥미를 잃었다. 다리야는 예술가의 삶을 포기했다. 전쟁 이후에 음악을 할 수 있을지 확신이 서지 않는다.

전장으로 악기를 가지고 간 경우도 있다. 우크라이나의 젊은 바이올리니스트 일리야 본다렌코는 총과 함께 악기를 들고 있다. 키이우의 지하 벙커에서 바이올린을 연주하여 전 세계의 주목을 받았다. 평화를 사랑하는 전 세계의 바이올리니스트들이 뜻을 같이하여, 그를 따라 우크라이나 민요를 연주해 유튜브에 게시하고 있다.

몸이 성치 않은데도 자원봉사를 하기 위해 병상을 박차고 나온 이도 있다. 여행사를 운영하던 미로슬라바 보다코우스카는 피부암 판정을 받아 우크라이나와 폴란드 국경에 있는 병원에 누워 있었다. 전쟁이 시작되자 바로 병원을 나와 르비우역으로 갔다. 그곳에서 피난 온 사람을 피난처로 데려다주는 일을 했다. 하루에 약 스무 번 피난처와 기차역을 왕복했지만 피곤한 줄 몰랐다. 미로슬라바의 차에는 아이들에게 줄 장난감이 잔뜩 실려 있었지만, 역에 도착하는 아이들은 저마다 인형을 하나씩 들고 있었다. 그녀는 암과 전쟁을 하면서 러시아와도 전쟁을 하고 있다. 동시에 두 전투를 치르고 있다.

전쟁터에서 알게 된 사실

전쟁터에 가서야 비로소 알게 되는 것이 있다. 30세인 소피아와 솔로미아는 쌍둥이 자매다. 간호병으로 자원했다. 러시아가 크름 반도를 침략했던 8년 전에 자매의 어머니 또한 간호병으로 자원했다. 둘은 이 사실을 입대한 후에 알게 되었다. 어머니는 자식들이 걱정할까 봐 그 사실을 감췄던 것이다.

무기 다루는 법이 생각보다 쉬워서 놀란 여성도 있다. 타냐 코브자르는 의료 기기를 공급하는 회사를 다녔다. 한밤중에 악몽을 꾸고 깨어났는데, 벽에 걸린 흑백 사진 속 할머니와 눈이 마주쳤다. 할머니는 제2차 세계 대전 때 군의관으로 근무했고, 집안의 영웅이었다. 타냐는 할머니가 간 길을 따라가는 것이 아이들과 나라를 위한 일이라고 생각해 군대에 자원했다. 무기 사용법은 보르쉬*를 만드는 것보다 쉬웠다.

보그다나 로만초바는 적십자 자원봉사자로, 난민을 국경 밖으로 안내하는 일을 맡았다. 한 남자가 출산을 앞둔 아내와 함께 국경에 도착했다. 보그다나는 남자에게 국경을 통과할 수 없을 거라고 말해주었다. 18세 이상 60세 미만의 남성은 우크라이나 국경을 넘을 수 없기 때문이다. 그 말을 들은 남자는 혼

---

* 빨간 무로 만드는 수프. 우크라이나, 벨라루스, 러시아의 전통 음식이다. 한국의 김치찌개에 비견될 수 있다.

란한 심정을 드러낸 채 허공을 바라보았다. "나 없이 아내가 어떻게 혼자 출산하나요? 아내가 가는 곳은 외국인데, 어떻게 만삭인 그녀를 혼자 보내나요?"*

부상과 죽음

전쟁터에서 일어나는 일은 대부분 부상이다. 부상 중에는 육체적인 부상뿐만 아니라 정신적인 부상도 있다. 율리아 에우스트라토바는 심리 치료 담당 장교다. 우크라이나 남부 출신이고, 많은 친구와 친척이 크름 반도에 산다. 2014년에 크름 반도가 점령당했을 때 율리아는 우크라이나군에 입대하여 나라를 지키기로 했다. 그녀는 2월 24일부터 최전선에 있는 장병들에게 "잘 지내니? 나는 너를 사랑해"라는 메시지를 보내는 것으로 하루 일과를 시작하고 있다. 장병들의 마음을 돌보는 일이 율리아의 일이다.**

스베틀라나 흐로말룩은 간호사였기에 간호병으로 군에 입대했다. 전투가 격렬해지면서 복잡한 치료가 필요한 부상병이 속출했다. 부상병이 간호병을 어떤 눈으로 쳐다보는지 전장 밖의 사람은 상상하기 어렵다. 부상병이 어느 정도 안전한 후방에서 간호병들을 만나자마자 하는 첫 번째 질문은 "당신은 우리를 버리지 않을 거죠?"이다. 간호병은 이 물음을 들을 때

---

*　「With or without weapons. Ukrainian women defend their country」
(2022. 3. 8), 〈ukrainer〉.
**　같은 기사, 〈ukrainer〉.

마다 할 말을 잃는다.[*]

죽음도 있다. 알리나 미하일로바는 2014년 돈바스 전투에 참여했다. 지금은 아버지와 같은 부대에 속해 있다. 아버지와 팀을 이뤄 여러 차례 러시아 탱크를 격파했다. 군인인 오빠와 친구를 잃었다. 하지만 그녀는 전쟁이 끝날 때까지 슬픔을 드러내지 않겠다고 다짐했다. 전장에서는 부대의 사기가 최우선이기 때문이다.

인나 데루소바는 퇴역 군의관이었다. 전쟁 첫날에 군인으로 복귀했다. 키이우에서 약 563킬로미터 떨어진 오흐티르카에서 부상병을 치료했다. 2월 27일에 안나가 일하던 야전 병원에 폭탄이 떨어졌고 안나는 전사했다. 3월 12일, 이번 전쟁에서는 처음으로 여성에게 '우크라이나 영웅' 훈장이 추서되었다.

전장에 여성이 있다

역사학 박사 옥사나 키스는 전쟁이 발발한 후 폴란드에서 트럭에 실려 도착한 구호 물품을 분류하는 일을 하고 있다. 물건 꾸러미를 풀고 분류하다가 이것을 모으고 포장한 사람들이 여성임을 어렵지 않게 알았다. 모든 연령대 아이를 위한 다양한 종류의 이유식, 젖병, 젖꼭지, 기저귀, 아기용 물티슈, 가재 수건, 식기 세척 용품, 아동복과 장난감 그리고 세세한 작은 물품들이 섬세하게 포장되어 있었다. 남자가 이렇게 준비하고 포

---

[*]   같은 기사, 〈ukrainer〉.

장하기란 쉽지 않다. 가장 놀라웠던 것은 여성용 위생 용품이었다. 모든 유형과 모든 크기의 생리대와 탐폰이 어마어마하게 많이 전달되었다. 여성만이 위기에 처한 여성이 이런 것들을 얼마나 절실히 필요로 하는지 알 수 있다. 아이를 품에 안고 달랑 가방 하나만 들고 오는 여성은 생리대를 충분히 가져올 수 없기 때문이다. 옥사나는 한 번도 느껴보지 못한 감사와 사랑, 여성에 대한 믿음으로 가슴이 벅찼다. 여성은 군인, 부상자, 노인, 환자, 어린이, 동물을 돌볼 수 있다. 남성도 그들 모두를 돌볼 수 있다. 그러나 여성만이 다른 여성을 돌볼 수 있다.*

알로나 부신스카는 메이크업 아티스트이다. 알로나는 메이크업 도구를 중고 시장에 팔고 키우던 강아지를 어머니에게 맡긴 뒤 전장에 나왔다. 알로나는 사람의 코, 눈, 눈썹을 만지는 것을 좋아했다. 피부를 관리하다 보면 피가 배어나올 때도 있었지만 피를 만지는 것을 두렵게 생각해본 적은 없었다. 전장에서 보는 피는 메이크업 아티스트가 보는 피와는 비교도 할 수 없이 참혹하지만, 알로나는 피를 보고 눈을 돌려본 적이 한 번도 없다.

다리야 필리피에바는 하사다. 전쟁이 발발했을 때 휴가 중이었고, 키이우에서 아파트를 수리하고 있었다. 분홍색으로 아파트를 꾸몄고 이케아 부엌 가구를 들여놓았다. 화장실에는 조명이 많이 달린 거울을 설치했다. 전쟁 발발 후 부대로 복귀해야 했지만 연락이 되지 않았다. 그래서 가장 가까운 부대로

---

* 　같은 기사, 〈ukrainer〉.

갔다. 키이우 군부대는 노련한 군인을 필요로 했기에 다리야는 합류하여 무기를 다룰 줄 모르는 자원 입대자들을 교육했다. 다리야가 교육한 어느 젊은 남성은 몸속에 차가운 피가 흐르지 않고서야 어찌 여자가 그렇게 침착할 수 있겠느냐고 물었다. 다리야는 이것은 남성이냐 여성이냐의 문제가 아니라 얼마나 마음이 강한지의 문제라고 말해주었다.

다리야가 있는 부대는 30명으로 편성되어 있는데, 그중 여섯 명이 여성이다. 다리야는 최전방에 배치되기를 원했지만 상관은 번번히 거부했다. 여성은 약하기에 특별한 대우가 필요하다는 것은 군대가 지녀온 오래된 고정 관념이다. 남자가 포기하면 정말 너무 힘들고 힘들어서 포기한다고 생각한다. 그러나 여자가 포기하면, 그것은 여자이기 때문이라고 생각한다. 그래서 여성은 약할 수도 없고, 포기할 수도 없다.

예우게니아 에메랄드는 부동산 중개업과 귀금속 판매업을 하는 기업체를 운영했다. 고인이 된 아버지는 항상 전쟁을 염두에 두고 살았고, 무기 다루는 것을 좋아했다. 예우게니아는 열 살 때부터 아버지와 함께 사냥을 다녔고 웬만한 총을 다룰 수 있었다. 고등학교를 졸업한 뒤에는 군사 학교에서 공부했다. 2014년 전쟁 때는 예비군 편성상 소위 계급을 가지고 있었지만 전투에 참여할 수 없었다. 어린 자녀가 있다는 이유로 군에서 받아주지 않았다. 하지만 이번에는 아이가 컸기 때문에 군에 입대할 수 있었다. 남자 상관은 예우게니아에게 이렇게 말한다. "당신 같은 여성 전사가 어디에 더 없을까? 당신은 불알이 남자보다 더 많은 것 같다. 모든 소대에 당신 같은 여군을 한 명씩 배치하고 싶다. 전장에서 여성은 동기 부여가 잘되어 있고, 남성을 더욱 용맹하게 만든다."* 이런 상관의 의식을 반영하듯이 우크라이나 남자들 사이에는 이런 말이 있다고 한다. "여자가 전투에 나가는데 남자가 나가지 않는다면, 그 남자는 더 이상 사나이가 아니다."

《전쟁은 여자의 얼굴을 하지 않았다》

제2차 세계 대전 때 영국 여군 22만 명, 미국 여군 45만 명, 독일 여군 50만 명이 복무했다. 그런데 이들 나라에서 여군은 전투병이 아니었다. 제2차 세계 대전 중에 여군이 전투병으로 공식 편재된 곳은 우크라이나군이 속해 있던 소련군이 유일하다. 그러나 소련군에는 여성에 대한 정확한 데이터가 없다. 백만 명이 넘었던 것으로 추산할 뿐이다. 여성은 간호병으로만 참전한 것이 아니라, 전차병, 보병, 기관총병, 저격수, 공군 조종사 등으로 활약했다. 그들은 전쟁에서 중요한 역할을 했다. 그러나 전쟁이 끝나자마자 여성 군인에 대한 이야기는 이상하리만큼 철저하게 감춰졌다. 전쟁의 공을 남성들이 독차지하려 했던 것인지, 소녀까지 전쟁에 참여했다는 사실을 감추고 싶었던 것인지, 전쟁에 참여한 여성을 보호하려고 했던 것인지 그 이유는 알 수 없으나 결과적으로 소련군에서의 여성의 활

---

*　「Командир спросил: "Знаешь таких же боевых женщин, как ты? С яйцами больше, чем у мужчин?"」(2022. 4. 1), 〈Holod Media〉.

약은 베일에 싸이게 되었다.[*]

벨라루스인 아버지와 우크라이나인 어머니를 둔 스베틀라나 알렉시예비치는 전쟁에 많은 여군이 참여했다는 것을 알았지만, 그들 이야기가 어디에도 없다는 것에 의문을 품었다. 스베틀라나는 제2차 세계 대전에 참여했던 소련 여군을 인터뷰하여 《전쟁은 여자의 얼굴을 하지 않았다》라는 책을 내놓았다. 세상은 전쟁 이후에 사라진 여성의 목소리를 듣고 크게 놀랐다. 그녀는 여군의 영웅담이 아니라, 여군이 겪은 아픔과 고뇌에 주목했다.

전쟁에서 맞닥뜨리는 어떤 순간들

전쟁의 무서움을 알면서도 군대에 자원하는 사람 대부분은 신념이 있고, 스스로에 대한 확신이 있을 것이다. 그러나 전쟁은 사람을 메마르게 하고 시들게 만든다. 여기에 대응하지 못하고 무너지는 경우도 있지만 대부분은 어떻게든 자기만의 방식으로 저항한다. 예우게니아 에메랄드는 전투에 나가기 전에 화장을 하고 자신을 더 보살핀다. 그럼에도 전쟁은 그녀를 바꾸어놓았다. 예우게니아는 자신이 차갑고 딱딱하고 예의 없는 사람으로 변하고 있음을 느낀다. 금세 다른 사람의 말허리를

[*]   전쟁 후 소련은 법으로 여성의 전투 참여를 금지했다. 스탈린은 출산 기피 부담금도 도입했다. 전쟁으로 인구가 크게 감소하자 출생률을 높이기 위해 25세에서 50세 사이의 남성 중 아이가 없는 남성, 20세에서 45세 사이의 결혼한 여성 중 아이가 없는 여성에게서 소득의 6퍼센트까지를 세금으로 징수했다. 그렇게 전쟁의 역사에서 사라진 여성은 출생 장려의 대상이 되었다.

끊고, 타인의 잘못된 행동을 접했을 때 참아내지 못한다. 이전의 자신으로 돌아갈 수 없으면 어쩌나 하는 걱정이 있다.

갈리나 글루쉬코는 남자친구와 함께 입대했다. 의사가 되려고 공부한 적이 있기에 응급 처치에 대해 알고 있었다. 첫날에 벨라루스 남자와 우크라이나 여자가 피를 흘리며 부대를 찾아왔다. 남자는 키이우에서 여자친구를 데리고 벨라루스로 가려고 했다. 그런데 벨라루스로 가던 도중 다리가 폭파되어 자동차가 다리 밑으로 떨어졌다. 남자는 머리에서 피를 흘렸고 여자는 쇄골이 부서졌다. 갈리나는 그들을 응급 처치한 후에 다리 밑으로 가서 다른 부상자들을 구했다. 이곳저곳에서 아이들 비명 소리가 들렸다. 자동차가 열 대나 넘게 떨어져 있었다. 갈리나는 숲에서 첫날 밤을 보냈다. 그녀는 불쾌했고, 무서웠으며, 방향 감각을 잃었다. 모든 상황이 섬뜩하게 불확실했다. 밤의 숲속에서 러시아 군인을 만날지, 부상당한 민간인을 만날지, 우크라이나 군인을 만날지 전혀 알 수 없었다. 화약 냄새와 휘발유 냄새가 차가운 숲의 향기와 뒤섞여 있는 곳에서 첫날을 보냈다. 스트레스로 인해 평소보다 훨씬 일찍 생리를 했다. 갈리나는 이 모든 것을 평생 잊지 못할 것이다. 갈리나는 이제는 안전한 상황에서 오히려 공포를 느끼곤 한다.[*] 전장의 모든 군인이 확신에 차 있는 것은 아닐 수도 있다.

율리아 마트비엔코는 저격수다. 목표물이 있을 때 그녀는 생각은 나중에 하자고 스스로를 타이른다. 율리아는 생각하고

---

[*]   같은 기사, 〈Holod Media〉.

싶지 않다. 사람들은 율리아가 군인이기에 해낼 수 있다고 말한다. 그러나 얼마 전까지만 해도 율리아는 꽃과 함께 사진 찍는 것을 좋아하는 보통 사람이었다. 율리아는 총을 들고 사진 찍는 것을 좋아하지 않는다. 모든 것을 포기하고 싶은 순간이 있었다. 집에 가고 싶은 순간도 있었다. 불현듯 자신의 방아쇠에 희생되었던 사람들에게 미안하다는 생각이 들었다.*

---

* 《속박을 부수는 여인들》, 우크라이나 국가추모위원회.

2

보통 사람들의 전쟁

벨라루스
소피아 마로자바
Sofia Marozava, Сафія Марозава

고향을 떠날 수밖에 없었던 반전 시위자

어디서도 우리를 반기지 않는다

이제 벨라루스 여권은 일종의 낙인과 같아요.
왜냐하면 우리는 어떤 식으로든 공범자이고,
대부분의 지역에서 환영받지 못하고, 사랑받지 못해요.
다른 나라에서 벨라루스 여권을 가지고
도움을 청할 수가 없어요.
우리는 우리나라 안에서 안전하지 못하다고 느끼며,
우리나라 밖에서도 필요한 사람이라고
느끼지 못할 때가 많아요.

2022년 4월 인터뷰.

벨라루스의 민스크 하면 생각나는 것은 여성과 군사적인 느낌을 주는 도시 분위기다. 택시 기사가 젊은 여성이었고, 미팅에 참여하는 사람도 대부분 여성이었고, 도시를 안내해주는 사람도 젊은 여성이었다.

한편 도시는 고풍스러운 느낌을 주었지만, 제2차 세계대전으로 폐허가 되었다가 맨땅에서 다시 건설된 것처럼 보였다. 도로는 모두 널찍널찍하게 직선으로 뚫려 있었다. 길을 가다 보면 유럽풍 건물 사이로 갑자기 탱크가 돌아나올 것 같은 느낌이 들었다. 평화로운 일상을 사랑하는 젊은 안내자는 "상상력이 아주 풍부하네요. 그러나 그런 상상은 평화로운 우리 도시에 어울리지 않아요"라는 말로 질책했다.

그런 대화가 오가고 나서 2년 후에 민스크에서 민주화를 요구하는 대규모 시위가 발생했다. 그로부터 2년 후에는 러시아 군대가 벨라루스를 통해 우크라이나 북부를 침략했다. 평화를 사랑하는 벨라루스 여성이 러시아의 우크라이나 침략에 대해 어떻게 생각하고 있을지 궁금했다. 이번 전쟁과 관련해 세계인의 목소리를 들어보고자 했을 때 가장 먼저 떠오른 사람이었다. 그녀는 과연 이 전쟁을 어떻게 받아들이고 있을까?

벨라루스인은 대체로 자신의 정치적 견해를 공개적으로 드러내는 것을 두려워하며 그녀 또한 마찬가지였다. 대신에 친구를 소개해주었다. 그렇게 해서 벨라루스의 32세 여성 소피아 마로자바(가명)의 이야기를 들을 수 있었다. 소피아는 벨라루스에서 반전 시위를 하다가 구속되었고, 풀려난 이후에는 극심한 두려움 때문에 벨라루스를 떠나는 것을 선택했다.

자기소개를 부탁합니다.

나는 벨라루스의 민스크에서 태어나고 자란 32세 여성입니다. 대학에서 경제학을 공부한 뒤 대학원을 졸업했습니다. 최근까지 어느 중견 기업에서 마케팅 디렉터로 일했어요.

이번 전쟁은 소피아의 삶에 어떤 영향을 미쳤나요?

2020년 이후 벨라루스의 상황은 극도로 불안정해졌습니다. 그 와중에 러시아 군대가 우리 영토를 통해 우크라이나를 침략했고, 우리는 전쟁 공범자가 되었습니다. 나는 이런 상황에 대해 매우 분노하고 있어요. 나는 어떤 형태의 전쟁도 반대합니다. 특히나 이번 전쟁은 우크라이나를 상대로 한 것이잖아요. 우크라이나는 우리의 아름답고 평화로운 이웃이죠. 나는 키이우나 오데사에서 살 생각을 한 적도 있어요.

지난 2월 27일, 개헌에 대한 국민 투표가 실시되었어요. 나와 친구들은 우크라이나 전쟁 반대 집회에 참가했다가 붙잡혔어요. 14일간 비인간적인 대우를 받으며 끔찍한 환경에 갇혀 있었고, 풀려난 후에는 충격에서 회복할 시간도 없이 나라를 떠나야 했습니다. 지금은 다른 나라에 와 있어요. 벨라루스에서는 자신의 신념과 생각대로 살 수 없어요. 그렇게 하려면 형사 처벌을 감수해야 합니다.

이번 전쟁은 내 삶을 송두리째 바꾸어놓았습니다. 민스크의 집, 친구와 친척을 비롯한 모든 것을 두고 이곳으로 떠나왔지요. 지금 온 이곳은 아무 연고도 없는 곳이어서 삶을 새롭게 꾸리고 적응해야 합니다. 고국으로 언제 돌아갈 수 있을지 지금으로서는 알 수가 없어요.

이제 벨라루스 여권은 일종의 낙인과 같아요. 왜냐하면 우리는 어떤 식으로든 공범자이고, 대부분의 지역에서 환영받지 못하고, 사랑받지 못해요. 다른 나라에서 벨라루스 여권을 가지고 도움을 청할 수가 없어요. 우리는 우리나라 안에서 안전하지 못하다고 느끼며, 우리나라 밖에서도 필요한 사람이라고 느끼지 못할 때가 많아요.

나는 "어디에서 왔나요?"라는 질문을 자주 받아요. 민스크 출신이라고 대답하면 많은 사람이 당황하며 눈을 돌리고 이야기를 더 진행하려고 하지 않지요. 그럴 때면 전쟁에 반대한다는 이야기와 감옥에 갔던 이야기를 할 수밖에 없어요. 그러면 반응이 바뀝니다. 어느 여성은 나를 끌어안고 울기까지 했어요. 벨라루스인인 내가 이 전쟁으로 피해를 입었다고 생각해주는 사람이 전혀 없는 것은 아니에요.

전쟁에 반대하는 벨라루스인의 고통이 그렇게 큰 줄 몰랐어요.

21세기에 이런 전쟁이 가능하다는 것이 충격입니다. 나는 러시아의 우크라이나 침략 행위를 정당화할 수 있는 논리를 도저히 찾을 수가 없어요. 나에게 그것은 끔찍한 초현실 같아요.

2020년 9월에 벨라루스에서 벌어진 반정부 시위 장면.

이 모든 것이 최대한 빨리 끝나길 희망하며, 푸틴과 그의 동조자 모두 철저히 처벌받기를 원해요.

가족은 지금 상황에 대해 뭐라고 말하나요?

나는 아직 결혼하지 않았기에 남편과 아이가 없어요. 아빠는 일찍 돌아가셨고, 엄마는 몇 년 전에 돌아가셨어요. 여동생이 있는데, 여동생은 2020년에 반정부 시위를 하다가 감옥에 간 적이 있어요. 그 후로 실망하여 벨라루스를 떠났고 지금은 러시아에서 살고 있어요. 현재 내 상황이 동생에게 아픈 기억을 떠올리게 했지요.

소피아 주변에서는 얼마나 많은 사람이 이 전쟁에 반대하고, 얼마나 많은 사람이 찬성하고 있나요? 공식적인 통계가 아닌 개인적인 느낌을 들려주세요.

친구와 친척, 회사 동료와 지인 들 중 러시아의 우크라이나 침략에 동의하는 사람을 보지 못했어요. 내 주변 사람의 99퍼센트가 이 전쟁에 반대해요. 어쩌면 러시아를 지지하지만 자신의 의견을 말하기를 꺼리는 사람이 있을 수도 있겠지요. 누군가가 그렇게 느끼고 있다는 것 자체가 벨라루스 사람은 전쟁에 반대한다는 의미가 됩니다.

전쟁에 반대하는 벨라루스 사람은 어떻게 우크라이나를 돕고 있는지 들려줄 수 있나요?

나처럼 자신의 입장을 공개적으로 주장하다가 감옥에 갇힌 사람은 1천5백 명이 넘습니다. 많은 사람이 공개적으로 자신의 목소리를 높이지는 못하지만 우크라이나를 금전적·인도적으로 지원하고 있어요. 내 친구는 러시아와 싸우기 위해 우크라이나로 갔어요. 그리고 직접 전선으로 가지는 않았지만, 어린이를 포함한 피난민을 돕기 위해 노력하는 친구들이 많아요. 그리고 점점 많은 사람이 목소리를 내고, 편지를 쓰고, 국회의원에게 전화를 걸고, 소셜 미디어를 통해 소식을 전하고 있습니다. 많은 사람이 우크라이나를 돕기 위해 최선을 다하고 있고, 누군가는 자신이 할 수 있는 최선 그 이상의 일을 하고 있어요.

소피아는 평화적인 시위를 하고 있었을 뿐인데 왜 벨라루스 정부는 그렇게 공격적으로 반전 시위자들을 탄압했을까요?

재미난 질문입니다. 우리는 크게 소리를 지르지도 않았고 피켓을 들고 모여 있었을 뿐이며, 길거리를 점령하지도 않았습니다. 정부는 우리를 탄압함으로써 불을 끌 수 있다고 생각해요. 우리나라에서 정부에 동의하지 않고 정부 정책에 반대하여 행동하는 사람은 투옥되고 벌금이 부과되고 협박을 받습니다. 이러한 이유로 많은 벨라루스 사람과 기업이 이 나라를 떠났어요. 왜냐고요? 러시아처럼 독재 정권에 지배당하고 있기 때문입니다. 우리는 이중 점령을 받고 있는 셈이기에 러시아보다 더 나쁜 상황에 처해 있습니다. 내부 독재자와 외부 독재자에게 점령을 당했지요. 벨라루스의 루카셴코 대통령이 모든

우리는 침묵할 수 없다

윤영호, 윤지영 인터뷰집

북펀드에 참여해주신 후원자분들

KIMMINSUN	김소라	박초로미	유주희	정숙
가혜숙	김송자	박태상	윤민희	정용진
강민수	김수미	백기수	윤사무엘	정지윤
강서영	김승희	서대수	이대희	정현영
강소연	김영란	서상연	이미진	정혜승
강영훈	김영인	서주환	이선정	조순희
강한주	김지민	석재헌	이세연	조숭희
강호준	김창원	성상미	이은미	조영학
공귀영	김태희	손원일	이은희	조윤미
곽안나	나윤영	손정은	이정현	조윤연
구지영	남다윤	송다은	이종현	조윤정
권기현	남영희	신동헌	이주희	조은지
김남영	노순영	신지현	이창국	조은희
김남희	도경민	신화영	이창희	조형연
김다희	맹준혁	심준보	이혜인	지승미
김만수	문채원	안한주	임수현	진용주
김민지	박광현	양승희	임현경	책방79-1
김민지	박누리	여서영	장순주	최소은
김민희	박수경	예천수	장윤석	한기호
김병성	박수아	오성아	장은석	한용희
김봉기	박순혜	오아영	장혜진	한정림
김상우	박정욱	오종향	전만식	허수경
김선	박창진	유승원	전봉규	

면에서 푸틴의 공범이라는 것은 더 이상 비밀이 아닙니다.

그렇다면 전쟁에 찬성하는 사람은 러시아를 돕기 위해 어떤 일을 하고 있을까요?

솔직히 잘 모르겠어요. 나는 러시아가 일으킨 전쟁에 찬성하는 사람을 보지 못했거든요. 만약 있다 해도 그들을 이해하지 못하기 때문에 그들이 어떤 형태로 러시아를 돕는지 알고 싶지 않은 것일 수도 있어요. 루카센코 대통령을 지지하는 이들이 있고, 그의 정책을 선전하는 사람들이 있긴 하지요. 그들이요? 그들은 아마도 가만히 앉아서 자신의 주머니를 걱정하고 있을 것 같습니다.

벨라루스 국민으로서 벨라루스 정부가 국익을 위해 어떻게 행동해야 했다고 생각하나요?

벨라루스 국민의 이익에 부합되게 행동해야 했죠. 정부는 전쟁의 공범자가 되지 말고 전쟁에 반대했어야죠. 정부는 이전에 벨라루스가 전쟁에 참여하지 않을 것이라고 밝힌 적도 있었는데 말이에요. 평화를 사랑하는 우리 국민은 결코 형제인 우크라이나 국민과 싸우고 싶지 않았습니다. 우리의 정부라면 반드시 국민의 이익을 먼저 생각했어야 해요. 정부의 이익이 아닌 국민의 이익을요.

이렇게 된 것에 대한 책임은 누구에게 있다고 보는지요?

불행히도 모두에게 있지요. 정부와 대통령 그리고 이런 정부

를 선택하고 변화를 요구하지 않고 침묵했던 국민들에게 책임
이 있어요. 우리 벨라루스인은 2020년 9월에 루카센코 대통
령에게 반대하는 시위를 벌였습니다. 대규모 시위에 벨라루스
정부가 놀랐고, 이웃 러시아 정부도 놀랐으며, 우리 스스로도
놀랐지만, 결과적으로 아무것도 얻어내지 못했어요. 그 후로
'암묵적 동의'라는 말이 쉽게 쓰이게 된 것 같아요.

누군가는 이 전쟁의 책임이 동쪽으로 확장을 계속하고 있
는 NATO에게 있다고 말합니다. 이런 주장에 대해 소피아
는 어떻게 생각하나요?

글쎄요. 만일 광범위하게 본다면, 이 전쟁에 유럽과 NATO의
이익이 존재한다고 말할 수 있어요. 그 부분에 대해 깊게 이야
기를 나눌 수 있겠지요. 각 국가의 정책이나 전략에 대해 논의
해볼 수도 있을 거예요. 그러나 지금 나는 미시적 차원에서 인
간 삶에 대해 더 많이 고민하고 있어요.

또 누군가는 이 전쟁의 직접적인 원인은 바로 소련이나
제국을 꿈꾸는 푸틴의 망상이라고 얘기해요.

나는 푸틴이 국가적 망상에 빠졌다기보다는 노인의 광기에 휩
싸여 있다고 봅니다. 게임 속에서 전능한 자신을 발견하고 싶
어 하는 거예요. 이미 모든 것을 가지고 있고, 잃을 것이 별로
없다고 생각하는, 얼마 남지 않은 인생을 살고 있는 노인이 어
떤 게임을 벌였다고 생각해보세요. 다시 말해, 〈오징어 게임〉
같은 것이 실제로 일어났다고 상상해보세요. 인간적인 기쁨이

없는 사람이나 '아름답고 기억에 남을 만한' 무엇인가를 역사에 흔적으로 남기고 싶어 하지요. 거기에는 인간적인 것이 없습니다. 탐욕, 권력에 대한 욕망, 역사에 대한 개인적인 야망. 그런 것뿐이죠.

> 미국과 유럽이 이 전쟁에서 취하는 태도에 대해서는 어떻게 평가하고 있나요?

그들은 러시아에 대항해 제재를 가하고 있는데, 잘하고 있다고 생각해요. 그들이 러시아를 막고 이 전쟁을 끝낼 수 있는 힘과 수단을 가지고 있다고 봅니다. 푸틴이 그것을 빨리 깨닫기를 바라요.

> 이 전쟁은 푸틴의 의도대로 진행되고 있을까요? 지금까지의 전쟁의 전개를 어떻게 파악하고 있나요?

러시아에겐 전쟁을 시작하기 전 여러 각도에서 수립해놓은 나름 구체적인 계획이 있었다고 생각해요. 그러나 전쟁이 계획대로 흘러가지 않고 있는 것은 분명합니다. 러시아가 예상하지 못했던 상황 중 가장 큰 위기는 전 세계의 강력한 반발이라고 봐요. 전 세계가 강력한 행동에 돌입하리라고 전혀 예상하지 못했던 듯해요. 현재 러시아는 경제적 어려움을 겪고 있고 군인들이 죽어나가고 있어요. 게다가 젊은 인재가 러시아를 떠나고 있지요. 이런 것은 예상하지 못했을 거예요.

> 푸틴은 우크라이나가 한 번도 러시아와 별개의 민족이었

던 적이 없다고 말했습니다. 푸틴의 말은 벨라루스에도 동일하게 적용이 가능할 텐데요.

러시아는 소련의 일부였던 모든 나라에 대해 그렇게 생각할 수 있어요. 벨라루스와 우크라이나에 대해서는 더욱 그렇게 생각하겠지요.

그러나 벨라루스와 우크라이나는 별도로 존재하며, 우크라이나는 러시아의 동의어가 아닙니다. 서로를 잘 이해하고 있는 각각 별개의 슬라브 민족 국가들인 것이지요. 비슷한 뿌리와 공통된 역사를 가지고 있지만, 그것은 역사일 뿐입니다. 현재 각 국민은 자신들의 나아갈 방향을 스스로 결정할 권리를 가지고 있어요. 벨라루스도 러시아의 동의어가 아닙니다. 오랫동안 우리는 소련의 일부였지만, 그 이전에는 폴란드이기도 했습니다. 30년 동안 우리는 독립 국가였습니다. 공통의 역사를 가졌고 민족적 유사성이 있다는 것을 인정한다고 해도 우리는 벨라루스인이며, 러시아인이 아닙니다.

이 전쟁은 벨라루스 경제에 어떤 영향을 미치고 있는지 궁금합니다.

영향이요? 후! 물론 끔찍합니다. 정부 때문에 서민들이 가장 큰 피해를 입고 있어요. 미국과 유럽의 제재로 인해 환율이 급등했고 상품 가격이 치솟고 있습니다. 국민들이 받는 피해는 직접적이고 심대합니다. 우선, 산업의 일꾼인 전문 인력이 나라를 버리고 떠나고 있어요. IT 분야는 우리 눈앞에서 그야말로 몽땅 무너지고 있습니다. 조금도 과장이 아니에요. 개인적으로 가장 두려운 것은 전쟁이 끝나도 떠나버린 전문가들이 돌아오지 않을 것이란 사실입니다. 벨라루스에서 가장 혁신적인 대학 중 하나는 등록할 수 있는 학생이 없어서 대학 문을 닫아야 할 지경에 이르고 있어요. 젊은 인재가 돌아오지 않는다면, 누가 이 나라의 경제를 다시 세우겠습니까?

이 전쟁은 러시아어를 말하는 러시아 문화권에 어떠한 영향을 미칠까요?

불행히도 러시아 문화는 이미 낙인이 찍혀버렸어요. 내 친구 중 조지아에 살고 있는 친구가 있습니다. 조지아 사람들은 우크라이나를 백 퍼센트 지지하고 있으며, 러시아와 러시아 사람을 몹시 싫어해요. 그곳에서 러시아 여권 소지자는 은행 계좌를 개설할 수 없고, 주택을 임대하기도 어려우며, 여러 공공 시설에서는 러시아 사람을 거부하고 있지요. 유럽에서도 그런 일들이 적지 않게 일어나고 있습니다. 러시아 문화와 언어, 심지어 러시아 제품까지 거부하고 있어요.

지금 내가 있는 이곳에서 어떤 사람에게 "혹시 러시아어 할 줄 아세요?"라고 물었더니, 그 사람이 이런 대답을 하더군요. "불행히도 할 줄 압니다." 불행히도! 이런 러시아 거부 현상은 벨라루스에도 동일하게 적용됩니다. 전쟁 후에도 세상은 러시아어를 사용하고 러시아 문화를 공유하는 사람을 침략자로 간주할 겁니다. 러시아와 관계된 모든 것을 싫어할 것이라고 생각하니 안타깝습니다.

불행히도 벨라루스 국민의 미래와 마찬가지로 나의 미래도 불
확실합니다. 나를 포함한 많은 벨라루스인이 망명 중이며, 언
제 고국으로 돌아갈 수 있을지 알 수 없어요. 우리는 새로운 곳
에서 새로운 삶을 살아야 해요. 적응을 시도할 것이지만, 앞서
말한 것처럼 차별의 표시인 파란색 벨라루스 여권을 낙인처
럼 들고 다녀야 할 거예요. 벨라루스에 남아 있는 벨라루스인
의 미래도 예측하기 어려워요. 그들은 지금 이중 점령을 당하
고 있는 데다 어려운 경제 상황에 빠져 있습니다. 정권이 무너
지거나 극적으로 변해야 합니다. 전쟁이 끝난 후에도 정상적
인 삶을 회복하는 데는 매우 오랜 시간이 걸릴 것이라고 생각
해요.

나는 예언가가 아니라서 무엇이라 말하기 어려워요. 그러나
푸틴의 러시아에 미래가 없기를 진심으로 바란다는 말은 할
수 있어요. 전쟁은 확실히 끝납니다. 시간문제일 뿐이에요. 푸
틴은 아플 것이고 죽을 것입니다. 이 또한 시간문제일 뿐이에
요. 그리고 그동안 사람들은 고통을 겪겠지요. 경제를 포함한
모든 것이 이미 고통받고 있습니다. 분명 변화는 있을 것입니
다. 나는 오늘날의 이 끔찍한 상황이 우리 모두에게 큰 교훈이
될 것이라 믿어요. 그리고 이런 일이 다시는 일어나지 않도록
우리 모두가 각성하고 있어야 한다고 생각합니다.

민스크에서 친구들을 만나 포옹하고 싶어요. 카페에 앉아 수다를 떨다가, 같이 영화를 보거나 운동을 하고 싶어요. 나는 운동을 아주 좋아하는데, 배구를 특히 좋아하고 사이클링을 즐겨요. 지금 내게는 '누군가가 나를 감시하고 있다'는 공포심과 '무슨 일이 벌어질 것만 같다'는 두려움이 있어요. 그런 스트레스 없이 친구들과 함께 마음껏 자전거를 타고 스비슬로치 강변과 민스크 거리를 달리고 싶어요.

러시아는 북쪽과 동쪽으로부터 우크라이나 수도 키이우를 공격했다. 북쪽에서 진격한 러시아군은 벨라루스에 진주하고 있다가 우크라이나를 침략했다. 전쟁은 우크라이나 국민이 보여준 결연한 저항으로 인해 러시아의 바람대로 흐르지 않았다. 러시아는 전략을 수정하여 우크라이나 동부인 돈바스에 공격력을 집중했다. 러시아는 수도 키이우를 점령할 의도는 처음부터 없었다고 말했다. 일종의 성동격서라는 의미다. 그게 사실이라면, 벨라루스는 러시아의 성동격서 전략에 이용당한 꼴이 된다. 성동격서 전략으로 소피아 마로자바의 삶은 송두리째 변했다. 소피아의 벨라루스 여권에는 여러 나라 도장이 찍혀 있지만, 그녀가 자신의 여권에서 보는 도장은 공동 침략자라는 낙인뿐이다. 그게 성동격서 때문이라고? 푸틴은 끝없이 거짓말을 하고 있고 아무 설명 없이 입장을 바꾼다고 소피아는 말했다. 벨라루스의 루카셴코 대통령은 자신은 전쟁에 참여한 적이 없으며 주변의 모든 나라는 벨라루스의 친구라고 발언했다. 모든 것이 거짓이다. 소피아는 이 모든 거짓이 몸서리쳐질 만큼 싫다는 후기를 전해왔다.

라트비아
자네 스쿠지나
Zane Skujina, Zane Skujiņa

패럴림픽에 참가한 라트비아 올림픽 위원회 장애인분과 직원

메달을 가지고 돌아갈 곳이 없다

더 슬픈 것은 우크라이나 선수들을 보는 것이었어요.
우크라이나 선수들은 모두 슬픔에 잠겨 있었습니다.
그들은 좋은 성적을 냈고 메달도 많이 땄어요.
그러나 올림픽이 끝나고 돌아갈 곳이 없었어요.

2022년 4월 30일 줌 인터뷰.
추후 페이스북으로 소통하며 내용 보강.

2022년 4월 말에서 5월초에 걸쳐 자네 스쿠지나와 인터뷰하고 그 내용을 정리했다. 4월에는 러시아와 우크라이나 사이에서 치열한 전투가 벌어졌지만 5월에는 러시아가 전쟁을 일방적으로 끝낼 것이라는 예상들이 있었다. '4월은 가장 잔인한 달'이라는 표현은 T. S. 엘리엇의 시 〈황무지〉의 첫 구절이다. 비극은 4월에만 벌어지는 게 아닌데 왜 4월이 가장 잔인한 달일까? 4월과 5월은 전쟁에서 어떠한 의미를 가질까?

제1차 세계 대전과 제2차 세계 대전 때 전투는 주로 유럽 북부에서 벌어졌다. 북부의 추위는 전쟁도 얼어붙게 만들기에 한겨울에 대규모 전투는 가능하지 않다. 소강 상태에 접어든 겨울에 전력을 보강한 군대는 2월 말에 대규모 작전을 감행하고 많은 사상자를 낸다. 시신은 아직 녹지 않은 눈 속에 파묻힌다. 눈이 녹으면서 파묻혔던 시신이 세상에 드러나고, 살아남은 자는 시신을 수습하여 자작나무와 참나무 아래에 묻는다. 봄비가 잠든 뿌리를 깨워 들꽃이 피고, 라일락이 피고, 자작나무에서는 초록 잎이 무성하게 돋아난다. 살아남은 자는 4월이 드러내는 죽음과 삶의 대조가 잔인하다고 생각한다.

러시아는 2014년 2월 20일에 크름 반도를 공격했고, 2022년 2월 24일에 우크라이나를 전면 침공했다. 너무 춥지 않지만, 여전히 눈이 있는 때를 선택했다. 눈이 녹으면서 시신이 드러났고, 4월은 다시 잔인해졌다. 독일이 독일 시간으로 5월 8일 밤 11시에 제2차 세계 대전 항복 선언을 하는 바람에 러시아는 5월 9일을 전승 기념일로, 유럽은 5월 8일을 종전 기념일로 삼는다. 러시아에게 5월 9일은 한 해의 가장 중요한 날이다. 그래서 우크라이나의 나치를 물리친다는 명분으로 시작된 이번 전쟁이 5월 9일을 전후해 끝날 것이라는 전망들이 있었다. 나치는 원래 없었기 때문에 '이제 나치는 없어졌고, 목적을 달성했다'라고 선언해도 이상할 것은 없다. 그것은 '나치의 억압으로부터 우크라이나를 해방시키겠다'라는 주장보다는 훨씬 덜 억지스럽다.

전쟁은 이제 언제 끝날지 알 수 없게 되었다. 마키아벨리는 "전쟁은 당신이 하고 싶을 때 시작하지만, 마지막은 당신이 빌어야만 끝난다"라고 말했다.* 제2차 세계 대전도 독일과 일본이 빌면서 끝이 났다. 이제 제때 전쟁을 끝내지 못한 러시아는 장기전에 대비해야 한다. 경제 제재가 효과를 발휘할 것이고 미국의 무기 대여법에 의해 우크라이나 군대가 강화될 것이다. 무엇보다 무서운 것은 유럽 여러 나라가 군비 경쟁에 돌입할 것이란 사실이다. 군비 경쟁은 모두에게 손해지만, 러시아에게는 더욱 손해다. 소련이 경제적으로 붕괴한 것도 미국과 감당할 수 없는 군비 경쟁을 펼쳤기 때문이다.

우크라이나 주변국 사람들을 인터뷰하면서 매우 듣고 싶었던 것 중 하나는 라트비아 사람의 의견이었다. 과

---

* 《피렌체사Florentine Histories》(1526), 니콜로 마키아벨리.

거 라트비아는 독일, 폴란드, 스웨덴, 러시아의 지배를 받았다. 1918년에 제1차 세계 대전이 끝나면서 독립했지만 1940년에 소련에, 1941년에 독일에 점령당했고, 1944년에 다시 소련에 점령당했다. 1991년에 소련 붕괴와 함께 독립했다. 라트비아 근현대사는 소련과 독일에 연달아 지배를 당한 역사이다. 발트 삼국*은 푸틴에게 "중요하지 않은 나라들"이라는 소리도 들었다.** 발트 삼국의 시민은 독립 국가 우크라이나가 러시아에 침략당한 것을 어떠한 심정으로 바라보고 있을까? 이번 전쟁으로 벌어질 주변 강대국들의 군비 경쟁에 대해 어떤 생각을 가지고 있을까? 라트비아 젊은이의 의견을 들어보자.

자기소개를 부탁합니다.

나는 라트비아 올림픽 위원회에서 일하고 있는 자네 스쿠지나입니다. 현재는 장애인 올림픽 분과에서 일하고 있어요. 등산, 사이클링, 수영을 좋아하는 28세 여성으로 올해 결혼을 앞두고 있습니다.

미리 축하합니다. 결혼을 준비하느라 바쁘겠네요. 사실, 자네를 인터뷰하기 전에 오는 6월에 결혼할 예정이었던

---

* 발트해에 면해 있는 에스토니아, 라트비아, 리투아니아를 발트 삼국이라고 부른다. 모두 소련 붕괴 시에 독립했고, 현재는 NATO와 EU 회원국이다.

** 발트 삼국이 NATO 가입 신청서를 냈을 때 푸틴은 "중요하지 않은 나라들이 NATO 가입을 위해 줄을 섰다"라는 표현을 썼다.

폴란드 여성을 인터뷰했어요. 그 여성은 우크라이나의 마리우폴 출신으로, 현재는 폴란드 국적을 가지고 있지만 가족이 마리우폴에 살고 있죠. 결혼식은 이제 정상적으로 진행되기 어려워졌어요. 결혼식과 피로연을 위해 웨딩드레스, 구두, 레스토랑 메뉴까지 골라놓은 상황이었지만요. 고국에서 전쟁이 일어나 주위 사람이 죽고 피난을 가는 상황에서 그 여성이 결혼식을 올리기 어렵다는 것을 잘 알며, 그런 상황을 감정적으로 견뎌내는 일이 얼마나 어려울지 짐작할 수 있어요. 게다가 고향이 마리우폴이라고요? 휴! 나는 라트비아 사람이 여기 있다, 모든 가능한 수단을 동원해 돕겠다, 그런 이야기를 먼저 해주고 싶어요. 언젠가 아름답고 사랑스러운 결혼식을 부모님과 조부모님과 친척들과 친구들의 축복 속에서 올릴 수 있기를 기원해요. 그리고 미래의 남편과 오랫동안 행복한 관계를 유지하기를 바라요. 어려운 시기일수록 힘을 내기를 바라며, 항상 우크라이나를 응원하겠어요. 슬라바 우크라이나!

자네의 삶에 우크라이나 전쟁은 어떻게 다가왔나요?
전쟁 초기에 나는 중국 베이징에 있었어요. 라트비아 선수단 임원으로 장애인 올림픽에 참여했지요. 전쟁은 2월 24일에 시작되었고, 장애인 올림픽은 3월 4일에 시작되었습니다. 올림픽 위원회는 러시아 국기를 사용하지 않고 시상식에 들어가지 않는 조건으로 러시아 선수를 대회에 참여시키려고 했어요. 그러나 반러시아 분위기가 고조되면서 러시아 선수들의 참여가 최종적으로 불허되었지요. 그게 3월 3일이었어요. 러시아 장애인 선수들은 대회에 참여하지 못하고 쓸쓸히 돌아가야 했습니다. 그 뒷모습을 보는 것은 몹시 슬픈 일이었어요. 왜 하필 전쟁에 대한 책임을 장애인 선수가 져야 하는지, 기가 막혔죠.

그리고 더 슬픈 것은 우크라이나 선수들을 보는 것이었어요. 우크라이나 선수들은 모두 슬픔에 잠겨 있었습니다. 그들은 좋은 성적을 냈고 메달도 많이 땄어요. 그러나 올림픽이 끝나고 돌아갈 곳이 없었어요. 우크라이나 선수들은 일단 폴란드로 가게 되었지만, 그다음에는 어떻게 될지 아무도 몰랐죠. 메달을 딴 선수가, 메달을 따지 못했어도 대회를 마친 선수가 달려가고 싶은 곳은 어디일까요? 엄마가 있는 고향 마을이잖아요. 모든 것이 잔인했습니다. 라트비아로 돌아오는 비행기 안에서 전쟁에 강하게 반대하고 우크라이나를 더 열심히 도와야겠다고 생각했어요.

라트비아로 돌아와서도 계속 힘들었나요? 혹시 여성으로서 이번 전쟁에 대해 어떤 다른 생각이나 감정을 느낀 적도 있을까요?

감정적으로 매우 어려운 상황이 지속되고 있어요. 올해 결혼을 앞두고 있는 나는 우크라이나 난민을 보면서 나의 행복에 대해 다시 생각해보고 있습니다. 특히 여성과 어린이 난민을 보면서 슬픔을 느끼고 강한 연대감을 품고 있어요. 이번 전쟁을 보면서 내가 여성이기 때문에 더 감정적이 된다거나 더 연민을 느낀다고 생각하지는 않아요. 주변을 보면 성별에 상관없이

베이징 올림픽을 관람하고 있는 자네.

이 상황에 대해 똑같은 슬픔을 느끼고 있습니다. 남자친구는 우크라이나 난민을 데려오기 위해 몇 번이나 폴란드까지 운전해서 다녀왔어요. 남자들은 다른 측면에서 가능한 시나리오를 생각하고 있을 수 있지요. 전쟁이 라트비아로 확대되는 시나리오 말입니다. 그렇게 되면 대규모 징집이 있을 것이고, 남자친구를 포함해서 누구도 쉽게 나라를 떠나지 못할 거예요.

전쟁의 위협을 피부로 느끼는 사람들이 많군요?

우리 세대는 어머니 세대와 달리 러시아에 나쁜 감정은 없었어요. 그러나 이번 전쟁으로 러시아의 위협을 매우 가깝게 느끼게 되었지요. 내가 살고 있는 곳은 러시아 국경에서 직선거리로 210킬로미터 정도 떨어진 곳에 있기 때문에 큰 위협을 느낄 수밖에 없습니다. 우리도 언제든지 우크라이나처럼 될 수 있으니까요.

러시아 주변국 어디에나 '다음은 우리다'라는 우려가 존재한다. NATO 회원국이 아닌 몰도바*는 우크라이나와 같은 처지에 있다. 카자흐스탄은 유라시아 제국을 꿈꾸는 러시아가 우크라이나 다음으로 노리는 곳은 중앙아시아일 거라고 염려한다. 폴란드는 러시아가 노리는 궁극적인 목표는 폴란드라고 생각한다. 발트 삼국은 러시아 본토와 칼

---

*   우크라이나와 루마니아 사이에 있는 내륙 국가. 소련 붕괴 시에 독립했다.

리닌그라드* 사이에 위치하고 있기에 위협을 느낀다. 우크라이나와 마찬가지로 라트비아 동남부에도 러시아계 사람 밀집 거주 지역이 있다. 아주 일부이지만, 러시아어를 두 번째 공용어로 채택하자는 국민 투표에서 90퍼센트 이상의 주민이 찬성한 지역도 있다. 이는 확장을 노리는 푸틴에게 좋은 구실이 될 수 있다.

라트비아가 우크라이나 전쟁을 남 일처럼 보지 않는 이유가 있군요. 라트비아는 우크라이나를 돕기 위해 어떤 일을 하고 있나요?

라트비아는 지금까지 2만6천 명의 난민을 받았어요. 그중 3분의 1의 난민들에게는 라트비아 국민들이 자발적으로 주택을 제공했고, 3분의 2의 난민들에게는 라트비아 정부가 제공했어요. 라트비아 최저 생계비 수준으로 생활비를 지원하고 있고, 교통비는 무료예요. 라트비아 정부의 지원이 충분하지는 않지만 노력하고 있다고 생각합니다. 그리고 많은 회사에서 우크라이나 난민에게 일자리를 제공하고 있어요.

우크라이나 전쟁으로 가장 놀란 나라 중 하나는 독일이 아닐까 싶습니다. 천연가스 수입을 비롯해 여러 면에서 러시아와 긴밀한 관계를 유지해왔기 때문이에요. 이번 전

---

* 칼리닌그라드는 서쪽으로는 발트해, 북쪽과 동쪽으로는 리투아니아, 남쪽으로는 폴란드에 면해 있다. 러시아 영토지만 러시아 본토와 연결되어 있지 않다.

쟁으로 독일은 안보에 대해 다시 생각할 것이고, 군사력을 크게 강화할 거예요. 이 점이 주변국을 불안하게 만들지는 않을까요?

독일이 국방비를 늘리고 군사력을 강화하는 것은 지극히 당연한 반응이라고 생각해요. 독일은 최첨단 무기로 무장한 강한 군대를 위해 예산을 추가로 배당하겠다고 선언했지만, 독일 군사력 증강이 라트비아를 비롯한 주변국에 위협 요인이 된다고 생각하지는 않아요. 이는 세상에서 가장 강력한 군사 조약인 NATO를 더욱 강하게 만들 거예요.

라트비아가 NATO에 가입한 때가 2004년이죠? NATO 가입에 반대하는 국민들이 있었나요? NATO 가입 후에 라트비아는 어떻게 달라졌나요?

가입 당시에 절대 다수가 찬성했어요. 일부가 NATO 가입에 반대했고, 최근까지도 일부가 부정적으로 말했죠. "있지도 않은 위협을 가정하여 왜 NATO 분담금을 내야 하느냐?"라고 말이죠. 그러나 그런 생각은 이제 사라졌습니다. NATO 안에서 우리는 훨씬 더 안전하다고 느껴요.

그 일부는 라트비아에 있는 친러시아 세력을 말하는 것인가요? 라트비아에 아직도 러시아 흔적이 많이 남아 있는지 궁금합니다. 라트비아인들은 러시아어를 잘하나요? 라트비아에는 얼마나 많은 러시아계 사람이 살고 있는지 알고 싶어요.

세대마다 달라요. 젊은 세대는 러시아어를 잘하지 못합니다. 우리는 학교에서 라트비아어를 배우고 그다음에 영어를 배워요. 그리고 나서 독일어와 러시아어 중 하나를 선택해서 배우는 것이 보통이죠. 나는 독일어를 배웠습니다. 러시아어는 그럭저럭 이해할 수 있어요.

라트비아 인구의 25퍼센트 정도가 러시아계 사람이에요. 벨라루스인과 일부 우크라이나계까지 포함하면, 러시아어를 제1언어로 사용하는 사람은 30퍼센트 정도이고요. 2012년에는 러시아어를 두 번째 공용어로 지정할지 말지를 두고 국민투표가 행해졌습니다. 반대가 75퍼센트, 찬성이 25퍼센트였어요. 압도적인 반대로 부결되었죠.

처음에 러시아어로 인터뷰를 하자고 했을 때 자네는 영어로 하는 것이 더 편하다고 했다. 자네는 영어를 완벽하게 구사했고 독일어로도 유창하게 의사를 표현할 수 있었다. 자네는 웬만해서는 러시아어를 쓰려고 하지 않았는데, 러시아어 사용을 거부하는 것 같지는 않았기에 그저 영어나 독일어로 이야기하는 것이 편해서 그런 모양이라고 짐작했다.

25퍼센트는 적다면 적고 많다면 많은 수치입니다. 그러나 이들 모두가 러시아 지지자는 아닐 테고, 이번 전쟁에 찬성하는 사람도 아닐 거예요. 러시아어 사용자와 이번 전쟁 지지자 사이에 어떠한 상관 관계가 있을까요?

2020년 조사에 의하면 러시아어 사용자 중 73퍼센트가 러시아적 가치보다는 유럽적 가치를 선호한다고 대답했어요. 러시아어 사용자 중 61퍼센트가 라트비아에 살고 있는 것을 자랑스럽게 생각한다고 대답했고, 러시아어 사용자 중 51퍼센트는 자신은 라트비아 애국자라는 정체성을 가지고 있다고 답했습니다. 그렇다고 나머지 49퍼센트가 러시아 애국자라는 의미도 아니죠. 러시아어를 구사한다는 것과 러시아의 정책에 찬성한다는 것은 전혀 다른 이야기예요. 러시아어 사용자가 라트비아의 수도인 리가에서 반전 시위를 벌였을 때 3천 명 정도 모였는데, 이 정도 규모의 시위는 리가에서는 매우 큰 것이에요.

라트비아도 독일처럼 러시아 천연가스에 대한 의존도가 높나요? 물가는 많이 올랐나요? 국민들이 아직 참을 수 있는 수준인가요?

2021년 기준으로 유럽에서 사용하는 천연가스의 40퍼센트를 러시아가 공급했을 거예요. 라트비아도 천연가스의 90퍼센트를 러시아에서 수입했습니다. 그러나 우리는 러시아의 천연가스를 수입하면서도 가스프롬* 의존도가 높은 것이 얼마나 위험한지 잘 알고 있었어요. 그래서 리투아니아의 클레이페다**

---

*   러시아 제2의 도시 상트페테르부르크에 본사를 두고 있는 에너지 기업으로, 전 세계 천연가스 상장사 중 가장 큰 회사이며 매출액 면에서는 러시아 최대 기업이다. 러시아 정부가 50.23퍼센트의 지분을 가지고 있다.

**   리투아니아의 유일한 항구 도시다. 리투아니아는 러시아 에너지에 대한 높은 의존도를 위험으로 간주하여 클레이페다의 항구에 부유식 액화천연가스LNG 터미널을 만들었고 2014년부터 가동하고 있다.

에 대규모 LNG 저장 시설이 만들어졌지요. 발트 삼국은 지난 4월 1일부터 러시아 천연가스 수입을 전면 중단했습니다. 클레이페다를 통해 공급받는 가스는 러시아 천연가스보다 비싸지만 그 점은 중요하지 않아요. 물론 인플레이션도 있어요. 주유소 휘발유 가격도 올랐으니까요. 그러나 우리는 그런 것에 대해 불평해서는 안 된다고 생각해요.

리투아니아 대통령은 2022년 4월 3일 트위터에 다음과 같은 글을 올렸다. "우리는 이제 더 이상 러시아 **독가스**를 1입방센티미터도 사용하지 않을 것이다. 수년 전부터 우리는 이런 사태에 대비해왔고 이제 아무 고통 없이 침략자와 연계된 에너지를 끊어버릴 수 있게 되었다. 우리가 할 수 있다면, 나머지 유럽 국가도 할 수 있다." 라트비아는 천연가스 저장 시설을 충분히 가지고 있지만 앞으로 추가 LNG 터미널과 저장 시설을 더 만들 예정이다.

발트 삼국은 서로 다른 언어를 쓰나요? 독립 이후 에스토니아, 라트비아, 리투아니아는 국경이나 국가 이익을 놓고 분쟁을 일으킨 적이 없는지요? 상호 신뢰가 두터운지 궁금합니다.

언어는 모두 달라요. 라트비아어와 리투아니아어가 서로 많이 비슷하고, 에스토니아어는 핀란드어와 비슷하죠. 소련 시기에 많은 러시아인이 에스토니아와 라트비아로 왔습니다. 그래서 러시아의 영향이라는 측면에서 보면 에스토니아와 라트비아가 비슷하고, 리투아니아가 좀 다르죠. 에스토니아와 라트비아에서 러시아계 사람은 인구의 25퍼센트를 차지하고 있지만, 리투아니아의 경우에는 인구의 5퍼센트 내외를 차지하고 있을 거예요. 다른 듯 같고, 같은 듯 다른 나라가 발트 삼국이에요. 그러나 우리가 가지고 있는 차이는 하나도 중요하지 않습니다. 우리는 모두 친한 친구로, 독립 이후에 한 번도 갈등을 겪은 적이 없으며 앞으로도 그럴 것이라고 생각해요. 오늘날의 세계는 같은 듯 다른 나라가 서로 의견이 다를 수 있다는 것에 동의하며 함께 살아가는 것이라고 생각해요.

러시아의 우크라이나 침략 이후 많은 스포츠 대회에서 러시아와 벨라루스 선수들의 출전이 금지되었다. 축구를 비롯한 단체 종목에서는 러시아팀의 대회 참가가 허용되지 않고 있다. 개인 종목의 경우에는 국기와 국가를 사용하지 않는 조건으로 참가가 허용되기도 한다. 그렇다 보니 운동 선수 개인에게 전쟁 책임을 묻는 것은 부당하다는 의견들도 나왔다. 프랑스 테니스 협회는 국적을 표시하지 않는 조건으로 러시아와 벨라루스 선수의 프랑스 오픈 테니스 대회 참가를 허용했지만, 영국 테니스 협회는 러시아와 벨라루스 선수 전원을 윔블던에 참가하지 못하게 했다. 세계 프로 테니스 협회와 테니스 선수들이 반발했지만 윔블던은 뜻을 굽히지 않았다.

스포츠와 국제 정치의 관계에 대한 다양한 의견은 별개로 하더라도, 이번 전쟁에서 벌어진 첫 번째 금지가 올림픽에 출전하려고 했던 장애인 선수에게 적용된 것은 상처로 남을 것이다. "전쟁에 대한 책임을 장애인 선수가 졌다"라는 자네 스쿠지나의 표현은 여러 가지를 생각해보게 만든다. 장애인 선수들은 비장애인 선수들과 달리 참가할 수 있는 대회가 많지 않다. 언론의 조명을 받고 전 세계인의 관심을 받을 수 있는 때는 올림픽이 유일하다. 올림픽 대회에 참여하기 위해 모든 것을 바쳐 준비했기에 러시아 장애인 선수들은 대회가 시작될 때까지 희망을 버리지 못했다. 그들은 중국에서 누구에게도 하소연하지 못했고, 눈물을 흘리며 러시아로 돌아갔다. 러시아로 돌아가서도 누군가에게 하소연할 수 있었을 것 같지는 않다. 한편 우크라이나 선수들은 메달을 가지고 돌아갈 곳이 없었다. 전쟁은 수많은 의도치 않은 피해자를 양산한다. 사회의 가장 약자가 가장 큰 피해를 보기 때문에 전쟁은 야만이다.

카자흐스탄
알리야 쿠르만바예바

Aliya Kurmanbaeva, Алия Курманбаева

우크라이나인과 러시아인을 친구로 둔 글로벌 기업 직원

그들과 함께 자리하고 싶지 않다

카자흐스탄 언론은 중립을 지키려고 노력하고 있고,
감정을 싣지 않고 사실 위주로 짧게 보도하고 있다.
짧게 보도하면 보도 내용이 객관적이 된다고
착각하고 있는지도 모른다.

2022년 5월 3일 줌 인터뷰.
추후 페이스북으로 소통하며 내용 보강.

알리야 쿠르만바예바는 가명이다. 알리야라는 이름과 쿠르만바예바라는 성은 각기 다른 지인의 이름으로부터 가져왔다. 알리야 쿠르만바예바는 의미심장한 단어와 문장을 의도적으로 사용하는 것 같았고, 감정과 논리는 수수께끼처럼 느껴져 무슨 뜻인지 의아할 때도 있었다. 알리야의 이야기 속에 과격한 주장은 없었지만 그녀는 자신의 이름이 드러나는 것을 원하지 않았다. 알리야는 회사 이야기가 밖으로 나가는 것을 극도로 꺼렸고, 자신의 말이 어느 누구에게도 상처가 되지 않기를 바랐다. 알리야의 정체를 짐작할 수 있는 요소를 빼거나 의도적으로 다른 방식으로 표현하면서 원고의 분위기가 모호해졌고, 부분적으로는 소설 느낌을 띠게 되었다.

밀란 쿤데라는 독자로부터 "당신은 정확히 무슨 말을 하려는 것인가?"라는 질문을 받을 때마다 당혹스럽다고 말한 적이 있다. 소설가는 실제 세계를 그대로 보여주어야 하는데 우리의 세계는 수수께끼와 패러독스로 가득하기 때문에 무엇인가에 대해 단언할 수가 없다. 밀란 쿤데라는 소설가는 단언하는 사람이 아니라 단언을 질문으로 바꾸는 사람이며, 소설가의 유일한 지혜는 '확신의 부재'라고 생각했다. 그런 의미에서 알리야의 이야기는 소설가의 이야기를 닮았다.

사건은 전쟁처럼 뜻밖에 들이닥쳤다. 어떤 이들은 전쟁은 뜻밖의 일이 아니었다고 하지만 그건 지나고 나서 결과를 보고 하는 말이다. 내가 볼 때, 전쟁은 뜻밖의 사건이다. 그것도 아주 아주 뜻밖의 사건이다. 나는 카자흐스탄 국적을 가진 카자흐인이다. 러시아에서 산 적도 있고, 우크라이나 관련 일을 한 적도 있다. 그래서 많은 러시아인과 우크라이나인을 알고 있다. 그 중에는 카자흐스탄 국적의 러시아계 사람과 우크라이나계 사람, 러시아 국적의 러시아계 사람과 우크라이나 국적의 우크라이나계 사람이 있다. 러시아 국적의 우크라이나계 사람도 있으며, 우크라이나 국적의 러시아계 사람도 있다. 내가 아는 그들 모두 평화적인 사람들이다.

나는 러시아 군대가 우크라이나 영토를 전면 침략하리라고는 예상하지 못했다. 나는 러시아 군인이 우크라이나의 부차에서 민간인에게 총을 쏠 것이라고는 상상하지 못했다. 역사를 기억하는 카자흐인 중에는 러시아를 증오하는 사람들도 있지만, 내 주변 카자흐인들은 러시아에 큰 적대감을 가지고 있지 않다. 나 같은 젊은 세대는 더욱 그렇다. 나는 역사를 배웠지만 20세기 초에 일어난 일에 대해 심각성을 느끼지 못한다.[*] 소련 시기를 살아보지 못했기에 소련을 먼 옛날이야기로만 여

---

* 소련 정권은 20세기 초에 카자흐스탄 유목민을 집단 농장에 정주시켰다. 새를 새장에 가둔 격이다. 이 과정에서 수백만 명의 카자흐인이 죽거나 아프가니스탄, 중국, 몽골로 이주했다.

기고 있는 것이다. 소련 말기에 젤톡산Jeltoqsan이라는 민주 항쟁*이 일어났지만, 이를 카자흐스탄 민족주의 운동이나 공산주의 독재에 대한 항거로 생각할 뿐이지, 카자흐스탄과 러시아 간의 대립이라고 생각하지는 않는다.

뜻밖의 사건은 3월 초에 일어났다. 내가 일하는 회사는 이름만 말하면 누구나 아는 글로벌 기업이다. 우리는 한 달에 한 번씩 글로벌 전략 회의를 가진다. 유럽 여러 나라에서 참여하고, 러시아, 우크라이나, 우즈베키스탄, 카자흐스탄도 참여하는 정례 회의다. 3월 회의에 우크라이나 직원은 참여하지 못했다. 독일 직원이 예정된 발표를 했고 질의 응답이 오갔다. 노르웨이 직원이 발표를 했고 러시아 직원이 질문했다. 노르웨이 직원이 답을 하려는 순간에 프랑스 직원이 끼어들었다. "나는 여기에 러시아인이 있다는 것을 알지 못했다. 알았다면 이 회의에 참여하지 않았을 것이다. 나는 침략자와 함께 회의를 할 수 없으며 침략자와 함께 자리하고 싶지 않다. 러시아 직원이 참여하는 한 절대로 회의에 들어오지 않을 것이다." 그 직원은 온라인 회의 공간을 나갔다. 나는 당황했다. 회의를 주재하는 사

---

* 고르바초프는 1986년 12월에 카자흐스탄 공산당 일서기─書記인 쿠나예프를 경질하고, 카자흐스탄 땅을 밟아본 적도 없는 콜빈을 임명했다. 대학생 수백 명이 광장에서 시위를 시작했다. 전체주의 소련에서 반정부 시위는 상상할 수도 없었다. 시위를 무력으로 진압하자 시위 규모가 걷잡을 수 없이 커졌다. KGB는 주동자를 광장 기둥에 묶은 뒤 물을 뿌려 영하 30도의 추위 속에서 얼어 죽게 했다. 소련 공산주의의 잔학성에 민심이 폭발했다. 이를 젤톡산이라고 한다. 젤톡산은 카자흐어로 12월을 뜻한다. 이후 소련 전역에서 70년간 억눌려왔던 소수 민족의 목소리가 터져 나왔고 고르바초프는 이를 통제할 수가 없었다.

람도, 회의를 지켜보던 유럽 책임자도 사태를 수습하지 못했다. 별다른 정리 발언 없이 회의는 끝났다.

프랑스 직원은 해서는 안 되는 말을 했고 징계를 받아야 했다. 그러나 그 직원은 프랑스 직원들 사이에서 스타가 되었고 큰 응원을 받았다. 회사도 그 직원을 탓하지 않았으며 그 사건에 대해 어떠한 말도 하지 않았다. 일체의 언급을 꺼렸다. 이후에도 그 직원은 러시아 직원과의 업무 협조를 거부했고, 협조가 필요한 일이 있으면 카자흐스탄 직원에게 주었으며 카자흐스탄 직원이 러시아 직원에게 전달했다. 러시아 직원도 관련 업무를 카자흐스탄 직원에게 주었고, 카자흐스탄 직원은 전달받은 것을 프랑스 직원에게 전했다. 업무가 비효율적으로 진행될 수밖에 없었지만 그런 식으로 상황은 계속 흘러갔다.

그다음 4월 회의에 참여하지 않은 사람은 러시아 직원이었다. 러시아 직원이 참여하지 않은 것이 확인되자 프랑스 직원은 회의에 참여했다. 5월 회의에도 러시아 직원은 참여하지 않았다. 러시아 직원을 침략자로 규정한 프랑스 직원은 자청해서 다른 업무를 맡아 글로벌 회의에 참여할 일이 없어졌다. 새로운 담당자는 카자흐스탄 직원을 거쳐 일하지 않고 러시아 직원과 직접 소통했다. 그렇게 사건은 진정되었고, 다음 6월 회의에는 그 새로운 프랑스 직원과 러시아 직원이 참여할 것이다.

감정의 전쟁

사건 당시에 나는 프랑스 직원의 태도를 이해하지 못했다. 나중에 곰곰이 생각해보며 그 직원을 이해하려고 노력했다. 내가 그 직원이었다면 그렇게 말하면서 어떤 감정을 느꼈을까? 그런 발언을 한 후에는 어떤 감정 변화가 있었을까? 나는 러시아 직원이 겪었을 곤혹스러움에 대해서도 생각해보았다. 내가 그 직원이었다면 그런 말을 들었을 때 어떤 감정이 들었을까? 러시아 직원은 아무 말도 하지 않았는데, 차라리 무슨 말이라도 했다면 내 마음이 편했을 것이다.

프랑스 직원을 이해하지 못한다고 해서 내가 러시아 편을 들고 있는 것은 아니다. 친척 중 한 사람이 러시아를 적극 지지한다는 이야기를 들었지만, 내 생활 반경 안에서 러시아를 공개적으로 지지하는 카자흐인은 보지 못했다. 내 카자흐스탄 친구들은 크게 두 부류로 나눠진다고 할 수 있다. 우크라이나를 지지하거나 평화를 지지하거나 둘 중 하나다. 굳이 따지자면 나는 평화를 지지하는 부류다. 평화로운 시간과 평화로운 관계만이 인류 발전과 번영에 기여할 수 있다고 믿는다.

내게는 카자흐스탄 친구만 있는 것이 아니다. 러시아와 우크라이나 그리고 주변국에 많은 친구가 있다. 나는 러시아인을 만나서는 이런 이야기를 하고 우크라이나인을 만나서는 저런 이야기를 하며 카자흐스탄인을 만나서는 다른 이야기를 할 수 있을 정도로 유연하지 못하다. 그렇기에 나만의 입장이 있어야 하지만, 내 입장이 누군가를 공격하는 느낌을 주지 않기를 바란다. 나는 러시아를 지지한다는 말은 해본 적이 없고, 우크라이나를 지지한다는 말을 했는지는 정확히 기억나지 않는다. 어찌 보면 불가능한 중립을 이루려고 애쓰고 있는 것이다.

이런 말은 내가 평화의 편이라는 말과 배치될 수 있다. 평화라는 말과 중립이라는 말은 같은 뜻을 담고 있지 않기 때문이다.

시간이 지나면서 전쟁에 대해 덜 생각하고 전쟁에 대해 덜 언급한다. 중립이라는 말도, 평화를 지지한다는 말도 하지 않는다. 전쟁의 감정은 미묘해서 어떠한 형태로든 오해를 일으키기 쉽기 때문이다. 나는 전쟁으로 인해 삶이 변한 사람을 많이 알고 있다. 그들 사이에서는 이해와 오해가 교차한다. 감정은 더욱 복잡하게 얽히고설켰다. 이 전쟁은 감정의 전쟁이다. 나 같은 사람이 이러한 감정의 전쟁에서 승리하는 것은 어려운 일이다. 거리를 두는 게 편한 선택이란 사실을 부인할 수가 없다.

카자흐스탄 언론과 정부도 눈치를 본다

전쟁이 일어나자 초기에는 뉴스를 살폈고, 잘잘못을 따졌다. 나는 금방 지쳤다. 근거를 따지고 잘잘못을 가리고 논쟁을 벌이는 일은 감정의 전쟁에서 살아남을 수 있는 방법이 아닌 것 같았다. 나는 더 이상 뉴스를 찾아보지 않는다. 어느 것이 프로파간다이고, 어느 것이 진실인지 내 수준에서는 판단하기 어렵기 때문이다.

카자흐스탄 언론은 우크라이나 전쟁에 대해 크게 보도하지 않는다. 전쟁 뉴스를 다루고 싶어 하지 않는 것처럼 보이기도 한다. 주요 국내 뉴스를 다루고 나서 지역 뉴스를 전하기 전에 우크라이나 전쟁 소식을 잠깐 다룬다. 카자흐스탄 언론은 중립을 지키려고 노력하고 있고, 감정을 싣지 않고 사실 위주로 짧게 보도하고 있다. 짧게 보도하면 보도 내용이 객관적이 된다고 착각하고 있는지도 모른다.

카자흐스탄 정부도 전쟁과 함께하지 않으려는 속내를 품고 있는 것 같다. 올해 1월에 카자흐스탄에서 대규모 반정부 시위가 일어났고 시위 중에 수백 명이 사망했다. 카자흐스탄의 '안정'을 위해 러시아군이 파견되었다. 카자흐스탄이 공동안보조약기구CSTO, Collective Security Treaty Organization*에 평화 유지군 파병을 요청한 형식을 띠었지만, 사실은 러시아에 군사 지원을 요청한 것이나 마찬가지였다. 러시아는 즉각 군을 파병했고 카자흐스탄의 불안정은 해결되었다. 카자흐스탄이 러시아의 덕을 본 것이다.

러시아군은 1월에 철수했고, 바로 2월에 우크라이나를 침공했다. 러시아군이 고전을 거듭하자 러시아는 카자흐스탄에 파병을 요청했지만, 카자흐스탄은 이를 거절했다. 공동안보조약기구는 회원국이 외부 침략을 받거나 내부 소요가 발생했을 때 공동으로 대응하게 되어 있지, 회원국이 다른 나라를 침략했을 때 힘을 보태야 하는 건 아니라고 나는 이해했다. 러시아 스스로 이것은 전쟁이 아니고 '특별군사작전'이라고 말했기 때문에 공동안보조약기구가 나설 일도 아니다. 카자흐스탄 대통령은 러시아 대통령에게 공동안보조약기구의 조항을 들어 파병할 수 없다고 말하지는 않았을 것이며, 카자흐스탄 내

---

* 러시아, 벨라루스, 카자흐스탄, 타지키스탄, 키르기스스탄, 아르메니아가 만든 안보 협력 기구.

부의 불안정한 상태가 완전히 끝나지 않았다는 점을 호소했을 가능성이 높다. 이건 그저 내 추측이다. 나는 카자흐스탄 정부가 러시아의 눈치를 보는 것을 이해한다.

나와 언론과 정부를 비교해본다면, 내가 우크라이나 편에 아주 조금 더 가깝고, 언론이 중간에 있고, 정부가 조금 더 러시아 편에 가깝다. 그러나 나와 언론과 정부는 눈치를 보고 있다는 면에서 같고, 누군가와 함께 자리하고 싶어 하지 않는다는 면에서도 같다. 언론과 정부는 감정이 없지만, 감정이 있는 나는 이런 상황 속에서 힘들다.

카자흐스탄이 러시아를 버리는 날이 올까

카자흐 민족주의자는 러시아에 대한 경계심이 높다. 카자흐스탄 북부 지역을 러시아 땅이라고 주장하는 러시아인들이 있다. 노벨 문학상 수상자인 알렉산드르 솔제니친도 그런 주장을 펼쳤다. 카자흐스탄이 1997년에 수도를 알마티에서 아스타나(누르술탄)로 옮긴 것도 카자흐스탄 북부 지역을 두고 러시아와의 사이에서 생길 수 있는 갈등을 미리 차단하기 위한 조치였다. 카자흐스탄 북부 지역에 살던 많은 러시아인이 러시아로 돌아갔으며 지금 남아 있는 러시아인들은 러시아 국적을 가진 사람들과는 생각이 다르다. 나는 러시아의 위협은 존재하지만, 크지 않다고 생각한다. 푸틴 측근 중에 유라시아주의자들이 있는데 이들은 우크라이나에서 카자흐스탄까지 아우르는 유라시아 제국을 건설하고자 하는 꿈을 품고 있다는 소리를 들은 적이 있다. 그런 우려에는 어느 정도 과장이 있다고 생각한다. 그러나 모른다. 나는 러시아가 우크라이나를 침략하는 일은 절대로 일어나지 않을 것이라고 생각했던 사람이기 때문이다. 민족주의자들의 생각이 틀렸을 수도 있지만, 이번 전쟁으로 그들 생각에 동조하는 사람이 늘어날 가능성이 있다.

전쟁 이전에도 카자흐스탄에서는 친러시아 세력이 줄어들고 친튀르크 세력은 늘어나고 있었던 것 같다. 러시아와 카자흐스탄은 유라시아경제연합EAEU, Eurasian Economic Union*으로 묶여 있다. 그러나 카자흐스탄 사람은 러시아와 카자흐스탄이 대등한 관계를 이룰 수 없다는 것을 안다. 그리고 유라시아경제연합이 카자흐스탄 경제에 별 도움이 되지 않는다고 생각하는 이들도 많다. 그에 대한 대안으로 튀르크 언어를 사용하는 나라들과의 연합을 모색해야 한다는 주장도 있다. 그러나 튀르크 국가를 선택하는 대가로 러시아를 버려야 한다면, 카자흐스탄은 그런 선택을 하지 못할 것이다. 하지만 이것도 모른다. 나는 러시아군이 우크라이나 민간인을 향해 총을 발사하는 일을 꿈에도 상상하지 못했던 사람이기 때문이다. 튀르크 경제권과의 연대를 강화하자는 사람들의 생각은 틀릴 수도 있지만, 이번 전쟁으로 그러한 주장이 더 힘을 얻을지도 모른다.

* 러시아, 벨라루스, 카자흐스탄, 키르기스스탄, 아르메니아가 회원국이다.

프랑스에 있는 친구는
그 직원의 태도를 완전히 이해했다

나는 과격한 주장을 펼치는 사람만큼은 아니지만 어느 정도의 걱정과 불안을 가지고 있다. "러시아와 우크라이나는 한 민족이고, 우크라이나는 별개의 민족인 적이 없다"라는 푸틴의 말에는 걱정할 요소가 있다. 러시아와 우크라이나는 같은 종교를 가지고 있고, 나치 독일에 맞서 함께 싸웠다. 둘은 공통의 과거를 가진 적이 있지만, 그렇다고 그게 그들이 같다거나 같은 목표를 가지고 있어야 한다는 것을 의미하지는 않는다. 우크라이나어는 러시아어의 사투리가 아니며 언어 계통상으로 볼 때 생각보다 멀다. 우크라이나어는 러시아어보다는 벨라루스어와 가깝다. 우크라이나 민족은 러시아 민족의 일부가 아니며, 주권 국가 우크라이나는 러시아의 일부가 아니다. 푸틴의 '민족관'은 국제 정치 질서를 어지럽힐 위험이 있다.

전쟁의 당사자와 주변인 들의 감정을 봤을 때 이번 전쟁이 러시아에 좋은 결과를 가져오기는 어렵다고 생각한다. 예전에 나는 러시아어로 친구들과 대화했지만 이제 몇몇 나라 친구들에게는 러시아어로 말을 걸지 못한다. 우크라이나 친구에게 러시아어로 말을 거는 것이 두렵다. 조지아 친구에게도 마찬가지다. 대신에 나는 그들에게 영어로 말을 건다. 영어를 잘 못하거나 러시아어로 말할 준비가 되어 있는 친구는 러시아어로 답하는데, 그때가 되어서야 비로소 나는 러시아어로 말하기 시작한다.

전쟁이 발발한 이후에 프랑스로 출장을 간 나는 파리에서 카자흐스탄 국적의 친구를 만났다. 메시지를 주고받았을 때 그러했듯이 나는 러시아어로 이야기를 했다. 친구는 카자흐어로 말하자고 했다. 친구는 카자흐어에 능숙하지 못한 편이기에 카자흐어와 영어를 번갈아 썼다. 친구는 파리에서 러시아어를 쓰면서 눈치를 본 적이 있다고 털어놓았다.* 특정 언어를 사용할 때 부담을 느끼는 상황이 걱정스럽지만, 이것이 세상이 돌아가는 현실이다. 친구에게 회사에서 일어났던 '침략자와 함께 자리하고 싶지 않다' 사건을 이야기해주었는데, 친구는 나와 달리 프랑스 직원의 태도를 완전히 이해했다.

알리야의 입장은 이것도 아니고 저것도 아닌 것으로 보일 수 있다. 평화를 지지한다는 것은 다른 맥락에서는 침략자를 비난하지 않으면서 아름다운 말만 남기는 것으로 보이기도 한다. 평화가 몹시 필요한 사람에게 중립이라는 단어와 평화를 지지한다는 말은 의미가 없다. 난민을 돕고 경제 제재에 동참하는 것도 전쟁을 멈추게 할 수 없는 마당에 중립과 평화라는 말은 더 공허하게 들릴 수 있다.

그럼에도 침략자를 비난하지 않고 중립이나 평화를 이야기하는 것을 비겁하다고 치부할 수만은 없다. 《참을 수

---

* 인터뷰도 우크라이나 전쟁과 관련해 여러 사람을 만나 러시아어로 말을 건 적이 있다. 어느 우크라이나 여성은 정색을 하며, 자신은 러시아어를 할 줄 모르며 할 줄 안다고 해도 하지 않겠다고 대답했다. 이 전쟁의 감정을 충분히 이해하지 못했기 때문에 겪은 일이었다. 그 후로는 러시아인이 아닌 사람에게 선뜻 러시아어로 말을 걸 수 없었다.

없는 존재의 가벼움》에서 밀란 쿤데라는 우리 삶의 사건은 오직 한 번밖에 일어나지 않는다는 사실에 주목할 필요가 있다고 했다. 모든 상황에서 우리는 딱 한 번만 결정을 내릴 수 있기 때문에 과연 어떤 것이 좋은 결정이고 어떤 것이 나쁜 결정인지 확신이 없을 때도 있기 마련이다. 그에 따르면, 우리 삶은 대강 그린 그림일 뿐이다. 미경험으로 인해 미성숙할 수밖에 없는 것이 인간 삶의 근원적 특징이다. 고로 우리는 누군가가 어떤 사건에 대해 명확한 입장을 말하지 못하고, 수수께끼 같은 말을 한다고 해도, 그의 말을 들어볼 필요는 있다.

몰타
스테파니 밋지
Stephanie Mizzi

〈우크라이나를 위한 예술가들〉 전시를 기획한
아마추어 화가

승리할 수 있는 전쟁은 없다

스테파니에게는 모든 것이 처음이었다.
스테파니는 아마추어 사진작가이자
경력이 길지 않은 화가였을 뿐,
큐레이터도 아니었고 전시 공간을 마련하는 방법도 몰랐다.
하지만 예술가 친구가 유명 예술가들을 소개해주었고,
그 유명 예술가들이 또 다른 예술가들을 참여시켰다.
아티스트가 어시스트였다.
짧은 시간 안에 예술가 76명이 84점의 작품을 기부했다.

2022년 5월 4일 줌 인터뷰.
추후 이메일과 페이스북으로 소통하며 내용 보강.

몰타*에서 사진을 찍는 것은 기쁜 일이다. 셔터를 눌러 찍은 사진마다 햇빛이 가득 담긴다. 스스로 찍었다고 믿기 어려울 정도로 아름다운 사진에는 강렬한 자연과 고풍스러운 도시 풍광이 포착되어 있다. 몰타는 동서남북에서 다양한 문화를 받아들여 이집트 같기도 하고, 이스라엘 같기도 하며, 이탈리아 같기도 하고, 영국 같기도 하다. 우리는 섬이 폐쇄성을 띤다고 생각하지만, 몰타는 섬에 대한 편견을 무너트린다. 형용 모순 같은 표현을 쓴다면 몰타는 국제적인 작은 섬나라다. 그리고 도시 곳곳에는 카라바지오**를 비롯한 유명 화가들의 흔적이 빼곡하다.

몰타의 사진작가이자 화가인 스테파니 밋지는 우크라이나의 절망에 깊이 공감하고 있다. 그녀는 예술이 슬픔을 치유할 수 있는 도구라고 믿으며 〈우크라이나를 위한 예술가들Artists for Ukraine〉이라는 전시회를 기획했다. 전시회 작품 다섯 점을 보면서 스테파니의 생각을 들어보자.

절망

유럽 남부에 위치한 몰타 공화국, 세인트 줄리안 지역에 스테파니 밋지라는 예술가가 살고 있다.《몰타 타임스Times of

---

* 1964년에 영국으로부터 독립한 섬나라 몰타는 이탈리아 시칠리아 남단에 위치해 있다.

** 1571~1610. 주로 로마에서 활동한 바로크 회화의 대표적 화가로, 폭력적인 행동과 삶으로 유명했다. 테니스 경기 중에 상대방을 죽이고 시칠리아를 거쳐 몰타로 도망쳤다. 루벤스와 렘브란트에게 큰 영향을 미쳤다.

Malta》에 사진을 싣는 아마추어 사진작가이다. 칼럼과 에세이도 쓴다. 하지만 스테파니는 작가라는 타이틀 앞에 아마추어라는 수식어를 붙여야 마음이 편하다.

스테파니는 아들을 키우며 일하느라 힘들었지만 행복했다. 보통의 엄마였고, 직장인으로서 원만한 사회생활을 해왔다. 그러던 중 어머니의 갑작스러운 죽음으로 많은 것이 바뀌었다. 스테파니는 절망에 빠졌고, 매사에 의욕을 잃었다. 친구들의 위로가 힘이 되었지만 그것도 잠시였다. 그러다가 화가 친구의 권유로 그림을 그리기 시작했다. 그림을 그릴 때는 절망이나 우울이라는 감정 상태에 빠지지 않았다. 그렇게 그림은 스테파니가 일상을 회복하는 데 큰 힘이 되었다. 그녀의 그림이 자신의 절망을 치유할 수 있었기에, 스스로를 예술가라 부르는 것을 더 이상 쑥스럽게 생각하지 않았다.

악몽

스테파니는 일을 하던 도중 러시아-우크라이나 전쟁 소식을 들었다. 갑작스럽고 놀라웠지만 처음에는 절실하게 느껴지지 않았다. 그리고 집에 돌아와 TV를 켰는데 폐허가 된 도시에서 울부짖는 우크라이나 여인을 보았다. 자신의 우울과 절망이 떠올랐다. 외면하고 싶었지만 계속 뉴스를 찾아보는 자신을 발견했다. 폭격당하는 도시, 죽어가는 사람들, 안전한 곳을 찾아 국경을 넘는 사람들, 낯선 기차역에 내리는 아이들의 불안한 눈빛. 전쟁은 평범한 삶을 살고 있던 우크라이나인의 모든 것을 바꾸어놓았다. 어머니의 갑작스러운 죽음이 평온한 삶을 살고 있던 스테파니의 모든 것을 바꾸어놓았던 것과 같았다. 치유되었다고 생각한 죽음과 상실의 고통이 전쟁으로 인해 악몽처럼 되살아났다. 우크라이나 난민 아이들은 저마다 인형을 들고 있었는데, 이는 스테파니가 아이와 함께했던 14년간의 애환을 떠올리게 했다.

우크라이나를 위한 예술가들

우크라이나 사람들의 삶이 지켜질 수 있도록, 그들의 상처가 치유될 수 있도록 도와야겠다고 생각했다. 그림을 그리며 치유되었던 자신을 떠올렸다. 예술은 그 자체로 치유하는 힘을 가지고 있다. 주변 예술가들과 이야기를 나누며 우크라이나를 돕는 일을 구상했다. 뜻을 같이하는 작가들로부터 작품을 기부받아 전시회를 열고 작품 판매 수익으로 몰타에 온 우크라이나 난민들을 돕기로 했다. 그렇게 〈우크라이나를 위한 예술가들〉이라는 프로젝트를 시작했다. Artists for Ukraine이라는 글자를 써놓고 보니 자꾸 Assists for Ukraine라고 읽혔다.

스테파니에게는 모든 것이 처음이었다. 스테파니는 아마추어 사진작가이자 경력이 길지 않은 화가였을 뿐, 큐레이터도 아니었고 전시 공간을 마련하는 방법도 몰랐다. 하지만 예술가 친구가 유명 예술가들을 소개해주었고, 그 유명 예술가들이 또 다른 예술가들을 참여시켰다. 아티스트가 어시스트였다. 짧은 시간 안에 예술가 76명이 84점의 작품을 기부했다.

〈우크라이나를 위한 예술가들〉 전시회 포스터.

카발리에리 아트 호텔Cavalieri Art Hotel은 전시회 공간을 무료로
제공하겠다고 나섰다. 참여 작가와 작품을 소개하는 책자도
만들었고, 도움을 줄 출판업자와도 연결되었다. 세계적으로
활동하는 몰타 출신 건축가 리처드 잉글랜드 교수도 적극적으
로 도왔다.

전쟁은 인류의 궁극적인 타락이다. 예술은 이에 대한 해독제가
될 수 있으며, 우리 프로젝트는 그러한 해법을 제시하는 한 방법
이다. 인간의 모든 노력 중 가장 창의적인 것을 활용하는 해법 말
이다. 예술은 전쟁의 고통을 치유하는 힘을 갖고 있다. 이 프로젝
트에 기부된 모든 예술 작품은 '구원의 노래'와 같다. 전쟁이라는
고통스러운 어둠의 터널에서 작품 하나하나가 밝은 희망의 촛불
이 될 것이다.
　　　—리처드 잉글랜드 교수, 〈우크라이나를 위한 예술가들〉 소개 책자 서문에서

두 러시아 출신 예술가도 참여했고, 몰타에 온 우크라이나 난민 예술가도 함께했다. 러시아 출신 예술가들이 선뜻 작품을 기부한다고 했을 때 관계자 모두 놀랐다. 우크라이나 난민 출신 예술가는 독일을 거쳐 막 몰타에 도착한 상태였다. 러시아 예술가들과 우크라이나 예술가가 대면하는 일은 없었지만 작품은 전시 공간에 함께 놓여 있었다. 고통에 공감하고 상처를 치유하는 일에는 국적이 따로 없었다.

직업 예술가와 아마추어 예술가 들은 우크라이나를 돕겠다는 뜻을 가지고 함께했다. 몰타에서 활동하는 지역 예술가도 있었고, 세계 무대에서 활동하는 유명 작가도 있었다. 작가들은 작품을 기부하면서 작품 가격, 전시 형태와 방법에 대해 조건을 달지 않았다. 전적으로 스테파니를 믿고 맡긴 것이다. 이는 전시회 기획팀에게 큰 힘이 되었다.

참여한 예술가들을 위해 예술적으로 완벽한 전시를 준비하는 것이 중요했다. 그러나 그보다 더 중요한 점은 우크라이나 난민을 적시에 돕는 것이었다. 참여자 모두 프로젝트의 의미를 알고 있었지만, 작품을 준비할 시간이 충분하지 않았기에 몇몇 예술가는 기존 작품을 기부했다. 그래서 전시 작품들은 일관된 주제를 가지고 있지 않았으나 그런 것은 중요하지 않았다. 다양하게 구성된 작가군으로 인해 이질적인 개체들이 각기 역동적인 자기만의 빛을 발휘했다. 우리 현실이 그렇기도 하다. 유럽 남부 끝의 조그만 섬나라 몰타에 우크라이나 난민들이 찾아왔다. 그들은 처음에는 이질적이었지만, 이곳에서 그 이질성은 역동적인 자기만의 색을 발휘할 것이다.

〈젊음의 초상Portrait of a Youth〉,
대런 탄티.

〈분노Indignant〉, 레이첼 카보네스.

〈악몽Nightmare〉, 고그 말리아.

〈절망Despair〉, 닉키 라도제빅.

시의성 못지않게 중요한 것은 연대의 힘을 보여주는 것이었다. 연대의 취지에 대한 공감대가 형성된 것이 이번 프로젝트 성공의 가장 큰 요인이었다. 참여 예술가들의 상호 교류도 활발했고, 서로 공동 작업 아이디어도 주고받았다. 예술가들은 자신의 페이스북과 인스타그램을 통해 전시회를 홍보했다. 유명 예술가와 평론가의 홍보 글을 보고 방송사와 신문사가 취재하러 왔다. 방송과 신문에 〈우크라이나를 위한 예술가들〉 전시회 기사가 실렸고, 몰타에서 큰 이슈가 되었다.

분노

지금까지 작품 60점이 팔렸고 1만8천 유로 넘게 모였다. 큰 금액은 아니라고도 할 수 있다. 하지만 예술가, 콜렉터, 전시회 관람객이 뜻을 함께했다는 사실에 더 큰 의미가 있다. 수천 명이 직접 전시회를 관람했고, 그들은 예술가와 함께 분노했다. 분노의 목소리는 대중 매체를 타고 몰타 시민 수만 명에게 전달되었다. 연대의 의지는 몰타를 넘어 이제 멀리 한국까지 이어지게 되었다. 놀라운 일이다. "모두 멋진 작품이에요. 이 작품들이 몰타에 온 우크라이나 난민들을 안락한 집에 정착할 수 있게 돕는다면, 이보다 더 좋은 일이 어디 있겠어요?"라는 응원의 메시지가 현장에서, 소셜 미디어에서 흘러넘쳤다.

예술가가 분노를 표현하는 방식은 총을 들거나 화염병을 드는 것과는 다르다. 예술은 절망의 순간에서도 피어나며 작은 붓 터치 하나만으로도 수만 가지 이야기를 만들어낼 수 있다.

그래서 예술은 저항의 수단으로 그 무엇보다 효율적이다. 이 프로젝트에 참여한 예술가 76명은 전쟁의 참상을 소재로, 침략에 저항하는 연대를 소재로 앞으로도 작품을 만들어낼 것이다. 예술가의 눈으로 전쟁을 바라볼 것이고, 전쟁의 장면 하나하나를 놓치지 않고 다양한 방식으로 표현할 것이다. 레이첼 카보네스의 그림처럼 내면의 분노라는 창으로, 부릅뜬 섬세한 눈으로 모든 것을 보고 기억하고 작품에 녹여낼 것이다.

의사는 의사가 될 때 히포크라테스 선서를 하지만 예술가는 예술가가 될 때 어떤 선서를 하지는 않는다. 그러나 예술이 치유의 손길이 될 수 있음을 아는 예술가는 전쟁의 참상을 마주하고 아무것도 하지 않는 선택을 할 수가 없다.

예술가의 이런 활동은 전쟁을 끝내지는 못할 것이고, 우크라이나 국민의 고통을 경감하지도 못할 것이다. 그러나 몰타 전시회와 관련된 모든 예술가가 보여준 연대의 힘은 시가 되고 노래가 되어 파장을 일으킬 것이며, 파장은 먼 곳까지 울려 퍼질 것이다. '세상에 승리할 수 있는 전쟁은 없다'라는 노래의 의미를 깨닫는다면 전쟁은 좀처럼 다시 일어나지 않을 것이다.

예술의 힘

길어지는 전쟁은 공포에 무디어지게 만들기도 한다. 마음이 아파 전쟁에 대한 소식을 의식적으로 보지 않기도 한다. 오가는 프로파간다 속에서 진실을 판별하려는 노력이 헛되게 여겨질 때도 있다. 그러는 사이에 악은 고작 1인치의 땅을 차지하

⟨우크라이나의 공포Fear in Ukraine⟩, 스테파니 밋지.

기 위해서도 작동하고, 철강 공장 지하에서 공포에 떨고 있는 엄마와 아이를 끝까지 굴복시키기 위해서도 작동한다. 악은 흉측한 모습일 때도 있지만, 평화의 세상으로 향하는 길을 가로막으려고 매혹적인 모습으로 자신을 꾸밀 때도 있다. 우리는 악의 꾸밈을 방관해서는 안 된다.

우크라이나 대통령의 부인 올레나 젤렌스카는 이렇게 말했다. "가장 중요한 것은 전쟁에 익숙해지지 않는 것이다. 전쟁을 통계로 인식하지 않는 것이다. 그리고 어떠한 경우에도 전쟁을 지지하는 사람을 신뢰해서는 안 된다." 예술은 전쟁을 익숙하지 않은 것으로 만들고, 전쟁을 통계적인 수치로 만들지 못하게 하며, 전쟁을 지지하는 사람을 신뢰하지 않게 만들 것이다. 그게 바로 예술이 이 사회에서 할 수 있는 일이다.

　　스테파니는 난민 아이들이 저마다 인형을 하나씩 들고 있었던 모습이 인상적이라고 말했다. 우크라이나 서부 국경에서 피난민을 피난처로 안내하는 자원봉사자의 차에는 아이들에게 줄 장난감이 한가득 실려 있었지만, 이미 아이들은 저마다 손에 인형을 들고 있었다. 펭귄 인형을 늘 안고 자는 아이에게 물은 적이 있다. "펭펭이가 뭐가 그렇게 좋아?" 아이는 이렇게 대답했다. "펭펭이는 한 번도 날 울게 만든 적이 없거든!" 세상에서 가장 사랑하는 엄마도 때로는 자기를 울게 만든다. 그러나 인형은 아이를 슬프게 만드는 법이 없기에 아이는 인형으로부터 상처를 받은 기억이 없다. 전쟁은 아이를 한 번도 웃게 만들 수 없다. 아이에게 인형은 전쟁을 막는 방패이자 전쟁의 상처를 치유하는 도구이기에 난민 아이는 저마다 손에 인형을 들고 있는 것인지도 모른다. 아이들에게 인형이 있다면, 어른에게는 무엇이 있을까? 스테파니와 이야기하는 동안 인형 앞에 선 전쟁, 미술 앞에 선 전쟁이라는 이미지가 머릿속을 떠나지 않았다.

라트비아·에스토니아
디아나 타마네
Diana Tamane

'꽃 밀수꾼' 할머니의 이야기를 작품으로 재창조한 예술가

뿌리가 없어야 국경을 넘을 수 있다

'뿌리가 제거된 꽃만이 국경을 넘을 수 있다'라는
사실이 주는 상징적인 의미가 있습니다.
지금 발생하고 있는 많은 난민은
바로 뿌리가 제거된 꽃에 비유할 수 있어요.
전쟁이 수많은 사람의 뿌리를 없애고 있는 거예요.
어쩌면 자발적인 이주조차도
크게 다르지 않을 수 있지요.

2022년 5월 11일 줌 인터뷰.
추후 이메일로 소통하며 내용 보강.

《남의 나라 흑역사》의 저자 위민복이 에스토니아 박물관 EKKM^{Eesti Kaasaegse Kunsti Muuseum}*을 방문했다. 그곳에서 〈꽃 밀수꾼Flower Smuggler〉이라는 전시회 소식을 전했는데, 많은 사람이 전시회 스토리에 매료되었다. 러시아, 국경, 할머니, 무덤, 꽃, 세관, 밀수꾼과 같은 단어가 오늘날의 국제 정치 현실을 망라하는 것처럼 보였다. 위민복을 통해 알게 된 박물관에 이 전시회를 연 예술가 디아나 타마네Diana Tamane의 이메일 주소를 물어 연락을 취했다. 디아나는 라트비아 국적을 가지고 있지만 러시아어를 제1언어로 사용하며 자랐다. 현재는 에스토니아에 살며 유럽 여러 나라에서 전시회를 열고 있다. 예술 세계와 전쟁에 대한 이야기를 나누면서 우리의 일상이 어떻게 예술이 되고, 예술을 통해 우리는 어떻게 치유되는지 실마리를 찾을 수 있었다.

〈가족의 초상화Family Portrait〉라는 영상 작품에서 네 여성이 나란히 앉아 카메라를 응시해요. 작품 속 등장인물은 각각 누구인가요? 모두 러시아 사람인가요? 혹시 남자가 없는 이유가 있나요?

모두 내 가족이에요. 나와 어머니, 할머니, 증조할머니이지요. 러시아 사람이냐고요? 나는 라트비아 사람이고, 어머니, 할머니, 증조할머니도 모두 라트비아 사람입니다. 나의 성도 라트비

* 에스토니아의 수도 탈린에 있는 현대 미술관.

〈가족의 초상화〉(2016) 속 한 장면.

아 성이고, 내 아버지도 스스로를 라트비아 사람이라고 생각했어요. 우리 조상 중에 러시아 사람이 있는 것은 분명하고 우리는 집에서 러시아어를 사용하지만, 누구도 자기를 러시아와 연결시키지 않아요. 그리고 딱히 남자를 배제한 게 아니라, 어머니는 아버지와 이혼했고 할아버지와 증조할아버지는 일찍 돌아가셔서 우리 가족은 여자로만 구성되어 있을 뿐입니다.

> 인터뷰를 통해 한 라트비아 여성을 알게 되었는데, 라트비아에 사는 러시아어 사용자 중 73퍼센트가 러시아적 가치보다는 유럽적 가치를 추구한다고 하더라고요. 디아나도 그중 한 사람이군요.

우리는 라트비아 국민이며, EU 시민이에요. 러시아적인 가치에 대해서는 진지하게 생각해본 적이 없어요. 나는 라트비아에서 태어나 자랐고 라트비아, 리투아니아, 벨기에, 스페인 등에서 작업하고 전시하는 작가예요. 지금은 주로 에스토니아에서 활동하지만요. 유럽 여러 나라의 예술가들을 만나 소통하고 함께 작업을 하기도 하죠. 내가 만나는 사람의 국적이나 민족이 내게 큰 의미를 가지지는 않습니다.

> 이번 인터뷰에 기대를 많이 했고 인터뷰를 어떻게 시작할지 무척 고민했는데, 첫 질문이 적절하지 않았다는 생각이 드네요.

나는 국가라는 개념을 좋아하지 않아요. 국적으로 개인을 규정하는 것을 원하지 않지요. 개인은 각자 고유의 정체성을 지닌 존재로 인식되어야 해요. 국적, 성별, 인종을 구분하는 순간 우리는 서로 분리되고 선입견이나 편견을 가지게 되죠. 나는 직업상 많은 사람을 만나지만, 그들이 어느 나라 출신인지는 한 번도 중요하지 않았습니다. 다만 나는 더 잘 소통하기 위해 러시아인을 만나면 러시아어로, 영국인을 만나면 영어로, 에스토니아인을 만나면 에스토니아어로, 라트비아인을 만나면 라트비아어로 이야기해요. 내가 한국어를 할 수 없는 것이 아쉽군요.

> 작품 이야기를 시작해볼게요. 할머니가 할머니의 할아버지, 그러니까 디아나의 고조할아버지 산소에 꽃을 가져다 놓으려고 했어요. 이 사건을 소재로 한 작품이 〈꽃 밀수꾼〉이지요? 자세히 설명해줄 수 있을까요?

할머니는 꽃을 정말 사랑하는 분이에요. 직접 가꾼 꽃을 집 안 곳곳에 놓아두시죠. 할머니 생신 때 가족이 선물한 앨범은 할머니가 찍은 꽃 사진으로 가득 차 있어요. 다른 사람들이 보면 별 의미가 없는 평범한 꽃들이지만, 할머니는 그걸 하나하나 사진으로 찍어서 앨범에 넣어 보관하고 있죠.

할머니는 당신이 키운 꽃들을 할머니의 할아버지 산소에 가져다 심으려고 했습니다. 할머니는 라트비아에 살고 있고, 고조할아버지 산소는 압레네라고 불렸던 피탈로보 지역에 있어요.[*] 이곳은 과거 라트비아 영토였지만 1945년에 러시아 공화국에 편입되었죠. 1991년에 소련이 붕괴하고 라트비아는 독립 국가

---

[*] 라트비아의 북동쪽에 있는 피탈로보 지역(과거 압레네)은 1920년부터 1940년까지 라트비아의 영토였다.

가 되었지만 이 지역은 러시아 영토로 남게 되었어요. 그래서 할머니가 과거에 살았던 동네를 가기 위해선 비자를 받은 뒤 국경을 통과해야 하죠.

2015년 6월 4일, 꽃 화분 두 개를 든 할머니는 고조할아버지 산소에 가려고 러시아와 라트비아의 국경으로 향했습니다. 그런데 러시아 국경 검문소에서 할머니는 반입 금지 물품을 소지했다는 이유로 입건되어 'Flower Smuggler(꽃 밀수꾼)'가 되었어요. 뿌리가 있는 꽃은 반입이 금지되나 봐요. 할머니는 분노하며 벌금을 내고 집으로 돌아왔죠. 우리 가족은 모두 놀랐고요. 할머니는 나중에 플라스틱 조화를 들고 다시 고조할아버지 산소를 찾았습니다. 국경을 지키는 세관은 관료주의적으로 일 처리를 했고, 꽃을 들고 국경을 넘던 노인은 범법자가 되었죠.

〈꽃 밀수꾼〉 작품은 어떤 것들로 구성되어 있나요?
할머니 앨범에 있는 꽃 사진, 할머니가 가져가려고 했던 꽃 사진, 세관 조사서, 벌금 고지서, 할머니가 나중에 들고 간 조화 사진으로 구성된 작품이죠.

디아나의 〈꽃 밀수꾼〉을 보면서 러시아의 우크라이나 침략을 떠올렸어요. 러시아, 국경, 무덤, 꽃, 벌금이라는 단어 때문이죠. 러시아는 탱크로 국경을 쉽게 넘는데, 러시아어를 제1언어로 사용하는 어느 노인은 꽃을 가지고 국경을 넘지 못했어요. 그것도 할아버지 산소에 심기 위한 꽃이었는데 말이지요. 이런 대조가 인상적입니다.

러시아 세관은 규정에 따른 조치를 취한 거예요. 대부분의 나라가 꽃 반입은 허락해도 나무 반입은 허락하지 않을 거예요. 허락을 받기 위해서는 정식 수입 절차를 밟아야 하죠. 이는 규정의 문제인데, 나는 그런 규정의 타당성에 대해 이야기하는 것이 아니에요. 이 사건이 가지는 함의에 대해 말하는 거예요. '뿌리가 제거된 꽃만이 국경을 넘을 수 있다'라는 사실이 주는 상징적인 의미가 있습니다. 지금 발생하고 있는 많은 난민은 바로 뿌리가 제거된 꽃에 비유할 수 있어요. 전쟁이 수많은 사람의 뿌리를 없애고 있는 거예요. 어쩌면 자발적인 이주조차도 크게 다르지 않을 수 있지요.

세관원은 꽃을 현장에서 압수해 폐기하지 않고 왜 벌금을 부과하여 할머니를 자극했을까요? 다른 나라였다면 세관원이 잠시 꽃을 보관하고 있다가 할머니가 돌아가는 길에 가져가시게 했을 것 같아요. 러시아 국경의 관료주의는 어떤 모습일지 상상해볼 수도 있네요. 국가는 인간의 얼굴을 하지 않을 때가 많고, 때로는 그런 것을 혐오하게 만들죠. 결과적으로 좋은 작품이 나오게 되었어요. 할머니가 작품 소재를 제공하셨는데, 그에 대한 보상으로 선물이나 용돈을 달라고는 안 하셨나요?

(웃음) 아직 그런 말씀은 안 하셨어요. 할머니는 전시회마다 찾아와 당신 생각을 말하고, 영감을 주시죠. 그리고 당신의 이야기가 작품이 된 것에 대해 고맙다고 하세요. 내 작품으로 위안받고 치유된다고 얘기하시죠.

아무도 이런 전쟁을 원하지 않습니다. 이번 전쟁을 국제정치적 시각에서 보는 것은 내 역할이 아니라고 생각해요. 나는 인간 내면의 문제를 들여다보려고 합니다. 탐욕, 질투, 시기심, 증오와 같은 감정이 우리 내면의 문제죠. 인간이 가진 이러한 감정 위에 정치와 경제 같은 거대한 담론들이 서로 결부되어 쌓여서 국가주의가 탄생해요. 나는 예술가로서 어떻게 내면의 평화를 이룰지, 평화 속에서 어떻게 자유로워질 것인지를 고민하죠. 이 세상의 평화를 간절히 희망하는 사람으로서, 만약 내 작품이 피스 메이커Peace Maker가 된다면 더 이상 바랄 것이 없다고 생각합니다.

할머니는 유독 하모니카와 아코디언 소리를 좋아하세요. 제2차 세계 대전 때 할머니는 아주 어렸어요. 그때 독일군 장교가 할머니 이웃집에 살았지요. 장교는 자주 하모니카와 아코디언을 연주했고 연주 솜씨가 좋았대요. 그는 독일에 딸을 두고 왔다면서 어린 할머니를 잘 돌보아주었고, 하모니카와 아코디언 연주를 자주 들려주었어요. 그 소리를 들으며 할머니는 잠이 들곤 했죠. 아이러니하게도 할머니의 아버지는 독일과의 전쟁에서 돌아가셨어요. 이웃집 아저씨는 독일군이었지만 하모니카와 아코디언 소리에 독일군이라는 표식은 달려 있지 않았죠. 이 이야기를 할머니가 자랐던 곳을 함께 방문했을 때 들을 수 있었

〈꽃 밀수꾼〉(2019).

〈어머니Mom〉(2016).

어요. 집이 있었던 곳, 양봉 통이 있었던 곳, 강아지 집과 축사가 있었던 곳, 그리고 고조할아버지가 심은 참나무를 보여주셨어요. 남아 있는 것은 참나무뿐이었지만, 하모니카와 아코디언 소리가 들리는 것 같았습니다. 이 이야기도 〈내가 기억하는 모든 것을 이야기해줄게I will tell you everything i rememeber〉(2021)라는 작품에 담았어요.

디아나는 이제까지 단독 전시회를 총 16회 열었어요. 길, 이동, 이주, 국경 같은 것이 주된 소재로 활용되었지요. 특별한 이유가 있나요?

90년대에 아버지는 자동차, 전자 제품 등을 서유럽에서 사다가 라트비아에 파는 일을 했어요. 그래서 아버지에 대해 기억나는 것은 무엇인가를 사러 길을 떠나던 모습입니다. 할머니는 자주 국경을 넘어 라트비아와 러시아를 오가셨어요. 어머니는 5년 전부터 대형 트럭을 운전하는 일을 하고 있고요. 독일과 프랑스 어딘가를 달리면서 내게 전화를 하고, 트럭에서 쉬면서 메시지와 이메일을 보내주시죠. 할머니, 어머니, 아버지는 늘 길을 따라 국경을 넘었어요. 이분들의 삶이 내 작품 소재가 되었습니다.

디아나는 라트비아와 에스토니아의 젊은 세대를 대표하는 작가입니다. 라트비아와 에스토니아의 젊은 세대는 글로벌 시민으로 살아가고 있는데요, 디아나의 작품은 가족과 관련한 개인사에서 출발하네요.

인간의 마음과 국가 간 전쟁이 따로 분리되지 않는 것처럼, 거대 담론과 일상적인 개인사도 서로 분리되는 것이라고 생각하지 않아요. 반복되는 것들이 중요해요. 그런 반복적인 것은 가족과의 일상에서 자주 발생합니다. 우리의 많은 일이 가족 안에서 일어나고, 일상에서 출발하여 세상으로 확장되지요. 사회현상을 보고 사회 변화를 살피기 위해서는 작은 단위, 즉 자신과 가족의 일상을 들여다보는 것에서부터 시작해야 합니다. 그래서 가족 속의 개인사가 내 작업의 출발점이죠. 인간 정체성의 핵심인 나는 어디서 왔는지, 어디에 속하는지와 같은 질문의 답은 일상을 통해 누적된 기억 안에 있습니다. 과거를 탐색하다 보면 자연스럽게 현재로 연결되고, 개인사로부터 시작한 것에 크고 복잡한 사회가 담기게 되지요. 작품 속에서 시간과 공간은 시나브로 확장되는 거예요.

디아나가 생각하는 예술은 무엇이며, 디아나의 예술이 궁극적으로 표현하려고 하는 것은 무엇인가요?

예술은 친구와 이야기하는 것과 같아요. 때로는 농담도 하고, 울기도 하죠. 때로는 정치에 대해서 대화하기도 하고, 서로 같이 있으면서 침묵하기도 하죠. 나에게 예술이란 내가 살아가는 일상을 최대한 있는 그대로 표현하는 것이에요. 평범한 일상이 우리 삶의 가장 큰 부분이니까요. 예술가는 자신을 최대한 개방하고, 우리 앞에 놓인 상황을 머리가 아니라 마음으로 바라볼 수 있어야 합니다. 편견이나 선입견 없이 열린 마음으로 세상을 바라보고 느끼는 것이죠. 그리고 그런 느낌을 제한 없이 표현할 수 있어야 하고요. 이게 바로 내가 예술을 하는 이유예요. 그리고 내가 예술에서 궁극적으로 추구하는 것은 완전한 자유입니다.

우크라이나를 돕기 위해 〈우크라이나를 위한 예술가들〉이라는 전시회를 큐레이팅한 몰타의 어느 예술가를 인터뷰했어요. 예술가들의 연대가 인상적인 프로젝트였지요.

나도 어떻게든 우크라이나인을 도우려고 생각하고 있어요. 그건 내가 예술가라서가 아니라 인간이라면 누구나 갖는 생각일 거예요. 그러나 내가 예술가이기 때문에 도울 수 있는 것이 더 많다면 그것은 축복이죠. 그런 면에서 몰타 전시회에 큰 찬사를 보냅니다. 올해에 유독 내 전시회가 많이 열려요. 물론 전쟁 발발 이전에 계획된 전시회들이지만, 전쟁이 시작된 뒤 때때로 '지금 전시를 하고 있을 때인가?'라는 생각이 들어요. 금전적인 기부를 했지만, 예술가로서도 무엇인가를 해야 한다고 생각하고 있죠. 지금 전시에 집중하면서 동시에 무엇을 할 수 있을지 고민하고 있어요.

〈꽃 밀수꾼〉 전시회를 러시아에서 개최할 계획이 있나요? 러시아에서 이 전시회가 열린다면 러시아 관람객은 어떤 반응을 보일까요?

러시아에서 전시회를 열 계획은 없습니다. 발트 삼국이 EU 회원국이 되고 NATO에 가입한 후로 러시아의 견제가 심해졌어요. 비자 발급 조건이 엄격해졌고 절차도 까다로워졌죠. 어쩌면 '꽃 밀수꾼' 사건도 발트 삼국 견제 조치의 일환이었을 수도 있어요. 게다가 러시아 국경의 문이 닫히고 있는 것만이 문제가 아니에요. 내가 러시아를 멀게 느끼는 이유는 그곳엔 너무 많은 표현의 제약이 있기 때문입니다.

고속 도로 휴게소에서 쉬고 있던 어머니가 작업실에 있는 디아나에게 안부를 묻는 이메일을 보냈다. 그 이메일은 추가 작업 없이 그대로 〈어머니에게서 온 편지Letters From Mom〉라는 작품이 되었다. 일상이 예술이 되는 과정이 흥미로웠다. 우리는 얼마나 많은 예술 소재를 놓치며 일상을 살아가고 있을까?

디아나는 "반복되는 것들이 중요하다"라고 말했다. 생일에 고급 음식점에 가서 외식하는 일은 어쩌면 중요하지 않다. 중요한 것은 음식 몇 조각이 접시에 놓이는 일상의 식탁이다. 하루에도 몇 번씩 반복되는 일이 사람을 규정한다. 일상은 사람을 만든다.

디아나가 일상을 작품화하는 것도 그런 이유에서다. 우리가 전쟁 피해자의 일상에 관심을 가져야 하는 것도 같은 이유에서라고 생각된다.

러시아·영국
안나 오브샤니코바

Anna Ovsyanikova, Анна Овсяникова

반전 시위를 하고 있는 로열 오페라 하우스 바이올리니스트

침묵할 자유가 없다

러시아의 많은 예술가가
침묵을 강요당하고 있는 상황을
견디지 못해 러시아를 떠난다.
그들은 단지 몇 개월 동안만
체류할 수 있는 비자를 들고 떠나는데,
그 기한이 지나면 난민과 다를 바 없게 된다.
나는 이제 여행으로도 러시아에 갈 수 없다.
이미 공개적으로 얼굴이 알려졌고,
계속 반정부 발언을 하고 있기 때문에
러시아에 발을 들이는 순간
최소 3년 동안은 감옥에 있어야 한다.

2022년 5월 20일 대면 인터뷰.
추후 이메일과 인스타그램으로 소통하며 내용 보강.

러시아-우크라이나 전쟁으로 러시아 출신 예술가들이 곤란한 상황에 처해 있다. 러시아에서는 전쟁을 지지하지 않고 침묵한다는 이유로, 해외에서는 전쟁 반대를 외치지 않는다는 이유로 압박을 받고 있다. 정치적인 이유로 예술가들이 무대에 설 수 없는 것은 안타까운 일이다. 영국에서 활동하는 러시아 출신 예술가를 만나 이야기를 들어보았다. 로열 오페라 하우스의 제트 파커 영 아티스트 프로그램Jette Parker Young Artists Programme을 거쳐 유럽 무대에서 활약하고 있는 소프라노 이혜지의 주선으로 러시아 출신 바이올리니스트 안나 오브샤니코바를 만나 인터뷰했다.

팬데믹으로 중단되었던 공연이 올해 들어 대부분 정상화되었다. 2월 한 달간 〈로미오와 줄리엣〉 발레 공연과 클래식 콘서트 협연 일정으로 바빴다. 그리고 2월 23일에는 로열 오페라 하우스에서 오전에 리허설을 하고 저녁에 공연을 할 예정이었다. 오전 일정을 마치고 내셔널 갤러리 특별전 〈뒤러*의 여행〉을 보기 위해 오케스트라 단원 코라와 함께 트라팔가 광장으로 갔다. 아직 차가운 겨울 공기가 느껴졌지만 하늘은 맑았다. 르네상스 시대에 활동한 알브레히트 뒤러는 이탈리아, 네덜란드, 스위스 등 유럽 여러 나라를 여행했다. 여행 중 여러 예술가와 교류하며 자신의 작품 세계를 펼쳤는데, 이번 전시회는 그 여정을 주제로 삼은 것이었다. 잠시 시간을 내서 친구와 함

---

*   1471~1528. 독일의 화가, 판화가, 조각가.

께 유럽 여행을 다녀온 듯한 기분이 들었다. 그런데 갤러리 카페에서 늦은 점심을 먹고 밖으로 나왔을 때 맑은 하늘은 온데간데없었고 회색 구름만 가득했다. 묘한 생각이 들어 무겁게 느껴지는 하늘을 사진에 담았다. 저녁 공연을 마치고 집으로 돌아와 남편과 이런저런 이야기를 나누다가 하늘 사진을 보여주었다. 남편은 특별한 일이 아니라는 반응을 보였다. 그렇게 하루를 마감하고 다음 날 마티네Matinee 공연*이 있어서 일찍 잠들었다.

2월 24일 아침에 눈을 떴는데, 러시아에 살고 있는 친구에게서 메시지가 와 있었다. "전쟁이야!" 머릿속이 하얘졌고, 어제 본 검은 하늘이 떠올랐다. 엄마에게 전화를 했다. "엄마!" 엄마도 내 이름을 불렀다. "안나!" 나는 무슨 말을 해야 할지 몰라서 잠시 머뭇거리다가 "엄마, 괜찮아?"라고 물었다. 엄마는 평소와 달리 침울한 목소리로 말했다. "전쟁이 일어났어!" 나는 여전히 믿을 수 없었다. "진짜?" "응, 아주 심각해." 짧은 침묵이 흐른 후 다시 말했다. "엄마, 이제 어떻게 해?" "나도 모르겠어!"

나는 그 순간부터 평소와 같을 수 없었다. 나의 일상이 무너졌다. 너무 무섭고 막막했고 뭘 어떻게 해야 할지 몰랐다. 상황이 좋지 않은 것은 알고 있었지만, 전쟁이 실제로 일어날 줄은 몰랐다. 머릿속에는 '이제 어떡하지'라는 생각만 가득했다. 복잡한 마음을 다독이고 평소처럼 출근 준비를 했다. 코벤트 가

---

*   마티네 공연은 평일 낮 공연을 뜻한다. 아침 또는 오전을 의미하는 프랑스어 마탱matin에서 유래했다.

든으로 향하는 지하철 안에서 계속 눈물이 났다. 어떤 두려움이 느껴졌는데, 전쟁 자체가 무서운 것인지, 전쟁을 일으킨 나라 사람이라는 사실이 두려운 것인지, 또 다른 무엇 때문인지 가늠할 수가 없었다.

역에서 내려 고개를 숙인 채 로열 오페라 하우스로 들어갔다. 직원들이 나를 살피는 것이 느껴졌다. 연습실에 들어가 자리에 앉았다. 옆자리 동료가 조심스럽게 "괜찮아?"라고 물었다. 나는 울지 않으려고 입을 꾹 다물었다. 멀리 있던 동료들도 하나씩 다가와 안아주었다. 평소 눈인사만 하고 지내던 동료들도 일부러 나를 찾아와 위로해주었다. "너의 잘못이 아니야. 우리가 너의 곁에 있어!"라고 말했다. 내 마음을 어떻게 표현할 수 있을지 모르겠지만, 내 삶에 어떤 변화가 생기고 있다고 느꼈다.

나는 러시아 상트페테르부르크에서 태어났다. 다섯 살 때 바이올린을 시작했고, 부모님 모두 음악 전공자여서 자연스럽게 연주자의 길을 걷게 되었다. 열 살 때 가족과 함께 런던으로 여행을 온 적이 있었다. 3월이라 러시아에서는 여전히 살을 에는 바람이 불고 있었지만, 런던은 날씨도 좋고 건물도 예쁘고 사람들도 친절했다. 런던에 와서 살고 싶다고 생각했다. 생각이 아니라 결심이었다. 그때부터 영어 공부를 시작했고, 바이올린도 열심히 연습했다. 열일곱 살 때까지 상트페테르부르크 음악원에서 공부하다가 영국으로 왔다. 버밍엄 왕립 음악원에서 학사를, 런던의 왕립 음악원에서 석사를 마쳤고, 지금은 박사 과정 중이다. 잘 알려지지 않은 벨기에 작곡가 마티우 크릭붐에 대한 박사 논문을 준비하고 있다. 열네 살 때 스위스에서 열린 마스터 클래스에 참가했는데 여기서 내 인생에서 가장 중요한 스승을 만났다. 스승의 마티우 크릭붐 작품 연주를 듣고 단번에 빠져들었다. 크릭붐에게 있는 아련한 정서와 스승의 연주의 낯선 울림이 좋았다.

운 좋게 지금까지 계속 장학생으로 영국에서 공부할 수 있었다. 내 삶에서 가장 중요한 것은 음악가로 성공하는 것이었다. 공부와 연주를 병행하는 중이고, 매일매일 리허설과 공연이 있다. 사이먼 래틀, 안드리스 넬슨스, 마틴 브라빈스 등의 지휘자가 이끄는 오케스트라에서 악장을 했다. 미쓰코 우치다, 마르타 아르헤리치 등 세계적인 피아니스트와도 협연했다. 런던 생활은 행복했고, 날마다 꿈이 이뤄지는 경험을 맛보았다. 나의 모든 시간과 생각은 음악가로서의 커리어를 위한 것이었다. 그런데 전쟁이 일어난 후 내 삶에서 가장 중요했던 그 모든 것에 집중할 수가 없었다. 전쟁 첫날 나는 어떻게 공연을 마쳤는지 모를 정도로 정신이 없었다.

나는 러시아보다 영국에서 더 행복함을 느끼고 있다. 영국을 비롯한 여러 유럽 나라는 다양성을 존중하고, 차별 철폐, 인권 존중, 평화를 이야기하는데 러시아 정부는 정반대로 가고 있었다. 2014년에 러시아가 우크라이나의 크름 반도를 점령했을 때 모든 것이 확실해졌다. 더 이상 내가 사랑하는 러시아가 아닌 것 같아서 다시 돌아가고 싶지 않았다. 런던에서 어려움이 없었던 것은 아니다. 학교를 졸업하고 직장을 구하는 도중에 비자 문제로 오디션에 합격하지 못한 경우도 있었다. 그래도 어떻게든 영국에 남으려고 했다. 지금은 연주도 하고 공부도 하고 있고, 런던 생활에 만족한다. 영국인 남편과의 결혼 생활도 행복하다. 내가 영국을 좋아하는 이유는 여기서 연주가로 활동하기에 좋은 기회와 혜택을 누렸기 때문만은 아니다. 나는 개인의 자유를 무엇보다 우선시하는 영국 사회의 가치가 좋다.

2월 25일에 예정되어 있던 2월 공연이 모두 끝났다. 다음 날 파리에서 미술사를 공부하고 있는 동생을 보러 갔다. 이런 상황에서 동생을 혼자 있게 하고 싶지 않았다. 가르 뒤 노르 역에 마중 나와 있는 동생을 보자마자 한참 끌어안고 울었다. 그리고 리퍼블릭 광장으로 가서 전쟁 반대 시위에 참가했다. 평소 같으면 카페에 앉아 커피를 마시고 오르세 미술관에 갔을 것이다. 전쟁이 너무나 많은 사람의 일상을 바꾸어놓았다. 다음 날 '우리는 전쟁을 반대하는 러시아인이다Russians Against War', '푸틴을 멈춰라, 전쟁을 멈춰라Stop Putin, Stop War'라고 쓰인 팻말을 들고 생미셸 거리로 나갔다. 프랑스 사람과 우크라이나 사람이 함께했다. 경찰은 우리가 안전하게 시위할 수 있도록 교통을 통제해주었다. 동생의 시위 장면이 프랑스 언론에 소개되기도 했다. 우리는 페이스북과 인스타그램에 전쟁 반대, 우크라이나 평화 기원 글을 올리기 시작했다.

우리 가족은 정치에 대해 서로 이야기를 나눠본 적이 없었다. 각자 다른 나라에 떨어져 살고 있기도 하고, 러시아에 있는 부모님을 불편하게 만들 수도 있기 때문에 굳이 그런 이야기를 전화로 하지는 않았다. 하지만 이번에는 부모님께 우리 생

파리에서 반전 시위 중인 동생.

각을 말했고, 전쟁 반대 입장을 분명히 했다. 부모님도 공개적으로 입장을 밝히지는 않고 있지만 우리와 같은 생각을 갖고 있다. 많은 러시아 사람이 러시아 정부를 옹호하거나 러시아의 침략에 대해 침묵한다. 정부 프로파간다에 영향을 받고 있거나, 두려워서 말하지 못한다. 부모님은 러시아 신문과 방송을 보지 않는다. 부모님은 푸틴을 옹호하고 전쟁을 정당화하는 친구들과는 관계를 지속할 수 없었기에 이번 전쟁으로 많은 친구를 잃었다.

외국 언론이나 소셜 미디어로 뉴스를 접할 수 있는 젊은 세대는 무엇이 잘못되었는지 알고 있고 전쟁 상황에 대해 분노하고 있다. 하지만 중년 이후 세대는 소련 시절부터 정부의 선전 선동에 길들여져왔다. 러시아 정부는 이번 전쟁을 나치화되어가는 우크라이나를 구하고 우크라이나에 살고 있는 러시아인을 보호하기 위한 '특별군사작전'이라고 말한다. 말도 안되는 소리다. 진실을 전하는 러시아의 독자적인 라디오 방송과 유튜브 채널은 모두 폐쇄되었다. 러시아에 살고 있는 친구들과 지인들은 이번 전쟁 때문에 더 이상 러시아에 살고 싶지 않다는 말을 한다. 러시아의 많은 예술가가 침묵을 강요당하고 있는 상황을 견디지 못해 러시아를 떠난다. 그들은 단지 몇 개월 동안만 체류할 수 있는 비자를 들고 떠나는데, 그 기한이 지나면 난민과 다를 바 없게 된다. 나는 이제 여행으로도 러시아에 갈 수 없다. 이미 공개적으로 얼굴이 알려졌고, 계속 반정부 발언을 하고 있기 때문에 러시아에 발을 들이는 순간 최소 3년 동안은 감옥에 있어야 한다.

조금은 겁이 난다. 러시아에 있는 부모님이 걱정되지만, 내가 하고 있는 일 때문에 러시아 정부가 부모님에게 해를 입히지는 못할 것이다. 나는 영국 시민권자이기 때문에 더 자유롭게 의사 표현을 할 수 있다. 러시아에서는 '전쟁 반대' 팻말만 들고 있어도 잡혀가지만, 이곳에서는 '보리스 존슨 꺼져!'라는 플래카드를 들고 있어도 아무 일도 일어나지 않는다. 러시아에서는 전쟁을 암시하는 단어만 사용해도 바로 체포된다. 우크라이나 국기를 상징하는 파란색과 노란색 옷을 입거나 우크라이나를 지지하는 듯한 액세서리를 하고 있어도 체포된다. 심지어는 아무것도 쓰여 있지 않은 커다란 종이만 들고 있어도 잡혀간다. 그런 의미에서 러시아에는 침묵할 자유도 없다. 많은 사람에게 정부는 공포의 대상이다.

얼마 전 모스크바 교향악단에서 바이올린 연주자로 활동하고 있던 영국인 친구 베티가 러시아 남편 세르게이(가명)와 함께 급히 영국으로 귀국했다. 전쟁이 나자마자 영국 정부가 자국민을 러시아에서 철수하도록 하게 한 것이다. 둘은 런던의 우리 집에서 며칠 머물렀다. 경제 제재로 인해 러시아 은행에서 발급받은 신용카드는 영국에서 사용할 수 없었다. 하루는 함께 외출해서 기차를 타려고 했는데, 러시아 카드만 가지고 있던 세르게이는 기차를 탈 수가 없었다. 내가 쓰지 않고 갖고 있던 교통 카드를 빌려주었는데 잔액이 부족했다. 돈을 충전할 시간이 필요했다. 그런데 기차가 이미 플랫폼으로 들어오고 있어서 일단 타자고 했다. 그는 법을 어기면 경찰에게 잡혀갈 테니 그럴 수 없다고 했다. 기차를 놓치면 한 시간을 더 기다려야 했는데도 그는 타지 않으려 했다. 베티와 나는 세르게이의 팔을 당겨 기차에 타게 했다. 그는 돈을 내지 않고 기차를 탄 모습이 CCTV에 찍혔을 테니 그게 결국 문제가 될 것이라고 겁을 먹었다. 베티와 함께 영국에 살려면 거주 비자를 받아야 하는데 이제 범법자가 될 테니 그게 불가능해질 거라고 생각하며 두려워했다. 나는 조금 어이가 없었다. 그러나 세르게이의 모습이 러시아인의 현실이다. "런던에서는 정말 많은 사람이 표를 사지 않고 기차를 탄다. 그래도 문제가 되었다는 소리를 들어본 적이 없다"라고 말해주었다. 그래도 안심되지 않는 것 같았다. "내리는 역에서 기차표를 사면 된다"라고 설명해주었다. 하지만 그의 걱정은 사라지지 않았다.*

나는 결혼하고 영국 국적을 갖게 되었지만, 여전히 내 뿌리는 러시아다. 나는 러시아에 여러 불만을 가지고 있지만 여전히 러시아를 사랑한다. 사랑하는 조국이 전쟁을 일으킨 당사

---

* 인터뷰어는 런던 생활 초기에 런던 교통 카드로 기차를 탄 적이 있었다. 도착역에서 터치 패드에 카드를 댔는데 터치 패드가 비정상적인 소리를 냈다. 여기서는 런던 교통 카드를 쓸 수 없었고 별도로 미리 표를 사서 탔어야 했다. 무임승차를 했을 경우 푯값의 몇 배에 달하는 범칙금을 내야 했지만 역무원은 그런 말은 하지 않고 여기 도착역에서 표를 사라고 일러주었다. 표를 사기 위해 줄을 서자 역무원이 다가와 물었다. "돌아갈 때도 기차를 타고 돌아가나요?" 그렇다고 대답했다. "편도 표를 두 번 끊는 것은 손해니까 갈 때 왕복표를 끊고 가면 돼요"라고 말해주었다. 그렇게 하겠다고 약속하고 기차역을 나왔다. 그러나 친구 자동차를 타고 런던으로 돌아가게 되어 역무원과의 약속을 지키지 못했다. 이는 마음의 짐이 되었다. 몇 달 후에 차를 타고 인근 지역을 지나다가 역에 들러, 런던행 기차표를 왕복으로 끊었다. 역무원과의 약속을 뒤늦게 지킨 셈이다. 이 경험은 영국이 서로 간의 신뢰에 기반하여 작동하는 사회라는 인상을 심어주었다.

자가 되었다. 내가 태어난 곳이기 때문에, 부모님이 러시아에 있기 때문에 러시아를 사랑하는 것이 아니다. 러시아에는 예술을 사랑하는 사람들이 너무나 많고, 그들이 나를 음악가로 자라게 해주었기 때문이다. 그런데 그런 나라가 이웃 나라를 공격하고 총을 겨누고 사람들을 죽이고 있다. 지금의 러시아는 내가 러시아를 사랑하는 이유와는 정반대 쪽으로 나아가고 있다. 예술가들은 러시아에서 숨을 죽이고 있고, 해외에서는 걱정에 사로잡혀 있다. 그런 나라를 자랑스럽게 생각할 수는 없다.

나는 우크라이나를 위해서도, 러시아를 위해서도, 사랑하는 사람들을 위해서도 무언가를 해야 했다. 전쟁이 빨리 끝날 수 있도록 작은 힘이라도 보탤 방법이 있는지 찾아보았다. 예술을 사랑하는 러시아로 되돌아가는 것이 해결책 중 하나로 보였다.

런던에서 활동하는 러시아 음악가 다섯 명이 모였다. 우크라이나 지원을 위한 〈평화 음악회Music For Peace〉를 열었다. 뜻을 같이한 친구는 피아니스트 파벨 티모페이에브스키, 피아니스트 엘레나 키셀레바, 플루트 연주자 안나 콘드라시나, 첼리스트 타티아나 체르니소바였다. 푸쉬킨 하우스*에서 장소를 무료로 제공해주었다. 50명 정도의 관객을 예상했는데 티켓이 순식간에 다 팔렸다. 장소가 협소하여 관객을 추가로 받을 수 없었기에 라이브 스트리밍으로 시청할 수 있는 표를 판매했

---

* 1954년에 설립된 푸쉬킨 하우스는 런던 블룸스버리에 있는 독립 러시아 문화 센터이다.

고, 150명이 넘는 사람이 관람했다. 작은 행사였지만, 행사를 성사시키는 데 많은 사람의 노력이 필요했고, 함께하는 과정에서 강한 연대감을 느꼈다. '우리 러시아인도 전쟁을 원하지 않는다. 우크라이나의 평화를 바란다'라는 메시지를 전하고 싶었다. 모차르트, 바흐, 쇼팽의 곡을 연주했지만, 러시아 작곡가 쇼스타코비치, 라흐마니노프, 림스키코르사코프의 곡도 연주했다. 어디서부터 잘못되었기에 이토록 멋진 음악가들을 배출한 러시아가 이런 모양이 되었는지 안타까웠다.

공연 후에 런던에 사는 한 러시아 여성이 내 소셜 미디어 계정으로 메시지를 보냈다. "러시아 사람이 왜 우크라이나를 지지하나? 전쟁 반대 글을 올리고 우크라이나를 돕는 행사를 벌이는 이유는 무엇인가? 너는 조국을 배신했다"라고 항의했다. 나는 내가 옳다고 생각한 일을 하는 것뿐이다. 나에겐 그럴 자유가 있고, 지금은 그래야 할 때다. 내 글을 보고 싶지 않으면 나를 차단하라고 했다. 나와 생각이 다른 사람들이 있다는 것을 안다. 그들을 이해시키고 설득하면 좋겠지만, 그들과 논쟁하는 데 쓸 에너지가 없다. 당장은 우크라이나의 평화를 위해 에너지를 써야 한다.

6월 말에 난민을 돕기 위한 공연이 하나 더 열릴 예정이다. 거기서 연주될 곡들 중 두 곡이 주목할 만하다. 하나는 우크라이나 민요 〈베르보바야 도쉐츠카Verbovaya Doshchechka〉다. 우크라이나 키이우의 지하 벙커에서 일리아 본다렌코라는 젊은 바이올리니스트가 연주하여 전 세계의 주목을 끌었다. 다른 한 곡은 제2차 세계 대전으로 비극을 겪은 가족에 관한 영화 〈하이 패스High Pass)의 주제곡이다. 영화 심의 과정에서 소련정보국 KGB의 검열로 주요 부분이 모두 잘려 나가자 감독은 급히 우크라이나 음악가 미로슬라우 스코릭을 찾았고, 스코릭에게 잘려 나간 부분까지 나타낼 수 있는 음악을 부탁했다. 그렇게 탄생한 곡이 〈멜로디Melody〉다.

음악에는 시공을 초월하는 보편성이 있고, 음악은 말로 표현하지 못하는 것까지도 표현한다. 지하 벙커 속에서도, 독재권력의 압제 속에서도 표현할 수 있는 음악이 있다. 그런 음악을 가지고 있는 음악가는 오늘날과 같은 상황에서 침묵할 필요도 없고, 침묵해서도 안 된다. 나에게는 많은 자유가 있지만, 지금은 침묵할 자유가 없다.

런던에서 많은 러시아인과 우크라이나인을 만났다. 우크라이나 난민 중 다수의 표정은 대체로 좋았다. 대화 도중에 슬픔에 빠지기도 했지만 자신감 있고 당당한 모습이었다. 한편 영국에 정착해 안정적인 삶을 살고 있던 러시아인들은 위축되어 있었고 전쟁을 일으킨 조국을 부끄럽게 생각했다. 전쟁에 반대하는 러시아인들의 마음은 평온하지 못했다.

전쟁이 시작되고 얼마 지나지 않아 한국인 테너 김정훈이 주인공을 맡은 푸치니의 오페라 〈라 보엠La bohème〉이 잉글리시 내셔널 오페라 극장에서 공연되었다. 공연 시작 전에 연대의 표시로 우크라이나 국가를 연주하겠다는 안내가 나왔다. 관객은 기립하여 박수를 보냈다. 오케스트라가 들려주는 우크라이나 국가는 장엄했다. 1막이 끝나자 관객들은 샴페인이나 아이스크림을 찾아 자리에서 일어났다. 앞줄에 있는 어느 부부는 일어나면서 러시아어로 심각한 이야기를 주고받았다. 그들은 부유층 러시아인 같지는 않았다. 잘 차려 입었지만 서민적인 느낌을 풍겼다. 부부는 금방 자리로 돌아왔다. 손에는 샴페인도 아이스크림도 없었다. 다시 논쟁이 시작되었다. 여자는 그냥 가자고 했다. 우크라이나 국가로 시작된 공연 분위기가 불편했던 모양이다. 남편은 오래전부터 기다려왔고, 기쁘고 특별한 날이니 끝까지 보자고 했다. 부부의 결혼 기념일이거나 아내의 생일이었을 것이다. 결국 2막이 시작되기 전에 부부는 자리를 떴다. 표정에는 불안감, 불편함, 미안함 등이 복합적으로 뒤섞여 있었다.

'이것은 전쟁이 아니다'라는 생각

영국의 저널리스트 데이비드 굿하트는 그의 책《특정 지역으로 가는 길The Road to Somewhere》(2017)*에서 섬웨어somewhere와 애니웨어anywhere라는 개념을 제시했다. 섬웨어란 특정 지역에 기반을 두고 사는 사람을 지칭한다. 그에 반해 애니웨어는 특정 지역에 얽매이지 않는다. 도시에서 시골로, 시골에서 도시로, 나라에서 나라로 원하는 곳에 가서 살 수 있는 사람을 지칭한다. 오늘날의 세상은 애니웨어의 목소리가 과하게 대표되는 경향이 있다. 섬웨어의 목소리는 애니웨어의 목소리에 자주 묻히곤 한다. 미국의 트럼프 현상과 영국의 브렉시트 현상을 의외로 받아들이는 사람이 많지만 트럼프 지지자와 브렉시터의 목소리가 그 사회 다수의 입장일 수도 있다. 대부분의 사회는 섬웨어들을 기반으로 만들어지기 때문이다. 그러나 우리는 애니웨어의 목소리가 그 사회를 대표한다고 착각할 때가 많다. 세계화가 잘된 미국이나 영국은 물론, 러시아 또한 말할 것도 없다.

---

* 2019년에《엘리트가 버린 사람들》(김경락 옮김, 원더박스)이라는 한국어 번역본으로 국내에 소개되었다.

러시아-우크라이나 전쟁에서 제일 큰 고통을 겪고 있는 사람은 우크라이나 국민이다. 그리고 그에 비할 바는 전혀 못 되지만, 러시아의 애니웨어도 불편을 겪으며 불평을 쏟아내고 있다. 바이올리니스트 안나처럼 공개적으로 전쟁에 반대하는 사람과 달리 자신의 입장을 드러내길 꺼리는 애니웨어 중에는 세계인의 시선을 신경 쓰는 러시아인도 있고, 경제 제재로 인해 생긴 불편에 불만을 터뜨리는 러시아인도 있다. 푸틴의 전쟁에 적극적 또는 소극적으로 반대하는 애니웨어들은 자신의 견해를 언론과 친구에게 전한다. 그들 이야기를 듣다 보면 푸틴이 권력을 유지하기 어려울 것이라고 생각되기도 한다. 곤경에 처한 푸틴이 또다시 오판하는 일이 없도록 퇴로를 열어줘야 하는 것은 아닌지 괜스레 고민하기도 한다.

그러나 러시아는 섬웨어의 나라다. 러시아 섬웨어의 이야기를 들어보지 않은 채 러시아와 푸틴의 미래를 예상해서는 안 된다. 러시아 시골에 살고 있는 연로한 여성을 만나보았다.[*] 그녀는 섬웨어 중의 섬웨어이며, 푸틴은 그녀와 같은 사람 위에 군림한다.

마리아 이바노바는 러시아의 어느 작은 시골 마을에 살고 있는 92세 할머니다. 1930년에 태어났고, 45년간 고등학교에서 수학 선생님으로 일했다. 지금은 텃밭을 가꾸며 집안일을 하고, 틈틈이 문학 작품을 읽는다. 책을 읽을 수 있을 정도로

[*]   2022년 4월 22일~23일 줌 인터뷰. 추후 전화로 소통하며 내용 보강.

눈이 밝고, 기억력이 좋고, 자신의 의사를 정확하게 표현할 수 있다. 마리아는 스탈린부터 푸틴에 이르기까지 여러 지도자를 겪었다. 그중 고르바초프와 흐루쇼프를 좋아하지 않는다. 고르바초프는 소련을 망하게 했기 때문에 그에 대한 존경심이 없으며, 흐루쇼프는 국가의 법과 권위를 무너뜨린 장본인이라고 생각한다. 마리아의 말에 따르면, 우크라이나와 다른 공화국에 러시아 공화국이 소유했던 것들을 넘겨준 사람은 흐루쇼프이며 그 때문에 생긴 문제가 지금까지 이어지고 있다고 한다. 마리아가 가장 존경하는 지도자는 블라디미르 푸틴이다. 대통령으로서 올리가르히가 국민의 재산을 빼앗아가는 것을 막았고, 러시아 국민이 잘살 수 있도록 도와주었다고 생각한다. 마리아는 푸틴의 정책 중 노인의 연금을 꾸준히 올려준 정책을 가장 잘한 일이라고 꼽는다.

마리아는 제2차 세계 대전, 소련과 아프가니스탄 전쟁을 포함해 몇몇 전쟁을 경험했고, 소련 붕괴와 같은 체제 변동도 겪었다. 여러 전쟁과 경제 위기를 거치면서 마리아가 가장 어려웠던 시절로 기억하는 순간은 제2차 세계 대전 때이다. 마리아뿐만 아니라 러시아 국민 모두에게 매우 어려운 시기였을 것이다. "하나님 덕분에 독일에 항복하지 않을 수 있었고 어려움을 극복할 수 있었다. 배고팠고, 추웠고, 옷도 없었다. 그 와중에 아이들이 태어났고, 아이들에게 좋은 세상을 물려주기 위해 열심히 일했다. 살아남기 위해 투쟁했고, 죽도록 어려웠지만 조국을 위해 어떤 불평의 소리도 내지 않았다." 소련이 망했을 때는 외부인들이 생각하는 것처럼 그렇게 힘들지는 않았다고 한다. 연금이 늦게 나왔고, 식료품이 없었고, 빵을 사기 위해 상점 앞에 줄을 섰지만, 그 시간이 견디기 힘들 정도는 아니었다고 회상한다. 소련이 붕괴했을 때도 견딜 만했다는 말에서 마리아가 이번 전쟁을 어려운 상황으로 여길 것 같지 않다고 짐작했다. 마리아는 전쟁이라는 표현 대신에 '특별군사작전'이라는 표현을 썼다. "이건 전쟁이 아니다. 특별군사작전이라고 해야 맞다. 이 작전은 러시아인에게 큰 영향을 주고 있지 않다. 전쟁에 참여하는 군인은 모두 직업 군인이기 때문에 보통 사람에게는 영향이 거의 없다. 징병 군인은 전투에 참여하고 있지 않기 때문에 징병 군인의 부모는 전쟁을 편하게 받아들인다."

전쟁이 아닌 '특별군사작전'이라는 표현에 마리아가 전쟁을 어떻게 생각하는지 드러나 있다. 푸틴의 프로파간다는 마리아 이바노바와 같은 러시아 섬웨어에게 잘 먹히고 있다. 우리는 페이스북과 인스타그램을 포함한 다양한 채널을 통해 세상은 연결되어 있다고 말한다. 푸틴이 글로벌 소셜 미디어를 차단하더라도 VPN과 같은 우회 수단을 활용하면 된다고 생각한다. 그러나 TV와 신문을 장악하기만 해도 섬웨어에게 충분히 영향을 미칠 수 있다. 적어도 러시아에서는 그렇다.

혹시 주변에 다른 생각을 가지고 있는 사람은 없는지 마리아에게 물었다. 처음에 마리아는 대부분 자신과 똑같은 생각을 가지고 있다고 했다. 대부분이라는 표현 말고 퍼센트로 말해 달라고 부탁했더니, 백 퍼센트라고 말했다. 대부분이 백 퍼센트가 된 것은 수학 선생님답지 않은 표현이었다.

전쟁은 주로 서로를 미워하는 국민 간에, 서로 원수인 민족

간에 일어난다. 그렇지 않아도 전쟁이 일어날 수 있긴 하다. 하지만 이번처럼 적대성이 없던 국민끼리 전쟁하는 경우는 역사적으로 많지 않았다. 마리아는 우크라이나인의 고통에 공감하고 있다고 여러 차례 강조했다. "내 전 생애에 걸쳐 우크라이나와 러시아는 서로 미워한 적이 없다. 우리는 우크라이나인과 러시아인을 구분하면서 살아본 적이 없다. 그런 의미에서 이건 민족 간의 전쟁이 아니다. 푸틴의 특별군사작전은 정직한 우크라이나인을 지원하기 위한 것이다. 우크라이나인은 나치와 도둑놈들에게 억압을 받고 있다. 우크라이나 정부에 속고 있는 평화로운 우크라이나 국민을 해방시켜야 한다. 우크라이나 정부는 전쟁을 원하고, 러시아 정부는 평화를 원한다. 러시아와 우크라이나가 싸우는 것은 억장이 무너지는 일이다. 우리 형제인 우크라이나인이 큰 고통에 빠져 있는 것은 슬픈 일이다. 최대한 빨리 특별군사작전이 끝나길 원하며, 우크라이나인은 행복한 삶을 찾아야 한다."

런던에서 만난 우크라이나 난민 올가가 이런 이야기를 해준 적이 있다. 러시아 친척이 우크라이나에 남아 있는 아버지에게 전화했다. "이것은 전쟁이 아니다. 러시아군은 우크라이나 국민을 도우려는 것이다. 저항하지 말아야 한다. 우크라이나 국민은 우크라이나 정치인에게 속고 있다. 프로파간다를 설파하는 우크라이나 방송은 절대 보지 말아라." 올가의 아버지는 이렇게 말했다고 한다. "여기는 러시아군의 폭격으로 송전탑과 방송 기지국이 파괴되었다. 전기도 제대로 들어오지 않는 곳에 우크라이나 방송이 무슨 수로 프로파간다를 전파하냐?

우리 집으로 폭탄이 떨어지고 있는데 뭐가 도대체 프로파간다라는 것이냐?" 아버지의 말을 들은 러시아 친척은 전화를 끊었고 다시는 연락이 오지 않았다고 한다.

한국에도 이번 전쟁에서 러시아 편에 서는 사람들이 있다. 그들은 NATO가 동쪽으로 팽창한 것이 이번 전쟁의 근본 원인이라고 생각한다. 푸틴은 러시아를 보호하기 위한 자위권을 행사한 것이라고 해석하는 사람도 있다. 마리아의 적나라한 생각은 이러했다. "푸틴에 의해 이뤄진 군사 작전은 우크라이나인을 돕는 것임과 동시에 러시아를 방어하기 위한 것이다. 푸틴과 러시아군에게 그 밖의 다른 목적은 없다. 우크라이나 정권을 장악하거나 땅을 빼앗아오겠다는 의도도 없다. 과거에 러시아 땅이었던 것에 대해서 말한다면, 그리고 그 지역 사람이 러시아와의 긴밀한 협력을 원한다면, 그것은 또 다른 이야기다. 푸틴의 개인적인 야욕이 있다고도 생각하지 않는다." 우크라이나 땅을 빼앗을 의도는 없다고 하면서도 그 땅이 돈바스라면 이는 또 다른 이야기라고 한다. 이것이 러시아 섬웨어의 러시아 중심 논리다.

이번 전쟁으로 러시아 환율이 오르고 인플레이션이 발생했지만, 견딜 만한 상황인 듯하다. "농산물과 식료품 가격이 아주 조금 올랐고 일부 공산품 가격도 올랐다. 그러나 물건은 상점에 충분하고 전기세와 수도세 같은 공공요금은 오르지 않았으며, 연금은 꾸준히 잘 나온다"라고 말하는 마리아는 이번 '작전'으로 인해 러시아의 미래는 오히려 밝아졌다고 생각한다. "러시아의 미래는 더 밝아질 것이다. 경제가 크게 성장할 것이다. 왜냐하면 수입품 사용이 줄어들고 국산품을 쓸 것이기 때문이다. 이런 상황이 러시아 산업을 살리고 더 많은 일자리를 만들어낼 것이다. 국산품은 외국에서 수입되어 오는 것보다 품질도 훨씬 좋다. 그래서 러시아의 경제는 더 나아지리라고 생각한다. 푸틴의 미래는 더 말할 것도 없다. 나는 푸틴을 처음부터 지지했고 그 지지에는 변함이 없다."

마리아의 생각은 언뜻 정책 결정권자의 의견과 동떨어져 보이지만, 사실 그렇지 않다. 푸틴 측근 중 한 명인 니콜라이 파트루셰프 안보위원회 서기장은 '특수군사작전'이 아닌 전면전을 주장했고, 다음과 같은 요지의 발언을 하며 기업의 행태를 비판했다. "러시아 기업은 글로벌 시장 메커니즘에 빠져 있다. 지금은 전시 체제로 이행하여, 나라의 경제가 자급자족의 형태로 나아갈 필요가 있다."

마리아는 러시아 올리가르히를 악한 존재로 규정하고, 푸틴은 악한 올리가르히를 제어하는 선한 존재라고 생각한다. 많은 올리가르히가 전쟁으로 어려움을 겪고 있는 사실에 만족하는지, 푸틴 측근이 또 다른 올리가르히가 되었다는 사실을 아는지, 푸틴이 올리가르히들보다 더 많은 재산을 보유하고 있다는 주장을 들어본 적이 있는지 묻고 싶었지만, 굳이 입에 올리지는 않았다.

이 전쟁의 미래와 관련해 분명한 것은 별로 없다. 그러나 한 가지 사실은 확실해 보인다. 푸틴은 쉽게 무너지지 않는다. 마리아의 확신을 접하면서, '러시아 국민의 푸틴 지지율이 80퍼센트가 넘는다'라는 여론도, 푸틴에 대한 지지율이 오르고 있다는 분석도 믿기기 시작했다.

이 가운데 위안거리가 있다. 푸틴이 러시아 섬웨어의 굳건한 지지 위에 있다면, 자신의 자리가 위협받는 선택은 하지 않을 것이다. 따라서 전쟁을 NATO 회원국의 영토로 확대하거나 핵을 비롯한 대량 살상 무기를 사용하지는 않을 듯하다. 푸틴이 '너 죽고 나 죽자'라는 전략을 선택할 이유는 없어 보인다. 안타깝게도 푸틴은 서방의 어느 지도자보다 더 오래 권좌에 머무를 것 같다. 건강이 허락하는 한 말이다.

위안거리는 하나 더 있다. 푸틴은 자체적으로 충분히 승전이라는 명분을 만들 수 있다. 적어도 자국민에게는 그런 명분을 만들어 제시할 수 있다. 푸틴에게 별도의 퇴로를 만들어주지 않아도 전쟁은 푸틴의 일방적인 선언으로 끝날 수 있다. 그러나 이 전쟁으로 많은 것이 새롭게 시작되었기 때문에, 이 전쟁은 끝나도 끝난 것이 아니라는 점이 문제다.

마리아 이바노바는 피곤을 무릅쓰고 자신의 견해를 또렷하게 들려주었다. 러시아 섬웨어의 생각을 생생하게 들을 수 있었다. 전쟁은 애니웨어 간의 논쟁만이 아니라 섬웨어 간의 생각 차이에서도 일어나고 있다. 전쟁은 런던에서 유학 중인 러시아 학생과 파리에서 유학 중인 우크라이나 학생 사이의 논쟁에서 일어나고 있을 뿐 아니라, 러시아 시골 할머니와 우크라이나 시골 할아버지의 인식 차이에서도 일어나고 있다. 그리고 그들 간의 감정 차이에서도 발생하고 있다. 우리는 섬웨어의 감정과 생각을 모른 채 전쟁이나 국제 정치를 논해서도, 미래를 예측해서도 안 된다.

3

야만의 세계를 넘어서

미국
메리 엘리스 사로티
Mary Elise Sarotte

화제작 《Not One Inch》를 쓴 존스 홉킨스 대학 교수

푸틴이 말한 그런 약속은 없었다

푸틴은 아주 일부의 역사적 사실만 인용하여
조지아와 우크라이나를 공격하는 명분과
전쟁을 정당화하는 수단으로 삼았습니다.
우크라이나와 조지아를 두고
NATO가 취한 애매모호한 태도는
푸틴이 선택적으로 가져다가 활용하는 내러티브의
또 다른 소재가 되고 말았지요.

2022년 4월 28일~5월 2일 이메일 인터뷰.
추후 줌으로 소통하며 내용 보강.

1980년대 한국 시골은 가난했지만 평화로웠다. 우리 동네도 그랬다. 이웃끼리 싸우는 일이 거의 없었다. 다만 큰 싸움 하나를 기억한다. 우리가 텃밭에 가지를 가지런히 심었는데 줄이 삐뚤어져서 옆집 텃밭을 조금 침범했다. 옆집 아주머니의 분노는 대단했다. "손톱만큼도 넘어오지 말아라"라는 악에 받친 경고가 있었고, 고성과 눈물이 오갔다. 손톱만큼도! '땅이란 무릇 손톱만큼도 침범해서는 안 되는 것이구나!'라는 생각이 어린아이의 기억 속에 각인되었다.

푸틴은 NATO가 약속을 지키지 않았다고 여러 차례 말했고, 이를 우크라이나 침략을 정당화하는 근거로 삼았다. 전쟁에 앞서 대국민 담화를 발표했을 때도 NATO가 동쪽으로 1인치도 확장하지 않겠다는 약속을 깼으며 그로 인해 러시아 안보가 위협받았다고 주장했다. 그의 표정은 차가웠고, 사용한 단어는 냉혹했다. 담화 내용 중 "니 아드 나버 듀이마Ни одного дюйма"라는 말을 이해하지 못해 사전을 찾아보니, 'Not One Inch'라는 뜻이었다. 푸틴의 냉혹한 말은 가지 밭을 두고 벌어졌던 이웃 간의 싸움을 떠올리게 했다.

NATO가 동쪽으로 1인치도 확장하지 않겠다고 러시아에게 약속했는가? 미국은 그 약속을 어겼는가? 따라서 푸틴에게 우크라이나를 침략할 수 있는 정당성을 제공했는가? 이 질문에 답해줄 사람은 메리 엘리스 사로티 교수다. 왜 메리 교수가 최고의 적임자일까?

메리 교수는 하버드 대학에서 역사를 전공했고 예일 대학에서 역사학 박사 학위를 받았다. 케임브리지 대학과 USC 교수를 거쳐, 현재는 존스 홉킨스 대학 교수로서 국제관계사를 가르치고 있다. 메리 교수는《1989: The Struggle to Create Post-Cold War Europe1989: 탈냉전 유럽 형성을 위한 투쟁》(2009),《The Collapse: The Accidental Opening of the Berlin Wall붕괴: 뜻밖에 열린 베를린 장벽》(2014)을 썼다. 그리고 2021년에 화제의 책《Not One Inch: America, Russia, and the Making of Post-Cold War Stalemate1인치도 안 된다: 미국, 러시아 그리고 탈냉전 이후 교착 상태의 형성》를 썼다.《Not One Inch》는《포린 어페어스》가 선정한 '2021년 최고의 책'이며,《파이낸셜 타임스》가 선정한 '2022년에 읽어야 할 최고의 책'이다.

《Not One Inch》는 미국과 러시아가 NATO 동진과 관련하여 벌인 논쟁을 정리한 책이다.《Not One Inch》본문은 359쪽에서 끝나지만, 이후 361쪽에서 507쪽에 걸쳐 총 146쪽에 증빙 자료와 출처 표시가 망라되어 있다. 메리 교수는《Not One Inch》의 주요 부분을 뒷받침하고 있는 자료를 얻기 위해 2015년부터 2018년까지 3년 동안 싸워 왔다. 마침내 2018년에 클린턴 라이브러리*에 접근할 수 있게 되었다. 그러자 크렘린에서 즉각 반응했다. 크렘린은 클린턴 라이브러리의 자료가 공개되면 현재 활동하고 있

---

* 클린턴 라이브러리는 1993년에서 2001년까지 미국의 42대 대통령을 역임한 빌 클린턴 대통령의 기록물을 보관하고 있는 곳이다.

는 정치인과 관련된 내용이 세상에 나오게 되어, 그의 활동이 위축될 수 있다고 경고했다. 활동하고 있는 정치인이란 푸틴을 의미했다. 크렘린에서 그렇게 빠르게 반대를 표명한 건 놀라운 일이었다. 메리 교수는 크렘린의 반응을 보고 미소를 지었다. 공개를 반대한다는 것은 중요한 정보가 그곳에 많다는 의미이기 때문이다. 클린턴 라이브러리 덕분에 메리 교수는 서로 다른 주장과 기억이 존재하는 민감한 사안에 대하여 수준 높은 입증 자료를 가질 수 있게 되었다.

오늘날의 국제 정치에 관해 해설한 책들 중 《Not One Inch》보다 더 시의적절한 책은 없다. 이 책의 저자이자 세상에서 가장 인기 있는 학자인 메리 교수를 섭외하여 인터뷰하는 것은 불가능에 가까웠지만, 결국 인터뷰는 성사되었다.

제일 먼저, 미국과 소련 사이에 NATO가 1인치도 동쪽으로 확장하지 않겠다는 약속이 실제로 존재했는지 궁금합니다.

1990년 2월에 미국 국무장관 제임스 베이커와 고르바초프 소련 서기장이 독일 통일에 대해 논의했습니다. 당시 제임스 베이커는 소련이 독일 통일에 동의하고 동독에서 물러나면, NATO는 동쪽으로 1인치도 확장하지 않겠다는 것에 동의할 수 있을 것이라고 말했어요. 그에 대해 고르바초프는 좋은 생각이며 나중에 더 논의해보자고 반응했습니다. 푸틴이 말한

이 '약속'은 합의문으로 만들어져 서명되지 않았고, 어느 한쪽의 공식 문서로도 남지 않았으며, 심지어 구두상으로도 합의된 것이 아니었습니다.

제임스 베이커는 미국으로 돌아와 대통령이자 친구였던 조지 부시(아버지 부시)에게 상황을 설명했습니다. 부시는 즉각 반대했어요. 부시는 소련과의 전쟁에서 승리한 NATO가 승자의 권리를 자발적으로 포기할 이유가 없다고 생각했지요. NATO가 1인치도 동진하지 않는다면, 통일 독일의 절반은 NATO이고 절반은 NATO가 아닌 것이 되어 그 자체로 말이 되지 않습니다. 부시는 유럽의 안정을 위해 필요할 경우 NATO는 독일을 넘어서 확장할 수 있어야 한다고 생각했습니다. 더군다나 소련에서 요청하지도 않은 것을 미국이 먼저 약속할 이유가 없었지요.

당황한 베이커는 다시 유럽으로 가서 자기가 한 말을 모두 주워 담았습니다. "미안하다", "내가 한 말은 모두 잊어 달라", "내가 한 말을 취소한다" 등등.

2014년에 고르바초프는 1990년을 회상하면서, 서유럽 국가나 동유럽 국가 중 어느 나라도 NATO 확장에 대한 논의를 제안한 적이 없다고 하며 부인했습니다. 그러나 증언에 따르면 논의는 있었습니다. 고르바초프는 자신의 역사적 이미지가 훼손될 것을 우려하여 NATO 확장 논의 자체를 부인하고 있어요.

독일 통일에 대한 합의가 미국, 소련, 영국, 프랑스, 서독과 동독 사이에서 이뤄졌을 때, NATO가 독일을 넘어 동쪽으로 확장하는 것에 대한 합의는 없었습니다. 당연히 1인치에 대한 이야기도 공식 문서에 남아 있지 않아요. 대신에 서독이 소련에게 지불할 금전적인 대가에 관한 것은 상세하게 다뤘지요. 미국 국방부 장관은 통일의 가장 큰 수혜자인 서독이 소련에게 뇌물을 지불하여 독일 통일을 이루어내야 한다고 말했습니다. 서독은 소련에게 돈을 지불하고 통일을 이루어냈지요. 결과적으로 NATO가 독일 내부에서 동진하는 데에 소련이 동의한 형태가 되었습니다.

'약속이란 무엇인가'를 정의하는 것은 어려운 일입니다. 이 문제는 역사적인 것이기도 하지만 사실 그보다는 심리적인 것에 가깝습니다. 'NATO는 동쪽으로 1인치도 확장하지 않겠다고 미국이 소련에게 약속했는가?'라고 묻는다면, 그런 약속은 없었습니다. 말은 나왔지만 유야무야되었습니다.

메리 교수의 말대로라면 약속은 없었군요. 푸틴은 '깨어진 약속'이라는 서사를 국내외에서 정치적으로 활용하고 있으며, 이 서사는 어느 정도 통하고 있습니다. 특히 러시아 국내에서는요. 이 점에 대해서는 어떻게 생각하나요?

'Not One Inch'에 관한 내러티브는, 미국과 러시아의 관계에 따라 각기 다르게 해석되고 사용되어 왔습니다. 때로는 조작되고, 지금은 전쟁을 정당화하는 도구로 사용되고 있지요. 이런 조작된 내러티브는 'Not One Inch'의 경우에서만 볼 수 있는 것이 아닙니다.

러시아 외무부 장관이 미국과 러시아가 협상했던 합의문 초안이 있었다면서 기자들에게 그 문서를 나눠준 적이 있습니다. 문서는 마치 서명만 남겨둔 상태의 합의문 형식을 띠고 있었지요. 그러나 그 문서의 내용들은 한 번도 논의된 적이 없었습니다. 문서에는 NATO가 1997년 5월 27일 이전의 NATO 지역보다 동쪽으로 확장할 경우에 러시아가 거부할 권리를 가진다고 쓰여 있었어요. 그러나 그런 내용은 협상 테이블에 올라온 적도, 서명된 적도 없습니다. 다만 옐친이 자국에서 러시아는 비토권을 가지고 있다고 발언한 적이 있지요. 이는 국내 정치용 카드였습니다. 미국과 유럽의 여러 나라가 항의하자 러시아 당국자는 "우리도 옐친을 통제할 수 없고, 술을 많이 먹었고⋯⋯" 등의 변명을 늘어놓았어요. 푸틴은 '1990년의 1인치 문제', '1997년의 비토권 문제'를 자신을 정당화하기 위한 내러티브로 활용하고 있습니다. 누군가가 특정 맥락하에서 말한 부분을 잘라내서 활용하고 있어요. 이러한 내러티브가 우크라이나 비무장화의 명분으로 활용되고 있는 점이 안타깝습니다.

고르바초프와 옐친은 러시아의 NATO 가입을 추진하거나 고려한 적이 있다고 합니다. 이 이야기는 얼마나 사실에 가까운가요?

고르바초프는 부시의 즉각적인 거부 이후에 NATO가 동쪽으로 확장하지 않을 것이란 약속을 받을 수 없다는 것을 이해했습니다. 그래서 고르바초프는 NATO를 해체하고 소련을 포함한 새로운 군사 조직을 만들자고 제안했지만, 미국은 단숨에 거절했지요. 소련이 NATO에 들어갈 수 있는지를 타진했지만 미국은 그건 판타지라고 했고요. 1990년 봄에 고르바초프는 제2차 세계 대전 동맹국이었던 미국과 소련이 다시 동맹국이 되는 것이 가능하다고 말했지만, 미국은 연거푸 거절했어요.

소련이 붕괴하자 옐친이 부상했습니다. 옐친은 중국을 견제하려면 러시아가 NATO 회원국이 되어야 한다는 논리를 내세웠습니다. NATO는 옐친 말에 동의하지 않았지만, NATO 회원국과 동유럽 및 구소련 국가 간의 신뢰를 증진시킬 목적으로 '평화를 위한 파트너십PfP, Partnership for Peace'이라는 프로그램을 만들고 상황을 지켜보았어요. 그러나 러시아는 체첸 전쟁을 일으켰고, 러시아가 정상 국가로 가는 과정은 실패로 보였습니다. 미국은 러시아가 NATO에 가입할 수 없다고 판단했고 영국과 프랑스를 비롯한 다른 국가들의 판단도 마찬가지였지요. 옐친은 NATO 가입을 강하게 희망했지만 그것은 더 이상 실현 불가능했어요.

푸틴도 정권 초기에 NATO 가입에 관해 발언한 적이 있다. 1999년부터 2004년까지 NATO 사무총장을 지낸 영국의 조지 로버트슨에게 푸틴은 "언제 우리를 NATO로 초대할 것이냐?"라고 물었다. 로버트슨은 "글쎄. 우리는 누구를 NATO로 초대하지는 않는다. 가입 희망자가 신청서를 쓰는 것이다"라고 답했다. 푸틴은 "중요하지도 않은 여러 나라가 그러는 것처럼 우리는 줄을 서지는 않을 것이다"라고 답했다. 푸틴이 말한 중요하지 않은 나라는 2004년에 NATO에 가입한 에스토니아, 라트비아, 리투아니아, 불가리아, 루마니아, 슬로바키아, 슬로베니아일 것이다.

NATO는 점진적으로 동진하여 현재 러시아와 NATO 사이에는 벨라루스와 우크라이나만 남아 있는 상태입니다. 이런 상황에서 푸틴은 안보 위협을 느낀다고 말해요. 1인치와 비토권에 관한 내러티브가 푸틴의 왜곡이라는 것을 인정한다고 해도, 러시아 입장에서는 NATO의 동진을 위협으로 생각할 수 있는 것은 아닐까요?

'Not One Inch'는 처음에는 미국의 소극적인 태도를 보여주는 말이었습니다. 미국의 승리가 보다 명확해지고, 소련 그리고 러시아가 점점 더 큰 어려움을 겪게 되면서 미국도 점차 더 큰 승리를 원하게 되었지요. NATO의 동진은 완결된 역사적 사건이 아니라 지금도 진행되는 과정입니다. 내 생각에 NATO 동진은 일회성 이벤트여야만 했습니다. 영국의 입장이 그러했어요. NATO 동진은 동유럽 국가 중 NATO에게 도움이 될 몇몇 나라를 선별하여 그들을 한꺼번에 받아들이고 문을 닫아야 하는 것이라고 생각했어요. 그렇지 않으면 러시아를 지속적으로 자극하게 될 것이라고 우려했습니다. 하지만 미국의 생각은 달랐습니다. 미국은 NATO 가입은 누구에게나 열려 있는 '과정'이어야 하며, NATO에는 1인치의 한계도 있어서는 안 된다고 생각했지요. 그렇게 런던과 워싱턴의 생각에는 차이가 있었고, 결국 워싱턴이 이겼지요.

나의 주장에는 오해의 여지가 있을 수 있습니다. 나는 NATO

동진을 잘못된 것이라고 말하는 것이 아닙니다. NATO 동진은 필요했고, 합리적이었어요. 폴란드와 체코 같은 나라가 러시아와의 관계를 끊고 민주화되면서 유럽의 강력한 동반자가 되었고, 지금은 유럽 평화의 큰 축을 담당하고 있습니다. 문제는 독일 통일 후에 NATO가 다섯 차례나 확장되었고, NATO 가입의 문이 공격적으로 열려 있다는 점입니다. 나는 푸틴 체제에 조금도 공감하지 못하며, 러시아 군사 행위 어느 것에도 동의하지 않아요. 하지만 푸틴의 판단이라고 해서 다 비합리적인 것은 아닙니다. 러시아가 유럽의 강대국이라는 사실을 어느 정도는 인정할 필요성이 있습니다.

역사가인 당신은 역사적 이벤트는 대부분 하나의 원인에 의해 발생하지 않으며, 여러 원인이 복합적으로 작용하여 발생한다고 이야기했어요. 이번 전쟁이 일어난 것은 우크라이나에 대한 러시아의 판단 착오 때문일 수도 있고, 러시아 군사력에 대한 과신 때문일 수도 있고, 푸틴 머릿속 문제 때문일 수도 있습니다. 그렇다면 NATO 동진 때문일 수도 있을까요?

2008년 4월에 루마니아 부하레스트에서 NATO 정상 회담이 열렸고, 그때 미국과 유럽 사이에 의견 차가 있었습니다. 독일을 포함한 유럽 국가들은 우크라이나와 조지아의 NATO 가입은 러시아를 자극하여 유럽 안보에 도움이 되지 않는다고 주장했어요. 그러나 조지 부시(아들 부시)는 우크라이나와 조지아를 허용하지 않을 이유가 없다고 생각했습니다. 대단히 명

NATO 가입국(2022년 7월 현재 30개국)

아이슬란드
노르웨이
에스토니아
라트비아
덴마크
리투아니아
폴란드
영국 네덜란드
벨기에 독일 체코
룩셈부르크 슬로바키아
슬로베니아 헝가리
프랑스 루마니아
크로아티아 불가리아
이탈리아 북마케도니아
포르투갈 스페인 그리스
몬테네그로 튀르키예
알바니아

가입연도

1949년	미국, 캐나다, 영국, 프랑스, 이탈리아, 벨기에, 룩셈부르크, 네덜란드, 포르투갈, 아이슬란드, 덴마크, 노르웨이
1952년	튀르키예, 그리스
1955년	서독
1982년	스페인
1990년	동독(독일이 통일되면서 가입하게 됨)
1999년	폴란드, 헝가리, 체코
2004년	루마니아, 불가리아, 에스토니아, 라트비아, 리투아니아, 슬로베니아, 슬로바키아
2009년	알바니아, 크로아티아
2017년	몬테네그로
2020년	북마케도니아

확한 의견 차이였는데, 결국 유럽과 미국은 절충안을 생각해 냈어요. 우크라이나와 조지아가 언젠가 NATO에 가입할 수 있는 여지를 남기면서도 실제로는 가입하게 할 수 있는 실질적인 절차는 하나도 밟지 않은 거예요. 이는 생각해낼 수 있는 절충안들 중 최악의 안이었죠.

그렇게 우크라이나와 조지아에 혼동과 헛된 기대를 남겼고, 러시아는 불안감을 느꼈습니다. 이후 러시아는 2008년 8월에 조지아를 공격했고, 2014년 2월에 우크라이나를 공격했으며, 2022년 2월에 다시 우크라이나를 공격했습니다. 그렇다고 전쟁 책임이 NATO에게 있다는 말은 아닙니다. 푸틴은 아주 일부의 역사적 사실만 인용하여 조지아와 우크라이나를 공격하는 명분과 전쟁을 정당화하는 수단으로 삼았습니다. 우크라이나와 조지아를 두고 NATO가 취한 애매모호한 태도는 푸틴이 선택적으로 가져다가 활용하는 내러티브의 또 다른 소재가 되고 말았지요. 즉 미국과 유럽이 우크라이나를 이용할 뿐이라고 말할 유인을 제공한 것입니다.

당신은 처음에 책 제목으로 'Not One Inch: America, Russia, Germany and the Making of Post-Cold War Stalemate'를 원했지만, 예일 대학 출판사 측에서 Germany(독일)라는 단어를 빼기를 원했습니다. 저명한 학자도 책 제목을 자기 마음대로 정할 수 없다니 놀라워요. 이 제목에서 알 수 있듯이, 연구 주제는 NATO에 대한 미국, 러시아, 독일의 입장이었지요. 그런데 세상의 관심을 끌고 있는 'Not One Inch'라는 세 단어에는 우크라이나의 입장이 없습니다. 물론 이것은 당신의 잘못이 아니고, 당신 연구 주제가 그러했을 뿐이죠.

1991년에 우크라이나는 84퍼센트의 투표율과 90퍼센트의 찬성률로 독립을 결정했습니다. 우크라이나 서부와 키이우의 찬성률은 95퍼센트를 넘었지요. 도네츠크, 루한스크에서도 찬성률은 80퍼센트를 넘었고, 크름 반도의 독립 찬성률도 54퍼센트를 넘었습니다. 당시 모스크바 주재 미국 대사인 로버트 스트라우스는 "1991년 러시아에게 가장 혁명적인 사건은 공산주의 붕괴가 아니라 러시아 정체성의 일부, 그것도 심장에 가까워 매우 중요한 일부인 우크라이나를 잃은 것이다"라고 본국에 보고했습니다.

독립 이후 우크라이나의 의사는 명확했고 시간이 지나면서 더더욱 명확해졌습니다. 우크라이나는 유럽에 가까워지려고 했어요. 우크라이나가 러시아로부터 독립한 지 30년이 지났고, 한 세대가 흘렀습니다. "우크라이나는 한 번도 별도의 민족인 적이 없다"라는 자신만의 '러시아 민족론'을 주장하는 푸틴은 지금이라도 우크라이나의 유럽행을 막아야 한다고 생각했습니다. 이를 1991년에 잃어버린 러시아 정체성의 중요한 부분을 다시 찾아오는 과정이라고 생각했을 겁니다. 푸틴은 냉전 이후에 국제 안보 질서 속에서 자리를 잡지 못한 우크라이나를 러시아가 무력으로 굴복시킨다면, 우크라이나에게 다른 선택의 여지가 없을 것이라고 생각했어요.

우크라이나와 우크라이나 국민이 보여준 의지와 능력은 러시아뿐 아니라 우리 모두를 놀라게 하고 있습니다. 앞으로 세계는 우크라이나의 목소리에 귀를 기울일까요?

우크라이나 국민은 유럽 정치 지형에서 이미 중요한 역할을 하고 있습니다. 그들은 러시아 침략에 대항하는 최전선에서 싸우고 있어요. 이것이 얼마나 어려운 일인지 우리 모두 알고 있습니다. 침략에 저항하는 우크라이나인에게 내가 표현할 수 있는 가장 큰 경의를 보냅니다.

《Not One Inch》를 읽은 독자가 '우크라이나 전쟁은 피할 수 없는 것이었군!'이라고 생각하며 마지막 장을 덮는다면, 그것은 오독한 것일 테지요. 메리 교수의 생각은 어떠한가요?

나는 이번 전쟁을 피할 수 없었던 전쟁이라고 생각하지 않습니다. 거의 블라디미르 푸틴이라는 한 사람의 결정만으로 전쟁 개시가 최종적으로 확정된 것으로 보여요. 언제나 역사적 사건이 한 사람에 의해 좌우되고, 한 사람의 결정에 의해 좌우된다면, 그것은 항상 다른 식으로 흘러가고, 다른 식으로 결정될 가능성이 있었다는 의미가 됩니다. 마지막까지도 말이에요. 그런 의미에서 피할 수 있었던 침략 전쟁이 결국 벌어지게 된 것은 매우 큰 비극입니다.

시간과 지면의 한계로 이야기를 여기서 줄여야 하는 것이 아쉽습니다. 한국에 《Not One Inch》가 번역되어 출간될 때 다시 한 번 인터뷰할 수 있기를 기대합니다.

여성이 국제 관계를 다루면, 국가 간의 관계는 부드러워지고 전쟁도 덜 일어날 것이라고 생각하는 사람들이 있습니다. 이제는 그들의 말을 우스갯소리로 들을 수 없어요. 이 전쟁에서 푸틴이라는 인물의 개인 성향이 아주 중요한 역할을 했기 때문입니다. 여성 리더십은 향후 국제 정치에서 어떤 의미를 가질까요?

미국의 외교관이며 역사학자였던 조지 케넌은 여성은 국제 관계 이슈에 대해 이야기해서는 안 된다고 발언한 적이 있습니다. 왜냐하면, 너무 진지하게 말하기 때문이라고 했지요. 당연히 나는 케넌의 생각에 동의하지 않습니다. 미국에는 울브라이트를 비롯한 뛰어난 여성 국무부 장관들이 있었고, 유럽의 리더와 외무부 장관 중에도 걸출한 여성들이 있었습니다. 앞으로 국제 정치에서 여성 리더의 역할은 더욱 커질 것이고 이는 국제 정치에서 큰 함의를 가질 거예요.

인치inch란 영미권에서 널리 사용되는 단위다. 1인치는 2.54센티미터이지만, 규격화되기 전에는 엄지손가락 끝에서 첫 번째 관절까지의 길이를 뜻했다. 엄지손가락 첫 관절을 구부려보면 그중 절반을 손톱이 차지하고 있다. 1인치는 손톱 두 개 길이라는 의미다. 그렇다면 어린 시절의 옆집 아주머니는 미국, 유럽, 러시아보다 엄격히 자기 땅을 지킨 것일까? 그렇지는 않다. 조그마한 텃밭에서의 손톱만 한 땅보다 유럽 대륙에서의 1인치가 훨씬 강력한 메시지를 담고 있다. 전쟁이 시작되고 나서 석 달 뒤 폴란드 대통령이 우크라이나 의회에서 연설했다. 그는 "우크라이나는 러시아에 1센티미터의 영토도 양보해서는 안 된다"라고 말했다. 이제 우크라이나와 폴란드에는 1센티미터 내러티브가 생길지도 모른다.

인류 역사에서 전쟁 대부분은 영토를 놓고 벌이는 싸움이었다. 메타버스 시대를 살고 있는 우리에게 땅이 주는 의미는 예전과 다를 수 있다. 영토를 놓고 벌이는 전쟁이 예전처럼 빈번하게 발생하지 않을 수도 있지만, 전쟁이 발생하면 영토가 가지는 의미는 예전과 똑같아진다.

가지를 심었던 1980년대 시골 땅은 지금 어떤 상태일까? 그곳은 잡초가 무성한 땅이 되었고 지금은 아무도 관심을 두지 않는다. 싸움의 당사자는 40년이 지난 지금도 당시에 대한 앙금을 품고 있다. 손톱만큼의 땅보다 더 중요한 것은 평화로운 문제 해결이다.

튀르키예·카자흐스탄
아나르 소문쿨루
Anar Somuncuoğlu

국제정치 전문가이자 한국에 대해 잘 아는 하제테페 대학 교수

문제는 매력적이지 못하다는 것이다

러시아의 진짜 문제는 미국이 아닙니다.
진짜 문제는 러시아가 우크라이나를
자기편으로 끌어들일 만한
경제적·문화적 매력을 만들지 못했고,
앞으로도 만들 능력이 없다는 것입니다.
우크라이나 사람의 눈에 러시아는
미국이나 서구의 대안으로 보이지 않습니다.

2022년 5월 20일~6월 11일 이메일 인터뷰.
추후 줌으로 소통하며 내용 보강.

러시아 전쟁사를 이야기할 때 튀르키예를 빼놓고는 이야기할 수 없다. 이번 러시아와 우크라이나 전쟁을 이야기할 때도 튀르키예를 빼놓고는 이야기할 수 없다. 이 전쟁은 2014년에 러시아가 크름 반도를 강제 병합하면서 시작되었고 우크라이나인이 러시아에게서 등을 돌리는 결정적 계기가 되었다. 러시아는 크름 반도의 땅을 차지했고 우크라이나인의 마음을 잃었다. 러시아에게 흑해에 면한 크름 반도가 중요한 이유는 크름 반도가 바다로 나아가는 출발점이기 때문이다. 그런데 흑해는 튀르키예에 속해 있는 다르다넬스Dardanelles 해협과 보스포루스Bosporus 해협* 없이는 내해에 불과하다. 소련의 스탈린은 두 해협을 확보하기 위해 무엇이든 할 각오가 되어 있었고, 위협을 느낀 튀르키예는 NATO에 가입하길 원했다. NATO는 튀르키예의 가입을 거부했고 튀르키예는 믿을 수 있는 동맹국임을 보여주기 위해 한국 전쟁에 참전했으며, 결과적으로 한국인에게 형제국이라는 이미지를 심어주었다. 이번 전쟁에서 러시아는 우크라이나의 흑해 연안을 모두 차지하려는 야심을 드러냈다. 튀르키예는 이 전쟁을 다른 나라의 전쟁으로 볼 수 없으며 속내 또한 간단하지 않다.

튀르키예의 국제정치학 학자 아나르 소문쿨루를 만나 튀르키예는 러시아-우크라이나 전쟁을 어떻게 바라보고 있는지 들어보았다. 아나르는 튀르키예의 앙카라에서 박

---

* 지중해에서 흑해로 들어가는 앞자락에 다르다넬스, 끝자락에 보스포루스 해협이 있다. 해협의 동쪽을 아시아, 서쪽을 유럽이라 여긴다.

사 학위를 취득한 후에 한국외국어대학교에서 박사후 과정을 보냈다. 아나르는 한국어 발음에 매력을 느끼며 한국과 관련한 모든 것을 좋아한다고 밝혔다. 시간 날 때마다 한국어를 배우고 한국어로 된 콘텐츠를 즐긴다. 한국인의 생각과 감정을 잘 아는 아나르는 우크라이나, 미국, 러시아, 튀르키예와 카자흐스탄의 관계를 한국인이 쉽게 이해할 수 있게 설명했다.

자기소개를 부탁합니다.

나는 아나르라고 합니다. 튀르키예의 수도 앙카라에 있는 하제테페 대학 교수로, 러시아, 캅카스*, 중앙아시아의 국제 관계를 가르치고 있습니다. 1975년에 소련의 일부였던 카자흐스탄에서 태어났고, 소련이 해체된 직후인 1992년에 튀르키예로 와서 공부했습니다. 현재는 튀르키예 국적을 가지고 있고, 튀르키예인 남편과 두 아이와 함께 살고 있어요. 소문쿨루라는 튀르키예 성은 남편 성을 따른 것입니다.

처음 전쟁 소식을 들었을 때 아나르 교수는 어떤 생각이 들었나요?

내가 태어난 카자흐스탄 북부는 러시아와 매우 가까운 곳입니다. 내 제1언어는 러시아어였고, 카자흐스탄을 떠날 때까지 카

---

* 캅카스는 흑해와 카스피해 사이에 위치한 산악 지역이다. 조지아, 아제르바이잔, 아르메니아가 이곳에 있으며, 북쪽으로 러시아, 서남쪽으로 튀르키예, 남쪽으로 이란이 위치해 있다.

자흐어는 잘 몰랐어요. 튀르키예에 와서 튀르키예어를 배웠고, 튀르키예어와 유사성이 있는 카자흐어를 나중에 배웠지요. 카자흐스탄에서는 러시아어를 사용하는 환경에서 살며 러시아어를 쓰는 학교에 다녔고, 철저하게 소련의 아이로 자랐습니다. 러시아화된 지역에서 사는 것이 어떤 것인지 아는 사람으로서, 그리고 내 고향이 우크라이나 동부와 유사하다는 사실을 알고 있는 연구원으로서 이 전쟁에 대해 깊고도 복잡한 감정을 느끼고 있습니다. 소련에서 태어나고 자랐다는 것은 우크라이나를 어떤 외국이 아니라 조국의 일부로 인식한다는 의미입니다. 나는 전쟁 발발 후 우크라이나 전체가 붕괴될 가능성에 경악했습니다. 러시아 연구자로서 우크라이나 국경에 집결한 러시아군의 숫자가 우크라이나군을 쉽게 패배시킬 정도는 아니었다는 것을 알고 있었어요. 그럼에도 러시아가 크름 반도를 병합했던 2014년 상황이 우크라이나 전역으로 번지는 것은 아닌지 두려웠지요.

크름 반도 병합 당시의 상황이란 무엇을 의미하나요?
당시 우크라이나 군인과 경찰 중에는 러시아 요원들이 많았고, 우크라이나는 이에 대한 대비가 하나도 되어 있지 않았죠. 그래서 우크라이나는 러시아가 크름 반도를 병합했을 때 거의 힘을 쓸 수가 없었어요. 그런 상황이 이번 전쟁에서 우크라이나 전역에 일어난다면, 러시아군 숫자가 우크라이나군을 제압하기에 충분하지 않더라도 우크라이나 전역이 혼란에 빠질 수 있겠다고 걱정했지요. 그러나 이번 전쟁에서 준비가 되어 있지 않은 쪽은 오히려 러시아군이었습니다.

러시아 외교 정책을 연구하는 학자로서 전쟁이 벌어지리라 예상했나요?

솔직히 말하면, 러시아가 우크라이나 주변에 군대를 집결하고 우크라이나를 위협할 거라고만 생각했지 전쟁이 실제로 발발할 줄은 몰랐습니다. 전쟁을 예상하지 못한 이유로 세 가지를 들 수 있어요. 물론 핑계이지만요. 첫째, 군사 전문가들은 러시아군의 숫자가 본격적인 침공을 하기에 충분하지 않다고 밝혔습니다. 둘째, 러시아 정부는 자국 내에서 프로파간다를 충분히 진행하지 않았습니다. 프로파간다가 없었다고 할 수는 없지만, 그것은 매우 일상적인 수준에 머물러 있었고 특별한 이상 징후는 없었습니다. 셋째, 소련에서 살아본 경험이 러시아가 우크라이나를 상대로 전면전을 일으킬 거라는 생각을 하지 못하게 만들었습니다. 소련 시대를 살았던 사람 중에 러시아인이 우크라이나인의 삶을 산산조각 낼 것이라고 생각한 사람은 많지 않을 거예요.

분석가들은 러시아가 언젠가는 우크라이나를 자신의 통제 하에 두기 위해 노력할 것이라고 예상했지만, 그럼에도 불구하고 나는 여전히 감정적으로는 이번 전쟁을 받아들일 수가 없습니다. 소련의 모든 어린이가 부르던 노래가 있어요. 그 노래는 '6월 22일 4시 정각에 그들은 키이우를 폭격했고, 우리는 전쟁이 시작되었다는 것을 알게 되었네'라는 가사로 시작합니다. 우크라이나를 침략한 첫날, 러시아는 키이우를 폭격했습니다. 이러한 모습은 소련을 살아본 모든 사람에게 큰 반향을 불러일으켰을 것입니다. 나치 독일이 키이우를 공격한 일과 러시아가 키이우를 공격한 일의 유사성이 즉각 떠오르기 때문입니다. 앞의 질문으로 다시 돌아간다면, 나는 이 전쟁이 시작되었을 때 하늘이 땅으로 무너져 내리는 것과 같은 비현실성을 느꼈습니다. 하늘은 나의 어린 시절 위로 무너져 내렸습니다.

러시아가 전쟁 전에 충분한 프로파간다를 하지 않았기에 이번 전쟁을 예상하지 못했다는 말이 인상적입니다. 많은 사람을 인터뷰하는 과정에서 느꼈는데, 전쟁 초기에 러시아인 대부분은 우크라이나인에게 동정적이었지만 지금은 적대적인 모습을 보입니다. 전쟁이 진행되면서 러시아 정부가 국민을 상대로 프로파간다를 진행했기 때문이에요. 전쟁 전에 특별한 프로파간다가 없었다는 것은 러시아도 전쟁 개시에 대한 확신이 없었다는 의미로 받아들일 수 있을까요?

그것은 속단하기 어려워요. 현상이 그랬다는 것입니다. 그러한 현상 속에서 전쟁 징후를 발견할 수 없었다는 것이지, 그것을 러시아에게 전쟁 의도가 없었다는 의미로 해석할 수는 없을 것 같습니다.

튀르키예인은 이 전쟁에 대해 어떠한 입장을 보이고 있나요?

튀르키예의 여론에 대해 묻는다면, 아직 믿을 수 있을 만한 대규모 여론 조사는 접하지 못했습니다. 학계에서는 양쪽 모두를 똑같이 비난하는 사람들이 한 부류를 이루고 있고, 러시아보다는 서방과 우크라이나를 비난하는 사람들이 다른 한 부류를 이루고 있다는 정도로만 말할 수 있어요. 물론 이 현상이 튀르키예인은 러시아를 진심으로 지지하고 있다거나 우크라이나에 반발하고 있다는 것을 의미하지는 않습니다. 질문이 전쟁 자체에 관한 것인지, 국제 관계 전반에 관한 것인지에 따라 대답은 달라질 수 있어요. 같은 질문에 대한 답이라고 하더라도 그 답 뒤에는 아주 다양한 감정이 있고요. 그러나 그 감정은 러시아나 우크라이나와는 관련이 없는 것일 때도 많아요.

그렇다면 이번 전쟁에 대한 튀르키예인의 감정은, 러시아와 우크라이나에 대한 감정보다는 서구에 대한 감정과 관련이 있다는 얘기인가요?

그렇습니다. 이번 전쟁에 대한 튀르키예인의 감정은 미국과 튀르키예의 관계, 튀르키예와 중동에 대한 미국의 대외 정책과 관련이 있어요. 한국인은 미국을 깊이 미워하는 튀르키예인을 이해하기 어려울 수도 있습니다. 냉전 기간 동안 튀르키예는 한국처럼 미국의 주요 동맹국이었고, NATO의 전진 기지였습니다. 그러나 이 지역의 초강대국이었던 오스만 제국의 후계자인 튀르키예는 미국이 그려놓은 선 안에만 머물러 있을 수는 없었어요. 독립적인 이해 관계가 있었고, 그것은 지금도 마찬가지입니다. 하지만 미국의 대중동 정책은 항상 강압적이었고 튀르키예를 자극했습니다. 러시아의 이해가 구소련 지역에 집중되어 있었던 데 반해 미국의 이해는 중동 일대에 광범위하게 걸쳤기 때문에 튀르키예는 러시아보다 미국과 자주 의견 차이를 보일 수밖에 없었습니다. 미국이 러시아보다 더 큰 위협으로 느껴지게 된 것이지요.

> 튀르키예와 미국 사이에서 구체적으로 어떤 충돌이 일어났나요? 충돌의 핵심은 무엇이었는지 궁금합니다.

튀르키예와 미국 사이에는 S-400 위기라는 것이 존재합니다. 이 위기는 튀르키예가 러시아 방공 시스템을 구매하려고 하자 미국이 반대한 일에서 비롯되었습니다. S-400은 문제의 표면에 불과합니다. 튀르키예가 러시아 무기를 구매하는 것은 이 지역에서 미국의 절대적 우위를 견제하기 위한 시도일 뿐, 무기 그 자체는 없어도 그만이에요. 문제는 PKK^{Partiya Karkerên Kurdistan}(쿠르드 노동자당)*로부터 튀르키예가 공격받고 있다는 점이지요. PKK는 튀르키예뿐만 아니라 미국을 비롯한 모든 동맹국이 테러 조직으로 지목한 단체입니다. 쿠르드족을 튀르키예로부터 분리해 독립시키려는 목표를 가지고 있는 마르크스-레닌주의 테러 조직이지요. PKK의 테러로 4만 명 이상이 사망했습니다. 튀르키예가 수년간 이러한 활동을 진압하지 못한 이유는 PKK가 인근 이라크와 시리아에 기지를 두고 있기 때문입니다. 그리고 시리아에는 PKK의 지부라고 부를 수 있는 PYD^{Partiya Yekîtiya Demokrat}(쿠르드 민주동맹당)**가 있습니다.

---

* 튀르키예 동남부와 이라크 북부를 거점으로 활동하는 무장 단체.
** 시리아를 거점으로 활동하는 좌파 정당.

PYD는 시리아 정부의 통제력이 약해지자 북부 시리아에 자리를 잡았지요. 미국은 PYD가 IS[Islamic State](이슬람국가)와 싸우고 있다는 핑계로 PYD를 정치적·군사적으로 지원하고 있습니다. 미국은 PYD와 PKK가 서로 연관되어 있다는 것을 알고 있으면서도 어떤 식으로든 PYD를 계속 지원해온 거예요. 이것이 미국과 튀르키예 사이의 갈등의 핵심입니다. 그리고 튀르키예 사람 다수가 미국의 저의를 의심하는 이유이며, 심지어 미국을 적으로 생각하는 사람이 있는 이유입니다.

튀르키예 사람은 미국이 이라크와 시리아를 효과적으로 분열시킨 후에 튀르키예를 분열시킬 것이라고 믿고 있어요. 미국이 쿠르드 민족주의를 상황에 따라 이용하고 있고, 그러한 미국의 태도가 튀르키예의 단일성을 해치고 있다고 보는 것입니다. 중동에서 미국이 취한 행동들을 본 튀르키예 사람은 미국이 다른 곳에서도 똑같이 행동할 거라고 생각해요.

아나르 교수의 이야기를 들으니 튀르키예가 미국에 반발하며 러시아를 지지할 것 같다는 생각이 듭니다.

물론 그렇게 단순하지는 않습니다. 많은 사람이 이번 전쟁의 본질에 경악했고, 어쨌든 튀르키예는 여전히 서구 문화의 영향을 많이 받은 나라이기 때문에 우크라이나를 지지하는 사람도 많습니다. 게다가 과거 오스만 제국은 수세기 동안 러시아 제국과 전쟁을 벌였고 광대한 영토를 잃었지요. 이러한 역사로 인해 일부 튀르키예 사람은 여전히 러시아를 오스만 제국을 분열시킨 제국주의 열강 중 하나로 간주해요. 러시아에 대해 이런 인식을 가지고 있는 튀르키예 사람은 우크라이나를 전폭 지지합니다. 그러나 전쟁의 양 당사자를 함께 비난하는 사람이 러시아를 일방적으로 비난하는 사람보다 많은 것 같아요. 물론 이것은 나의 주관적인 관찰일 뿐입니다.

　카자흐스탄 사람은 이 전쟁을 어떻게 보나요?

외부인은 카자흐스탄 사람 대다수가 러시아를 지지한다고 생각할 수 있겠지요. 그러나 최근 연구는 상황이 복잡하다는 것을 보여줍니다. 카자흐스탄에 사는 러시아계 사람은 러시아를 지지하고, 카자흐인은 우크라이나를 지지해요. 개인적으로 지금까지 카자흐스탄 거주자 중 러시아를 지지하는 사람은 두 명밖에 보지 못했습니다. 러시아 뉴스 채널과 인터넷 매체가 카자흐스탄에 깊숙이 침투해 있기 때문에 러시아는 중개 없이도 러시아어로 그들의 생각을 직접 카자흐스탄에 전달할 수 있어요. 카자흐스탄 사람 대부분은 러시아어를 아주 잘 알고 있고 평소에도 러시아어 자료에서 정보를 얻곤 하지요. 서방이나 우크라이나는 러시아처럼 전달할 수가 없고요. 이러한 환경을 감안한다면 카자흐스탄 사람의 러시아 지지 수준은 러시아가 원하는 정도와는 상당히 동떨어져 있다고 할 수 있습니다. 물론 이 또한 나의 주관적인 관찰일 뿐이에요.

　다시 말해 튀르키예는 외부인이 보는 것만큼 미국을 지지하지 않으며, 카자흐스탄은 외부인이 보는 것만큼 러시아를 지지하지 않는 것이로군요. 국제정치학 학자로서 이나는 이번 전쟁에 철저히 반대하며 우크라이나에 큰 동정심을 느낍니다. 이번 전쟁을 이성적으로 다룰 때는 미국에 대한 이야기를 많이 하게 돼요. 그러다 보면 미국에 대한 비판이 나오고, 이는 자주 러시아를 지지하거나 동정하는 것으로 오해받기도 하지요. 전쟁 전 우크라이나를 둘러싼 국제 정치 환경에 대한 책임은 러시아와 미국에 있습니다. 미국에 더 많은 책임이 있다고도 할 수 있지요. 그러나 그것은 전쟁 자체에 대한 책임과는 다른 것입니다. 전쟁 개시는 러시아에 의해 이뤄졌습니다. 시카고 대학 교수인 존 미어샤이머의 말처럼 미국이 러시아를 자극한 것이 사실이라고 하더라도, 이걸 전쟁으로 해결하겠다고 결정한 나라는 러시아예요. 그런 러시아의 결정은 나와 같은 국제정치학 학자의 지지를 받을 수 없어요. 문제를 해결할 수 있는 다른 선택을 완전히 배제해버린 것은 러시아이기 때문에, 이번 전쟁에 대한 책임은 러시아에게 있습니다.

이 전쟁이 발발한 후 튀르키예의 여론은 크게 요동쳤고, 모든 튀르키예 TV 채널은 전쟁에 대해 자세히 이야기했으며 튀르키예 사람들의 트위터는 전쟁 뉴스와 토론으로 도배되었습니다. 전쟁이 시작되고 나서 한 달 동안은 러시아 지지자와 우크라이나 지지자 사이에서 트위터 전쟁이 벌어졌지요. 그러나 전쟁에 대한 관심은 서서히 줄어들었고, 이제 트위터의 핵심 주제는 우크라이나가 아닌 것 같아요. 전쟁 초기에 튀르키예의 주요 도시인 이스탄불과 앙카라에서 전쟁 반대 시위가 일어났습니다. 아마 수백 명 모이는 정도였을 거예요. 그러나 튀르키예에는 전쟁에 맹렬히 반대하는 크름 타타르인들이 있습니다.

크름 타타르인에 대해 더 설명해줄 수 있을까요?

오스만 제국의 성곽이 크름 반도를 포함해 흑해 북쪽에 많다는 것을 이 지역을 방문해본 사람이라면 목격했을 거예요. 크름 칸국Crimean Khanate은 오스만 제국의 속국이었습니다. 1783년에 러시아 제국이 크름 칸국을 병합했는데, 그때 크름 반도의 많은 토착 튀르크계 사람이 튀르키예로 대거 이주했습니다. 크름 타타르인은 러시아에 반발하며, 전쟁을 일으킨 러시아를 크게 성토하고 있어요.

이번 전쟁에 대한 튀르키예 정부의 입장은 무엇인가요?

튀르키예 정부는 서구의 압력, 우크라이나 주권에 대한 지지, 러시아와의 협력 사이에서 균형을 유지하려 하고 있어요. 공식 목표는 가능한 한 빨리 전쟁이 끝나도록 중재하는 것입니다. 러시아가 이 전쟁을 통해 약화하는 것이 튀르키예 국익에 도움이 된다고 생각하지 않습니다. 러시아의 힘이 크게 증가하면 그것도 문제가 되겠지요. 러시아가 우크라이나 흑해 연안 전체를 장악하면 흑해 연안의 전체 지정학이 바뀔 것이며, 이것은 튀르키예의 이익에 부합하지 않거든요. 반대로 전쟁을 통해 러시아가 크게 약화하면 이 지역의 세력 균형은 깨집

니다. 튀르키예는 미국으로부터 감당하기 어려운 압력을 받고 있고, 미국을 견제할 대안 세력으로 러시아를 얼마간 필요로 하고 있어요. 미군을 비롯해 흑해 연안국이 아닌 다른 강대국의 군대가 흑해 연안에 주둔하는 것은 튀르키예가 바라는 것이 아닙니다. 튀르키예는 해협에 완전한 주권을 행사하는 것과 흑해에서의 비연안 국가의 역할이 제한되는 몽트뢰Montreux 조약*을 유지하는 것을 중요하게 여깁니다. 이러한 체제의 약화는 튀르키예의 안보를 위협할 수 있지요.

한국인을 포함한 외부인의 눈에는 튀르키예가 주변국이 아

---

*   1936년에 스위스 몽트뢰에서 체결된 조약이다. 이 조약에 의하면 모든 민간 선박은 흑해로 자유롭게 진입할 수 있지만, 군함은 오로지 흑해 연안국의 군함만 튀르키예의 해협들을 지나갈 수 있다.

니라 미국을 튀르키예 안보의 잠재적 위협으로 인식하는 것이 과도한 걱정으로 보일 수 있습니다. 하지만 중동은 최근 수십 년 동안 수많은 분쟁이 발생한 혹독한 지역이에요. 1980년대 이후 미국은 튀르키예와 동맹을 맺은 것만으로는 만족하지 않았습니다. 미국은 튀르키예의 충성심을 확보하기 위해 튀르키예의 내정에 관여하는 패턴을 보여왔지요. 2016년 쿠데타 시도의 배후로 여겨지는 인물이 여전히 미국에 살고 있습니다. 많은 튀르키예 사람은 FETÖ^{Fethullahist Terrorist Organisation}(페툴라주의 테러 조직)[*]의 활동에 미국이 개입했다고 믿고 있어요.

내가 튀르키예와 미국의 갈등에 너무 깊이 주목하고 있는지도 모릅니다. 중요한 것은 튀르키예는 이 지역의 강자로서, 세계적으로는 중간 정도의 파워를 가지고 있는 나라로서 자신만의 독자적인 이해와 외교 정책을 가지고 있다는 점이에요. 흑해에서 미국이나 러시아의 입지가 강해지는 것은 튀르키예의 이해와 충돌합니다. 우크라이나와 연관 지어 바라보면, 우크라이나가 미국이나 러시아로부터 독립해 중립적인 위치에 있는 것이 튀르키예의 이익에 부합하지요.

이번 전쟁에서 카자흐스탄 정부의 입장은 어떠한가요?
나는 공식적으로는 더 이상 카자흐스탄 국민이 아니지만, 감정적으로는 여전히 카자흐스탄 국민입니다. 중앙아시아 연구

* 1999년부터 미국에 거주한 무슬림 설교자 페툴라 귈렌이 이끄는 무슬림 신앙·교육 운동 단체. 튀르키예 정부는 이들을 FETÖ라고 칭하며 테러 단체로 규정했으나 미국과 유럽은 테러 단체로 인정하지 않았다.

자인 나는 균형감을 유지하려는 카자흐스탄의 노력은 어느 정도 성공적이라고 생각해요. 카자흐스탄은 완전히 러시아 편을 들고 있지 않아요. 물론 우크라이나 편을 들고 있는 것도 아니지만, 카자흐스탄이 러시아에 반대하는 것이 불가능하다는 점을 이해합니다. 카자흐스탄과 우크라이나를 비교하면 많은 유사점을 찾을 수 있습니다. 양국 모두 러시아와 긴 국경을 맞대고 있어요. 러시아와 카자흐스탄은 7천 킬로미터에 달하는 세계에서 가장 긴 국경을 가지고 있지요. 카자흐스탄과 우크라이나는 러시아의 식민지가 된 적이 있으며, 여전히 국경 지역에는 러시아계 사람이 살고 있습니다. 한때나마 두 나라 모두 러시아 동조화가 컸으며, 스탈린 시대에 기근으로 고통을 겪었습니다. 이 기근은 충분히 피할 수 있었던 인재라고 양국은 생각해요.

이러한 공통점 외에 중요한 차이점도 있습니다. 카자흐스탄은 유럽에서 멀리 떨어져 있고, 중국과 이웃하고 있습니다. 중국이라는 잠재적 위협을 감안할 때 카자흐스탄에게 러시아와의 동맹은 중요해요. 이런 상황에서 카자흐스탄은 러시아의 동맹국이면서 독립적으로 외교 정책을 수행할 수 있어야만 해요. 그런 의미에서 이번 전쟁에 대한 카자흐스탄 정부의 태도는 나쁘지 않습니다. TV 채널은 전쟁의 균형 잡힌 그림을 보여주면서 러시아 이야기와 우크라이나 이야기를 함께 전하고 있지요. 카자흐스탄 국민은 반전 시위를 하며 우크라이나인을 지원하는 중이고 정부는 이를 방해하고 있지 않습니다.

이번 전쟁에 반대하는 러시아인들이 카자흐스탄으로 넘어

와 정착하고 있어요. 많은 러시아인이 카자흐스탄으로 오는 것은 문제가 될 수 있지만, 현재로서는 아직 염려될 정도는 아닙니다. 카자흐스탄 당국은 서구가 러시아에 가하는 경제 제재의 일환으로 2차 제재의 대상이 되지 않도록 주의하고 있어요. 기업은 러시아와 거래할 때는 신중을 기하고 있습니다. 러시아가 독립 국가로 인정하고 있는 우크라이나 동부의 루한스크 및 도네츠크 인민 공화국을 카자흐스탄은 인정하지 않을 것이라고 선언하기도 했습니다. 그러면서도 러시아와 함께 긴밀한 경제 및 안보 협력을 지속해나가는 수밖에 없지요. 카자흐스탄 정부와 국민은 자신들의 약점을 잘 알고 있습니다.

올해 초에 러시아군이 카자흐스탄 정부를 도왔습니다. 그리고 러시아가 이번 전쟁 개시 후 카자흐스탄군의 파병을 요청했는데 카자흐스탄 정부는 이를 거절했지요. 카자흐스탄이 러시아를 충분히 지지하지 않은 것은 좋은 선택이라고 방금 말했는데, 이 파병 거부가 나중에 카자흐스탄을 공격하는 빌미가 되지는 않을까요?

카자흐스탄이 러시아와의 단절을 선언한다면 가능한 이야기입니다. 그러나 카자흐스탄이 러시아와의 단절을 선택하는 일은, 카자흐스탄이 단독으로 러시아에 맞설 수 있거나, 중앙아시아 형제 국가 모두가 연합해 카자흐스탄과 함께 싸워주거나, 기댈 수 있는 다른 주변 강대국이 있어야 가능한 일이에요. 모두 잘 알다시피 이 지역의 다른 강대국은 중국뿐입니다. 그리고 카자흐스탄에 중국은 러시아보다 더 위협적인 존재이지요. 현재 중국은 위구르족과 카자흐족이 거주하는 중앙아시아 동부나 동투르키스탄*에서 본격적인 중국 동화 정책을 펼치고 있습니다. 카자흐스탄을 비롯한 중앙아시아 국가가 중국을 믿고 러시아와 대립하지는 않을 것입니다.

하지만 카자흐스탄이 러시아와 갈등을 겪을 소지는 여전히 존재합니다. 러시아가 카자흐스탄을 완전히 잃을 위험이 있다고 간주하면 카자흐스탄 북부를 가져가려고 할 것이라는 데에는 의심의 여지가 없습니다. 그러나 이것은 너무 극단적인 시나리오이지요. 다시 한 번 말하지만, 카자흐스탄은 동맹을 맺을 다른 강대국이 없습니다. 미국은 중앙아시아 국가와 이웃이 되려는 생각을 철회한 것으로 보여요. 아프가니스탄 철수가 그걸 상징합니다. 카자흐스탄이 선택할 수 있는 유일한 방법은 지역 협력을 강화하며 경제 및 안보 블록을 구축하는 것이에요. 중앙아시아 지역주의는 특정 상황에선 러시아의 영향력에 대한 대안이 될 수 있지만, 현재로서는 러시아가 이 지역 안보에서 가장 중요한 역할을 맡고 있다는 사실에는 변함이 없습니다.

올해 1월 카자흐스탄에서 일어난 시위에 러시아가 군을 파견한 것도 소위 '안보 제공자'로서의 일이었다고 할 수 있겠군요. 이 사태를 지켜보는 심정은 어떠했나요?

정말 악몽이었습니다. 내 인생 최악의 순간이었어요. 많은 민

---

* 중국에서는 신장이라고 부른다.

간인이 사망했다는 소식이 들려 끔찍했습니다. 나는 짙은 안개 속에서 수많은 총소리가 울려퍼졌던 영상을 기억해요. 독립 매체가 전하는 소식이 갑자기 중단되고 공식 뉴스만 전달되면서 상황을 제대로 파악할 수 없게 되자 답답함은 더욱 커졌어요. 인터넷과 통신이 끊겼고 가족과 친구들의 안부가 매우 걱정되었습니다. 부모님은 여전히 카자흐스탄 북부에 살고 계세요. 상황이 악화되면 인종 간 충돌이 발생할 수도 있고, 러시아가 침공할 수도 있다고 생각했습니다. 자꾸 나쁜 쪽으로만 생각이 흐르더군요. 처음에는 러시아의 개입에 충격을 받았고, 혹시나 카자흐스탄이 러시아의 영향권으로 완전히 들어가는 것은 아닌지 싶어 걱정이 되었습니다. 러시아군이 카자흐스탄의 시위를 진압하기 위해 들어올 이유가 없었거든요.

푸틴은 우크라이나인과 러시아인은 한 민족이며, 우크라이나는 별도의 민족인 적이 한 번도 없었다고 말했습니다. 튀르키예 국민이자 카자흐인 국제정치학 학자로서 이 말에 대해 어떻게 생각하는지요?

러시아 국제 관계를 연구하는 연구원으로서 말하자면 이렇습니다. 우크라이나의 독립 국가로서의 역사는 길다고 할 수는 없지만, 그런 것은 현 시점에서 조금도 중요하지 않습니다. 푸틴의 내러티브는 프로파간다예요. 국제법에 따르면 우크라이나가 1991년 이전에 어떠한 형태의 국가였는지는 하등 중요하지 않습니다. 러시아는 우크라이나와의 국경을 인정했고, 우크라이나를 정상 국가로 인정했어요. 이제 와서 우크라이나와 러시아가 같은 민족이라는 말은 국제정치적으로, 국제법적으로도 아무런 함의를 지니고 있지 않기 때문에 깊이 이야기할 것도 없습니다. 혹시 역사가 다르게 전개되었다면 오늘날 동슬라브족은 하나의 국가를 이루었을 수도 있겠지요. 하지만 그것은 가정에 불과합니다. 러시아인은 몽골의 침공 때문에 동슬라브족이 분열했다고 주장하지요. 그러나 키이우 루스*가 여러 공국으로 분열된 시기는 몽골 침입 훨씬 이전입니다. 몽골이 침략하지 않았다면 지금보다 더 많은 슬라브족이 등장했을 수도 있어요. 하지만 이러한 다양한 가정들은 역사에서 아무런 의미를 가지지 않습니다.

주변국들에 개입하고 있는 러시아는 사실 소련의 부활을 꿈꾸고 있는 중이라고 해석할 수 있을까요?

사람들은 러시아가 소련의 해체를 주도한 이유를 아직까지 제대로 이해하지 못하고 있습니다. 러시아인에겐 소련 때문에 러시아가 손해를 보고 있다는 생각이 있었지요. 소련 시기의 러시아인은 저개발 지역의 경제적 문제를 러시아가 대신 해결해주고 있으며, 이런 일이 계속될 수는 없다고 생각했습니다. 다른 지역들은 러시아에게 착취당했다고 생각했는데, 러시아는 자기들이 소련에 착취당했다고 생각한 점이 재미있습니다. 소련이 모두를 착취한 셈이 되었지요. 하지만 소련 해체 이

* 9세기부터 13세기까지 동유럽과 북유럽에 걸쳐 존재했고 우크라이나, 러시아, 벨라루스의 기원이 된 나라. 키이우 루스인은 동슬라브족, 바랑기아족, 핀족으로 구성되었다.

후로도 러시아 엘리트들은 구소련 지역에 영향력을 행사하려는 열망을 포기한 적이 없습니다. 이것은 러시아의 일관된 정책이에요. 그렇다고 중앙아시아와 캅카스를 러시아로 통합하려는 것은 아니고요. 러시아는 중앙아시아와 캅카스 국가들의 정치, 사회 및 경제 문제를 떠맡기를 원치 않습니다. 너무 많은 책임을 지지 않으면서도 영향력을 행사하며 좌지우지하는 것이 러시아가 진정으로 바라는 것이에요.

> 푸틴 주변에는 유라시아주의자들이 있으며 이들에게 영향받은 푸틴이 유라시아 제국을 건설하려고 한다는 주장이 있어요. 그 말이 맞다면 유라시아 제국 건설에 가장 필요한 나라는 우크라이나와 카자흐스탄이 아닐까요?

유라시아주의가 있든 없든 러시아에겐 구소련 지역에 영향력을 행사하는 것 이외에 다른 선택지가 없습니다. 우리는 이를 '제국', '지역 패권' 또는 '강대국의 전횡'이라고 부를 수 있지요. 러시아 입장에서 본다면, 우크라이나가 가장 중요하고 그다음은 벨라루스입니다. 세 번째는 캅카스일 수 있고 카자흐스탄일 수도 있는데, 상황에 따라 달라질 것입니다. 이 중요성 면에서 카자흐스탄은 우크라이나에 견줄 수 없어요. 우크라이나는 정치적으로 EU와 러시아 사이에 있고, 군사적으로는 NATO와 러시아 사이에 있습니다. 또한 흑해의 해상 패권이라는 관점에서도 중요한 나라이지요. 구소련 국가 중 우크라이나는 러시아 다음으로 경제 규모가 크고 인구도 러시아 다음으로 많습니다. 우크라이나에 소련 군수 산업 시설 3분의 1이 있었다는 점만으로도 우크라이나의 지정학적인 중요성은 설명되고도 남아요. 그에 반해 중앙아시아는 어떤 NATO 국가와도 거리가 멀기 때문에 중앙아시아 국가가 서방 국가를 동맹국으로 삼을 가능성은 높지 않습니다.

카자흐스탄 정부와 국민은 러시아가 카자흐스탄을 자국의 영향권에 속해 있는 국가로 여기고 있다는 사실을 잘 압니다. 현재 러시아와 카자흐스탄의 상황은 미묘해 보일 수 있지만, 1990년대에는 훨씬 더 어려웠고 그 시기를 잘 넘어왔습니다. 카자흐스탄은 러시아 의존도를 잘 조정해왔고 앞으로도 그럴 것이라고 생각해요.

앞에서 한 번 던졌던 질문을 조금 다른 각도에서 해볼게요. 이번 전쟁의 책임을 NATO의 동진에서 찾는 사람들도 있는데요, 그들에게 아나르 교수는 어떤 말을 해주겠습니까?

이 전쟁이 어떤 목적으로 시작되었는지 확실히 알기 위해서는 시간이 더 필요합니다. 지금까지 알려진 소식들에 의하면, 이 전쟁에는 우크라이나에 대한 러시아의 제국주의적 의도가 투영되어 있습니다. 러시아가 우크라이나를 통제하고 싶어 한다는 것에는 의심의 여지가 없지요. 미국이라는 변수를 빼놓고 보면, 이 전쟁은 우크라이나와 러시아 간의 민족주의 투쟁이에요.

다른 한편으로 보면, 이 전쟁은 우크라이나에서의 영향력을 높이려는 미국과 러시아 간의 주도권 다툼입니다. 미국은 러시아에게 우크라이나가 얼마나 중요한지 잘 알고 있습니다. 이 전쟁을 제대로 이해하기 위해서는 다른 유럽 국가들의 의도보다는 미국의 의도에 집중하는 것이 좋아요. NATO는 그 자체로 행위자가 아니기 때문에 NATO보다는 미국에 대해 이야기하는 것이 적절하지요.

소련이 해체된 후 러시아는 구소련 국가들에 영향력을 행사하려는 지역 패권 국가에 머물렀습니다. 미국은 세계 패권을 추구하는 유일한 국가이고요. 헤게모니 국가인 미국은 다른 강대국의 영향력 범위를 인정하지 않으며, 지역에 한정된 패권이라 할지라도 그것이 미국 패권을 대체하는 의미를 가질 경우에는 용인하지 않았습니다. 국제정치 패권만이 아니라 안토니오 그람시*가 중시한 패권과 관련해서도 마찬가지입니다. 이번 전쟁은 어떤 의미에서는 냉전의 반복이지만, 러시아는 소련보다 능력과 야망이 훨씬 모자랍니다.

그러나 이러한 환경이 러시아에게 면죄부를 주지는 못합니다. 이번 전쟁은 분명히 러시아의 푸틴 대통령의 결정으로 시작되었어요. 푸틴은 다른 방법이 없다고 판단한 모양이에요. 외교국방 정책위원회 명예회장 세르게이 카라가노프는 러시아는 경제력과 소프트 파워가 부족하기 때문에 하드 파워에 의존할 수밖에 없다고 말했습니다. 러시아 국제문제위원회 사무총장 안드레이 코르투노프는 러시아 같은 강대국이 선택권을 박탈당해 전쟁 외에는 다른 선택지가 없다고 생각할 수밖

* 이탈리아 공산주의자로, 문화적 패권의 중요성을 주장했다.

에 없게 된 것이 맞는지 질문합니다. 그는 러시아 내부 문제가 이번 전쟁의 주요 원인 중 하나라는 결론에 도달합니다.

러시아의 진짜 문제는 미국이 아닙니다. 진짜 문제는 러시아가 우크라이나를 자기편으로 끌어들일 만한 경제적·문화적 매력을 만들지 못했고, 앞으로도 만들 능력이 없다는 것입니다. 우크라이나 사람의 눈에 러시아는 미국이나 서구의 대안으로 보이지 않습니다. 이러한 러시아의 한계는 중앙아시아에서는 별문제가 되지 않아요. 중앙아시아는 지정학적으로 러시아, 중국, 아프가니스탄에 둘러싸여 있기 때문에 중앙아시아 국가에게 러시아는 매력적인 대안이 됩니다. 그러나 우크라이나는 서쪽으로 유럽과 맞닿아 있기 때문에 다릅니다. 러시아는 우크라이나에서 서구와 경쟁할 수 없기에 경쟁을 포기하고 전쟁을 선택한 것이지요.

튀르키예는 언제 NATO에 가입했나요? 가입 당시 NATO는 튀르키예에 어떤 의미였고 지금은 어떠한 의미를 가지고 있지요?

1925년에 튀르키예와 소련은 상호불가침 조약을 체결했는데, 제2차 세계 대전이 끝날 무렵에 소련이 일방적으로 조약을 폐기했어요. 소련은 튀르키예의 해협들을 자유롭게 통과할 수 있도록 튀르키예의 해협들에 군사 기지를 세워야 한다고 주장했고, 튀르키예는 큰 위협을 느꼈지요. 튀르키예는 NATO 가입을 희망했지만 1950년 5월에 가입이 거부되었습니다. 그런데 한 달 후에 한국에서 전쟁이 발발했고 여기서 튀르키예는 서방 세계에 큰 힘을 보탰지요. 덕분에 튀르키예는 1952년에 NATO에 가입할 수 있었고요. NATO 회원국 중 튀르키예는 미국에 이어 두 번째로 큰 군대를 보유하고 있는 나라입니다. NATO 가입 후 튀르키예군은 현대화되었고 군사 능력도 크게 향상되었지요.

그러나 NATO와 미군 주둔은 튀르키예에 많은 문제를 야기했어요. 예를 들어, 미국은 튀르키예에 핵 미사일을 배치했다가 쿠바 위기 이후 일방적으로 핵 미사일을 철수했는데, 튀르키예의 안보와 직접적인 관련이 있는 이슈에 대해 튀르키예는 어떠한 발언권도 가지지 못했지요. 튀르키예가 미국과 NATO를 불신하게 된 사건들 중 하나입니다. 스탈린 사후, 소련 지도부는 튀르키예에 대한 태도를 바꾸어 유화적으로 나왔고, 튀르키예는 서방과의 관계에서 밀고 당기기가 필요하다고 생각했어요. 그래서 튀르키예는 소련과의 경제 협력을 시도했습니다. 튀르키예와 러시아의 복잡한 관계의 뿌리는 길어요. 튀르키예와 러시아가 보여주는 관계의 뿌리는 냉전 시대로 거슬러 올라가는데, 사실 따져보면 그 이전으로도 거슬러 올라갈 수 있습니다. 제1차 세계 대전 이후에 튀르키예는 독립을 위해 전쟁을 벌였고 그리스와 유럽 강대국이 튀르키예를 점령했습니다. 그때 소련만 유일하게 튀르키예 편을 들어주었지요. 이처럼 튀르키예는 역사의 매 순간마다 유럽과 러시아 사이를 오갔습니다.

이 전쟁은 러시아와 튀르키예의 관계에 어떠한 변화를 가져올까요?

이 전쟁이 어떠한 결과를 남기는지에 따라 달라진다고 봐요.
현재는 많은 것이 명확하지 않습니다. 이미 전쟁은 소모전으
로 바뀌었어요. 이 전쟁의 결과로 러시아가 시리아에서 완전히
철수한다면 시리아에 관여하고 있는 나라들 간의 세력 균형도
바뀔 겁니다. 여러 시나리오가 가능하기 때문에 지금으로서는
미래를 예측하기가 어렵지요. 흑해와 중동을 둘러싼 국제정치
적 이슈에 대해 러시아와 튀르키예가 서로 다른 생각을 가질
수 있음을 러시아가 인정하기만 한다면, 튀르키예는 러시아와
전쟁 전의 관계를 유지하려고 할 것이며 더 긴밀한 협력을 모
색할 수도 있습니다.

그렇다면 이 전쟁은 러시아와 카자흐스탄의 관계에는 어
떠한 변화를 불러일으킬까요?

이 전쟁은 카자흐스탄 엘리트들에게 러시아가 위험한 파트너
임을 확인해주었습니다. 물론 카자흐스탄 엘리트들이 그런 말
을 입 밖으로 꺼낸 적은 없지만요. 카자흐스탄이 러시아와 긴
밀히 협력함과 동시에 다른 강대국과의 유대 관계를 발전시킴
으로써 전통적으로 취해왔던 다원적 접근 방식을 지속해야 할
이유를 재차 확인해주었지요. 그런 의미에서 카자흐스탄에게
는 튀르키예와 한국 같은 중견국과의 관계도 중요해졌습니다.
카자흐스탄은 북쪽의 러시아로만이 아니라 동쪽, 남쪽, 서쪽으
로 다양한 물류 경로를 만들려고 하고 있어요. 그리고 사회적
으로는 러시아적인 것에서 벗어나 카자흐적인 것을 추구하려

고 노력할 겁니다. 국민들이 러시아어보다는 카자흐어를 더 많이 쓰게 하는 조치를 앞당겨 실행하겠지요. 1월의 카자흐스탄 내 시위와 이번 우크라이나 전쟁으로 카자흐스탄은 네이션 빌딩nation-building 과정에 박차를 가하게 되었습니다.

> 만일 러시아와 튀르키예의 관계가 악화된다면 카자흐스탄은 어떠한 태도를 취할까요?

튀르키예와 러시아 간의 긴장은 2015년에 아주 팽팽했어요. 튀르키예가 시리아 국경에서 러시아 군용기인 SU-2를 격추했을 때이지요. 러시아는 유럽에서 오는 튀르키예의 트럭이 자국 영토를 통과하는 것을 막았고요. 러시아와 튀르키예의 갈등이 고조되었을 때도 카자흐스탄과 튀르키예의 우호 관계는 영향을 받지 않았습니다. 당시 튀르키예와 러시아의 사이를 중재한 것도 카자흐스탄이었지요. 러시아와 튀르키예의 관계가 악화된다면 카자흐스탄의 국제정치적 위상은 오히려 높아질 수도 있어요.

> 지중해에 접한 안탈리아 해변에 러시아 관광객이 아주 많았던 것으로 기억해요. 지금도 여전한가요?

러시아 관광객은 튀르키예의 관광 산업에서 아주 중요합니다. 튀르키예는 서구의 러시아 경제 제재에 동참하고 있지 않으며 여전히 많은 러시아 관광객이 튀르키예를 찾고 있어요.

> 마지막으로, 아나르 교수가 여성 국제정치학 학자라서 이

런 질문을 해볼게요. 혹시 여성이 남성보다 전쟁의 고통
에 더 많이 공감한다고 생각해본 적이 있나요?

여러 사람과 이 전쟁에 대해 이야기를 나눴지만 그런 측면에
서는 한 번도 생각해본 적이 없네요. 우크라이나 사람의 일상
이 파괴된 것에 대한 안타까움을 표현하는 데에는 남녀가 따
로 없는 것 같아요. 다만 소셜 미디어상의 토론을 보면 남성과
여성은 뚜렷한 차이를 보이는 것 같습니다. 남성은 이번 전쟁
의 군사적인 측면에 많은 관심을 내보이더라고요. 전술, 군사
작전, 무기의 효율성 등에 대해 이야기를 나누고 논쟁하는 것
을 즐기고 있지요. 그런데 그런 토론에 참여하는 여성은 본 적
이 없는 것 같아요. 이러한 종류의 토론은 때때로 매우 잔인해
질 수 있습니다. 무기가 날아가 목표물을 파괴하는 것을 두고
기쁨을 표현하거나 그것에 대해 이런저런 감상을 이야기하는
것을 자주 보았어요. 그러나 그런 종류의 영상을 이야기 주제
로 삼는 튀르키예 여성은 본 적이 없습니다.

러시아는 우크라이나를 필요로 한다. 그러나 우크라이나
는 러시아를 더 이상 매력적이라고 생각하지 않는다. 이
두 문장 안에 서로를 보는 양국의 이성과 감정이 집약되
어 있다.
　튀르키예가 한국 전쟁에 참여해 도움을 준 것은 궁극적
으로 흑해 해상권과 관련한 문제를 해결하기 위해서였다.
그리고 이번 러시아-우크라이나 전쟁도 흑해 해상권과 밀
접히 연관되어 있고 튀르키예는 러시아가 우크라이나의

흑해 연안을 모두 장악하는 것을 원하지 않는다. 이번 전쟁에서 튀르키예제 무기는 우크라이나군에 큰 도움이 되었다. 튀르키예는 72년 전의 한국 전쟁과 이번 전쟁 사이에 서로 통하는 맥락이 있다고 여길 것이다.

아나르 교수는 한국에도 반미 정서가 존재한다는 것을 안다. 한국의 반미 정서는 커졌다 작아졌다 하지만 지금은 높지 않은 것으로 이해하고 있다. 아나르 교수는 반미 정서가 높았던 때를 회상해보고, 그때 마침 미국이 한국 내부에서 한국으로부터 독립하려는 어느 세력을 지원하고 있는 모습을 상상해보라고 했다. 그렇게 생각해보니 미국에 대한 튀르키예 국민의 반감이 이해되었다.

우크라이나
리자 게르만과 줄리아 볼로시나

Liza German, Лиза Герман / Julia Voloshina, Юлія Волошина

피난 중에도 예술에 헌신한
더 네이키드 룸과 볼로신 갤러리의 관장들

조각가가 전쟁용 바리케이드를 만들고 있다

갤러리 공동 운영자인 마리아가
출품작 구성품인 구리 깔때기를 넣은
상자 세 개와 커다란 여행용 가방을
자동차 트렁크에 싣고 사흘 낮과 밤 내내 운전해서
키이우에서 베네치아까지 왔지요.
우크라이나 서쪽 국경을 넘은 뒤
루마니아, 헝가리, 오스트리아를 거쳐
이탈리아까지 운전해온 거예요.

어느 예술가는 유물이나 미술품을
안전한 곳으로 옮기는 일을 하고 있습니다.
조각가는 도시 방어를 위해
철제 바리케이드를 만들고 있으며,
디지털 아티스트는 박물관 전시품을
온라인 자료로 구현하는 일을 하고 있어요.
그들은 우크라이나를 지키는 일에
재능을 사용하고 있습니다.

2022년 6월 16일~6월 17일 대면 인터뷰.
추후 이메일과 왓츠앱으로 소통하며 내용 보강.

꽃 그림을 주로 그리는 영국 화가 레슬리 버치에게 미술은 사람들의 감정을 연결하는 어떤 것이다. 그래서 미술은 개인적인 감정임과 동시에 보편적인 감정이라고 이야기했다.

몰타의 사진작가이자 화가인 스테파니 밋지가 그림을 통해 만들어내려고 했던 연대도 감정의 연결로 이루어진 연대였다. 그림이 상처 치유의 도구가 될 수 있는 까닭은, 그림으로 자신의 감정을 다른 사람에게 전달하고, 다른 사람은 그림을 통해 자신의 상처에 다가설 수 있기 때문이다. 그림의 치유 능력을 경험한 스테파니 밋지가 예술을 통해서 우크라이나 난민을 돕겠다고 생각한 것은 너무나 자연스러운 일이었다.

라트비아와 에스토니아의 화가 디아나 타마네는 예술을 내면의 평화를 이루는 수단으로 생각했다. 평화 속에서 누리는 자유가 좋아서 예술가가 되었다. 디아나는 예술 전시를 통해 내면의 평화와 자유를 다른 사람에게 전하면서 많은 사람과 연결되기를 원했다. 일상이 작품으로 이어지고, 작가와 작품을 바라보는 사람이 연결되는 것이 디아나 타마네가 꿈꾸는 세계이다.

매년 5월 스위스의 바젤에서는 예술 박람회가 열린다. 1970년에 시작된 아트 바젤Art Basel은 매우 권위 있는 국제 예술 박람회다. 올해는 289곳의 갤러리가 참가해 전 세계 예술가 4천여 명의 작품을 선보였다. 갤러리들은 미술계에서 축적된 업적이 있어야만 아트 바젤에 참여할 수 있다. 한국 갤러리 중 2022년 아트 바젤에 참여한 곳은 국제 갤러리뿐이다.

한편, 아트 바젤 뒤쪽 건물에서는 리스트 아트 페어Liste Art Fair라는 것이 열린다. 1996년에 시작된 리스트 아트 페어는 매년 아트 바젤이 열리는 기간에 함께 열린다. 현대 미술의 발견이라는 주제를 가지고 중소 갤러리가 젊은 작가의 작품을 전시하고 판매한다. 아트 바젤을 성공한 예술가들의 무대라고 한다면, 리스트 아트 페어는 성공할 예술가들의 무대라고 할 수 있다. 그러나 리스트 아트 페어에 참가하는 것 또한 쉬운 일이 아니다.

《뉴욕 타임스》에 리스트 아트 페어 관련 기사가 실렸다. 리스트 아트 페어에 참가하기로 되어 있었던, 모스크바와 뉴욕에 기반을 두고 있는 프래그먼트Fragment 갤러리와 모스크바에 위치한 오스노바Osnova 갤러리가 전쟁 발발 후 참가 의사를 철회했고, 이 러시아 갤러리들이 쓰기로 했던 부스들은 우크라이나 갤러리에 무상으로 제공된다는 기사였다. '러시아 갤러리가 우크라이나 갤러리에게 부스를 양보하고 우크라이나 갤러리 소속의 신진 작가들이 글로벌 콜렉터에게 소개될 수 있는 기회를 가지게 되었다'라는 의미로 그 기사를 읽었다. 미술은 감정을 연결하고 상처를 치유할 수 있으며 미술을 통해 평화와 자유가 전달될 수 있다는 점을 보여주는 좋은 사례라고 생각했다. 그래서 리스트 아트 페어를 찾아 우크라이나 갤러리와 러시아 갤러리의 공감과 연대에 대해 직접 알아보고 싶었다. 공감과 연대를 통해 전쟁의 상처를 치유할 실마리를 찾을 수 있다면 그보다 더 좋은 희망은 없기 때문이다.

아트 바젤로 가는 비행기표를 끊었다. 아트 바젤이 열리는 기간에 바젤에서 호텔 방을 잡기란 전혀 쉬운 일이 아니다. 그럼에도 높은 비용을 지불할 것을 각오하고 어렵게 방을 찾은 다음 주저 없이 예약했다. 런던에 사는 콜렉터 지인도 같이 동행하기로 했다. 지인은 오스트리아의 슈테판 대성당 옆 갤러리Galerie nächst St. Stephan 소속의 한국인 작가 윤종숙의 작품을 직접 보기 위해 바젤행 표를 끊었다.

비행기표를 끊고 나서 부스를 양보한 두 러시아 갤러리에게 연락했다. 그들은 아트 바젤에 가지 않기 때문에 질문지를 보내주면 답해주겠다고 했다. 양보를 받은 우크라이나 갤러리 두 곳과도 연락해 아트 페어 현장에서 인터뷰하기로 약속했다.

아트 바젤에 도착했다. 지인 덕분에 큰손들만 참여하는 행사에도 가볼 수 있었다. 첫날 루이스 부르주아의 대표작 〈거미Spider〉가 517억 원에 판매되었다. 그 외에도 마네, 모네, 피카소, 데이비드 호크니, 제프 쿤스, 장 뒤뷔페, 우고 론디노네 등의 작품이 전시되었다. 수억에서 수백억 원에 달하는 작품들이 전시회 오픈 몇 시간만에 판매되었고, 수백 명의 콜렉터가 유망 작가들의 작품을 구매하기 위해 대기하고 있었다.

화려함에 둘러싸여 전시를 관람하고 있을 때 러시아 갤

러리로부터 답변이 왔다. 프래그먼트 갤러리는 "전쟁 시작과 동시에 항의의 표시로 모스크바 갤러리를 영구 폐쇄하고 우크라이나 예술가와의 연대를 표하기 위해 우크라이나 갤러리에게 리스트 아트 페어 참가 기회를 양보했다"라고 답했다. 건조한 답이었다. 다른 러시아 갤러리인 오스노바 갤러리는 전시 참여 철회 배경에 대해 자세히 설명해줄 수 없으며, 다만 현 상황에서는 그런 결정을 내릴 수밖에 없었다고 밝혔다. 전쟁으로 인해 러시아 미술 시장은 큰 어려움을 겪고 있고, 자신들은 전쟁에 반대하지만 이번 전쟁 때문에 국적을 막론하고 누구도 차별을 받아서는 안 된다고 전해왔다. 러시아 미술계가 차별받고 있음을 우회적으로 드러낸 표현이었다. 이것은 예상했던 그림이 아니었다.

아트 바젤의 장엄함을 뒤로 하고 리스트 아트 페어로 향했다. 층고가 높은 거대한 박스형 건물에 설치된 82개의 갤러리 부스에 작가 백여 명의 작품이 전시되고 있었다. 아트 바젤과 달리 리스트 아트 페어 부스들은 한산했고 작품을 사는 고객도 드물었다. 하지만 더 네이키드 룸The Naked Room*의 부스는 다른 부스에 비해 방문객이 많았고 작품도 대부분 판매되었다. 그곳에서 만난 영국인 콜렉터는 이번 전시 중 가장 마음에 드는 작품은 더 네이키드 룸의 전시작이며 앞으로도 이 갤러리와 소속 작가들을 응원

---

* 2018년에 큐레이터 리자 게르만과 마리아 란코가 우크라이나 키이우에 설립한 갤러리.

하겠다고 말했다. 동행한 지인도 우크라이나 작가들을 응원하는 마음으로 5백 유로를 주고 작은 작품 하나를 구입했다. 볼로신Voloshin 갤러리 부스도 방문객이 많았고 대형 작품 외의 대부분의 작품이 이미 판매되었다. 리스트 아트 페어에서 우크라이나의 두 갤러리는 단연 스타였다. 먼저 더 네이키드 룸의 관장 리자 게르만을 만났다.

전시에 아트 페어에 참가하는 것은 쉬운 일이 아니었으리라 짐작됩니다. 어떠한 어려움이 있었나요?
신생 갤러리였던 우리는 2년 전에 리스트 아트 페어 참가를 희망했지만 심사를 통과하지 못했습니다. 하지만 그 이후에도 우크라이나의 젊은 작가들과 함께 실험적인 전시들을 꾸준히 열어왔지요. 코로나 팬데믹 때문에 생긴 3개월간의 락 다운 기간만 제외하고 계속 갤러리를 열었어요. 베네치아 비엔날레의 우크라이나 국가관을 기획하는 일도 우리에게 주어졌고요. 우크라이나 문화부의 지원으로 우크라이나 작가 파블로 마코우와 함께 참가하게 되었습니다. 그렇게 3월에 베네치아 비엔날레 참가 준비를 하고 있던 도중에 리스트 아트 페어로부터 연락을 받은 거예요. 우크라이나와의 연대를 표하고 우크라이나의 문화 예술을 지원하기 위해 심사 없이 아트 페어에 특별 초청한다는 소식이었지요.

베네치아 비엔날레에도 참가했군요. 그에 대한 이야기를 들려줄 수 있나요?

전쟁으로 인해 베네치아 비엔날레 참가 준비를 하기가 힘들었어요. 러시아가 우크라이나를 침략한 날부터 우리 계획은 모두 불투명해졌지요. 우선 안전한 곳으로 대피했지만 우리는 우리 몸보다 작품이 더 걱정되었습니다. 상황이 어떠하든 베네치아 비엔날레 출품작을 안전하게 보호해야 했어요. 갤러리 공동 운영자인 마리아가 출품작 구성품인 구리 깔때기를 넣은 상자 세 개와 커다란 여행용 가방을 자동차 트렁크에 싣고 사흘 낮과 밤 내내 운전해서 키이우에서 베네치아까지 왔지요. 우크라이나 서쪽 국경을 넘은 뒤 루마니아, 헝가리, 오스트리아를 거쳐 이탈리아까지 운전해온 거예요. 이동 중에 우리는 자주 전화 통화를 했어요. 안전하게 출품작을 전시회까지 운반하는 것이 마리아의 임무였고, 그녀는 임무를 잘 완수했죠. 작품은 무사히 목적지에 도착했지만 전시를 책임지고 진행해야 할 나와 팀원들은 우크라이나 전역에 흩어져 대피 중이었습니다. 공항이 폐쇄되고 항공편이 취소되어 베네치아까지 가는 일도 쉽지 않았지요. 마리아는 난민처럼 구석에 방치되어 있는, 포장된 작품 구성품들을 보면서 전시가 제대로 될지 자신이 없다고 했어요. 그러던 중에 팀원들이 한두 명씩 도착했습니다. 다들 어떤 방법을 써서 도착했는지, 완전 피난민 얼굴을 하고 있었어요. 사실상 피난민이었죠. 전쟁 중이었지만 우리는 세상에 우리의 존재를 보여주는 것에 사명감을 느꼈어요.

가족과 함께 영국이나 프랑스 난민 지원 프로그램에 등록해야 할 때인데 전시를 위해 베네치아로 모인 것이군요.

무사히 베네치아 비엔날레 우크라이나관을 개관한 뒤 바로 리
스트 아트 페어 참가 준비를 했어요. 역시 전쟁 중이라 도와줄
사람을 구하기가 어려웠습니다. 그런데 마침 바젤에 친구 나
스차가 난민으로 와 있다는 것을 알게 되어 나스차에게 급하
게 도움을 요청했어요. 나스차는 우크라이나 키이우에서 활
동하는 예술 잡지 발행인이자 저널리스트입니다. 우리는 예
술 관련 프로젝트를 함께 진행한 적이 있지요. 그래서 나스차
는 우리 프로젝트를 돕기에 더할 나위 없는 인물이었어요. 문
제는 작품을 바젤까지 가져오는 것이었습니다. 작품을 운반할
직원으로는 보리스밖에 없었어요. 그런데 전쟁이 발발한 이후
18세 이상 60세 미만의 남성은 우크라이나를 떠날 수 없게 되
었습니다. 전쟁터에 가거나 전쟁터에 가지 않더라도 예비군으
로 편성되어 있어야 하기 때문이지요. 보리스가 작품을 가지
고 국경을 넘기 위해서는 당국의 특별 허가를 받아야 했어요.
특별 허가를 받는 것이나 국경을 통과하는 것이나 돌봐야 할
가족을 두고 오는 것이나, 어느 것 하나 보리스의 마음을 편안
하게 하는 것이 없었습니다. 그래도 보리스는 전시를 돕기로
했고, 작품을 들고 피난민들 사이에 껴서 우크라이나와 폴란
드 국경을 넘은 뒤 비행기를 타고 바젤에 도착했어요. 보리스
가 아니었으면 이번 전시에 참여하기란 불가능했습니다. 덕분
에 예카테리나 부차스카, 루시 이바노바, 예카테리나 리사벤
코의 작품이 이번 아트 페어에 전시될 수 있었지요. 보리스는

이번 전시회가 끝나면 다시 우크라이나로 돌아가야 해요. 작품 대부분이 팔려서 돌아가는 보리스의 짐이 가벼워진 게 다행입니다.

베네치아 비엔날레 러시아관의 큐레이터와 작가 들은 전쟁 소식을 듣고 즉시 불참을 발표했습니다. 러시아관은 소셜 미디어에 "제59회 베네치아 비엔날레 러시아관 휴관" 결정 안내문을 올렸고, 작가 키릴 사브첸코프는 자신의 인스타그램에 "러시아의 폭격으로 민간인이 죽어가고 우크라이나 시민들이 대피소에 숨어 있는 상황에서 러시아 사람은 침묵해서는 안 된다. 우리는 전쟁 반대 목소리를 내야 한다. 러시아 사람으로서 베네치아 비엔날레에서 작품을 발표하는 일은 할 수 없다"라는 글을 게재했습니다. 이번 리스트 아트 페어에 참가하기로 했던 러시아 갤러리도 참가를 철회했지요. 러시아의 많은 문화 예술인이 보여주고 있는 이러한 연대에 대해 우크라이나 갤러리는 어떤 생각을 가지고 있나요?

러시아 문화 예술인의 전쟁 반대 성명이나 연대에 대해 감사의 마음을 전할 수 없는 것을 양해해주세요. 많은 사람이 이 전쟁은 푸틴의 악행이라고 말하고 있습니다. 그리고 러시아의 선량한 국민도 전쟁으로 인해 고통받고 있다고 하지요. 푸틴 독재 체제 하에서 러시아 국민이 할 수 있는 일은 많지 않다고 이야기합니다. 나는 그렇게 생각하지 않아요. 지금 일어나고 있는 전쟁은 2022년 2월 24일에 시작된 것이 아닙니다. 러시아가 크름 반도를 차지했던 2014년에 예고된 거예요. 그로부터 지난 8년간 러시아 국민은 침묵했습니다. 그리고 푸틴 정권의 독재와 외부 침략에 관용을 베풀었어요. 푸틴은 혼자서 침략 결정을 내린 것이 아닙니다. 지금의 푸틴을 만든 것은 러시아 국민입니다. 악을 계획하는 자를 왜 눈감고 외면합니까? 왜 아무것도 할 수 없다고 말합니까? 잘못된 정권은 심판하고 바꾸어야 합니다. 우크라이나 국민은 지난 10년간 독재와 싸워 민주 국가를 만들었어요. 러시아 정부에 항의하지 않고 침묵하는 모든 사람은 공범자입니다. 그리고 나는 러시아 갤러리가 우리에게 연대를 표했다는 것도 인정하고 싶지 않아요. 우리를 위해 러시아 갤러리가 참가를 철회한 것이 아니에요. 그들은 지금 미술계 어디에서도 환영받지 못해요. 러시아 갤러리가 참여를 취소해서 리스트 아트 페어 주최 측이 그 공간을 우크라이나 갤러리에게 배정한 것이지요. 우리는 주최 측에 감사할 뿐입니다.

러시아 갤러리와 우크라이나 갤러리 사이에 직접적인 연대는 없었다. 러시아 갤러리는 자신들의 입장을 언론 인터뷰에서 밝혔고, 언론은 그것을 자극적으로 다루었을 뿐이다. 우크라이나 갤러리가 바라보는 세상은 이 책 앞부분에 나오는 〈세상의 끝〉이라는 그림과 같을 것이다. 세상이 온통 검게 변하고 해바라기가 말라 비틀어진 상황에서 몇마디 말로 연대가 형성될 수는 없다. 인터뷰어가 외신 기사만을 믿고 쉽게 연대에 대해 질문한 것은 실수였다.

다음 날 볼로신 갤러리의 관장 줄리아 볼로시나를 만나러 갔다. 예상과 달랐던 리자 게르만과의 인터뷰 때문에 발걸음은 가볍지 않았다. 줄리아를 만나러 가는 길은 어제와 같은 길이었지만 도중에 마주치는 그림들은 어제와는 다르게 보였다. 러시아 갤러리에 대한 질문은 하지 않기로 마음먹었다.

전쟁 중 아트 페어에 참여하는 과정에서 볼로신 갤러리는 어떤 어려움을 겪었는지 들려줄 수 있나요?

작년 12월 미국에서 아트 바젤 마이애미와 나다NADA, 언타이틀드 아트 페어Untitled Art Fair가 함께 열렸어요. 아트 바젤과 리스트 아트 페어가 같이 열리는 것처럼 진행되었지요. 우리 갤러리는 나다와 언타이틀드 아트 페어에 참여했습니다. 그런데 전시회가 끝난 뒤 코로나에 걸려 한 달간 움직일 수 없었어요. 그러던 중 전쟁이 시작되었고 우크라이나로 돌아갈 수가 없었습니다. 그래서 마이애미의 한 창고에서 팝업 전시를 열어 우크라이나를 돕는 기금을 마련했지요. 잠시 여러 사람의 도움을 받아 미국에 머물고 있던 도중에 리스트 아트 페어로부터 급하게 초대 연락을 받았습니다. 바로 키이우에 머물고 있는 직원과 작가 들에게 연락했지요. 작가 니키타 카단이 전쟁 중에 피난하면서 작업한 작품을 보내주기로 했습니다. 볼로신 갤러리 건물은 1913년에 지어졌는데, 제2차 세계 대전 때는 방공호로 쓰였던 곳이에요. 한때 공습을 피해 니키타 카단을 비롯한 여러 작가와 갤러리 직원 들이 여기서 함께 지냈지요. 키이우에는 제대로 된 방공호가 없어서 공습이 시작되면 다들 대체로 지하 주차장이나 빛이 들지 않는 보일러실 같은 곳으로 대피해요. 우리 갤러리 건물은 그에 비하면 안전하고 쾌적한 편이죠. 리스트 아트 페어에 전시된 작품도 니키타 카단이 갤러리에 머물면서 작업한 작품이에요. 전쟁으로 폐허가 된 우크라이나 땅을 숯으로 그리고 중간에 소련 시대에 지어진 건물 사진을 배치했습니다. 소련이 공산주의 이데올로기로 우크라이나를 지배했는데 이번에는 러시아가 우크라이나를 잿더미로 만든 후에 러시아 문화로 지배하려는 것을 경계하는 작품이죠. 니키타 카단의 작품은 리스트 아트 페어에서 가장 뜨거운 반응을 얻었고, 첫날에 작품 대부분이 팔렸어요.

리스트 아트 페어 외에 다른 곳들에서도 연락을 많이 받았을 것 같아요. 어떤 제안이나 초청을 받았는지 궁금합니다.

전쟁으로 인해 키이우에 있는 갤러리들은 영업을 할 수 없는 상태입니다. 그러나 많은 해외 전시회, 갤러리, 교육 기관, 박물관으로부터 초청 편지를 받았어요. 공동 프로젝트를 진행하자는 요청도 많이 받았습니다. 우리는 이들의 제안을 무척 고맙게 생각합니다. 왜냐하면 전쟁 중임에도 불구하고 우크라이나 예술가들이 계속 활동하는 것을 보여줄 수 있기 때문이에요. 리스트 아트 페어에 이어서 비엔나컨템포러리 Viennacontemporary, 아트 애티나Art Athina, 스왑 바르셀로나Swab Barcelona, 엔터 아트 페어Enter Art Fair, 아모리 쇼The Armory Show,

볼로신 갤러리 관장 줄리아 볼로시나.

아트 쾰른Art Cologne 등에 참가비 없이 참여할 수 있도록 초대
받았습니다.

볼로신 갤러리가 국제적으로 많이 알려졌군요. 볼로신 갤
러리에 대해 조금 더 설명해줄 수 있을까요?

2016년에 남편 막스 볼로신과 함께 현대 미술에 특화된 갤러
리를 표방하면서 개관했습니다. 볼로신 갤러리는 우크라이나
예술가를 글로벌 시장에 소개하는 데에서 많은 역할을 해왔지
요. 앞에서 언급한 전시회 이외에도 달라스 아트 페어Dallas Art
Fair, 펄스 아트 페어Pulse Art Fair, 엑스포 시카고EXPO Chicago 등에
참가했습니다. 그리고 다양한 수상 경력도 가지고 있어요. 현
재 볼로신 갤러리의 전속 우크라이나 작가는 열 명이고, 그중
잔나 카디로바는 펄스 아트 페어에서 상을 받기도 했습니다.

이번 전쟁은 우크라이나의 예술가와 미술 시장에 어떤 영
향을 미칠까요?

전쟁으로 인해 많은 예술가가 작품 활동을 하지 못하고 있어
요. 집중할 수 없는 환경이기도 하고 당장 전쟁을 치르는 데 필
요한 일을 해야만 하거든요. 어느 예술가는 유물이나 미술품
을 안전한 곳으로 옮기는 일을 하고 있습니다. 조각가는 도시
방어를 위해 철제 바리케이드를 만들고 있으며, 디지털 아티
스트는 박물관 전시품을 온라인 자료로 구현하는 일을 하고
있어요. 그들은 우크라이나를 지키는 일에 재능을 사용하고
있습니다. 이는 우크라이나 미술이 우크라이나 사람들에게 더

갤러리에서 생활했던 작가들.

가까워지는 계기가 될 것이라고 생각합니다. 여력이 있는 작가들은 전쟁의 참상을 알리는 작품이나 내면의 고통을 표현하는 작품을 작업하고 있고요. 이번 전쟁이 작가들의 작품 세계에 많은 영향을 미칠 겁니다. 미술 시장에 대해 말하자면, 우크라이나의 미술 시장 규모는 아직 작아요. 상업 갤러리도 몇 개 없지요. 그래도 다양한 신진 작가들이 계속 등장하고 있고, 성공적인 전시회도 여러 번 열렸어요. 아이러니한 일이지만 전쟁으로 인해 전 세계가 전에 없이 우크라이나 문화와 예술에 관심을 갖게 되었고 이런 관심은 작품 구매로도 이어지고 있습니다. 전쟁 전에는 콜렉터 중 외국인 비중이 10퍼센트 정도였는데 지금은 백 퍼센트예요. 우크라이나를 지지하는 응원의 손길이라는 것도 잘 알고 있어요. 우크라이나 미술계는 이번 일을 내적·외적으로 크게 성장하는 발판으로 삼아야 해요. 우리에게 무거운 과제가 주어져 있는 셈이죠.

　　뉴스를 통해 우크라이나 동부에 있는 많은 박물관이 폭격을 당해 무너진 것을 보았습니다. 개인적으로 아르히프 쿠인지˙의 작품을 좋아하는데요, 그의 작품은 잘 보전되었는지 궁금합니다.

러시아의 폭격으로 주요 산업 시설뿐만 아니라 문화 유적지, 박물관, 미술관이 파괴되고 있습니다. 마리우폴에 있는 아르히프 쿠인지 미술관도 폭격을 맞았어요. 쿠인지의 대표작 〈붉

---

*　　1841~1910. 우크라이나의 마리우폴에서 태어난 화가. 쿠인지는 앞에서 언급된 크름 타타르인의 성˙이다. 이 책의 표지 이미지가 쿠인지의 작품이다.

은 석양Red Sunset〉, 〈엘브루스Elbrus〉, 〈크름 반도의 가을Autumn Crimea〉은 이미 안전한 곳으로 옮겨졌지만, 다른 작품들은 폭격에 의해 손상되었습니다. 러시아군은 마리우폴에 있는 여러 박물관에서 쿠인지와 아이바좁스키의 작품 등 2천여 점을 약탈해서 다른 곳으로 옮겼어요. 우리는 우크라이나의 문화와 예술을 지켜야 해요. 이번 아트 페어 참가에도 단순히 작품을 알리고 판매하는 것 이상의 의미가 있어요. 전쟁 중에 이런 국제 무대에 선 까닭은 러시아가 우리나라 건물과 땅을 파괴하고 문화 예술을 약탈하고 있지만 우리의 창작 활동은 멈추지 않는다는 것을 보여주고 싶기 때문이에요.

쿠인지 이야기가 나온 김에 말레비치에 대해서도 물어볼게요. 말레비치는 러시아 아방가르드를 대표하는 화가이자 현대 미술 탄생의 큰 공헌자로 널리 알려져 있습니다. 말레비치는 1876년에 우크라이나 키이우의 폴란드계 가정에서 태어났어요. 그곳에서 자라며 미술을 공부했지요. 키이우는 제정 러시아의 일부였지만, 당시에도 모스크바와는 상당히 달랐습니다. 제정 러시아는 말레비치가 간직한 우크라이나 전통을 억압했어요. 하지만 그의 작품 도처에는 폴란드계 우크라이나인의 정서가 남아 있고, 그의 일기에는 스스로를 우크라이나 사람이라고 밝히는 말이 수차례 적혀 있어요. 소련 시기에 말레비치의 전시회는 부르주아적이라는 이유로 금지되고 작품들은 압수되었습니다. 심지어 사형 협박까지 받았지요. 그를 러시아의 아방가르드 아티스트라고 말하는 것은 옳지 않아요. 말레비치는 우크라이나의 아방가르드 아티스트입니다.

우크라이나 문화와 러시아 문화는 서로 비슷할 것이라고 생각하는 사람이 많습니다. 예술 분야에서도 서로 영향을 주고받았을 것이라고 생각하지요. 러시아 미술과 우크라이나 미술은 서로 얼마나 영향을 주고받았는지 궁금합니다.

나는 우크라이나 독립 이후에 태어났어요. 학교에서 러시아어를 배우고 러시아 역사를 배웠지만 우크라이나 문화가 러시아 문화와 유사하다고 생각해본 적은 없습니다. 우크라이나는 우크라이나이고 러시아는 러시아일 뿐이에요. 우리는 전혀 같지 않아요. 같은 러시아어를 사용한다고 해서 동일 문화권이라고 할 수는 없습니다. 구소련 지역에서 러시아어는 세계 곳곳에서 쓰이는 영어 같은 거예요. 영어를 제1언어로 쓰는 나라들은 서로 문화가 같나요? 언어는 형식일 뿐입니다. 러시아 미술에 대해 말하자면, 러시아 미술은 기독교 미술과 사회주의·사실주의 미술 중심입니다. 우리는 러시아보다는 유럽에 가깝고, 오히려 프랑스 미술에서 영향을 많이 받았어요. 아르히프 쿠인지도 프랑스 미술에서 영향을 많이 받았다며 러시아 일각에서 배척당하기도 했지요. 지금은 러시아에서 미술을 배우는 우크라이나 학생도 찾아볼 수 없을 정도예요. 우리는 러시아 문화에 끌리지 않아요. 문화 간에 영향을 주고받는다는 것은 서로 동경하고 있을 때나 이루어지는 것이라고 생각해요. 하지만 우리는 러시아 문화를 동경하지 않습니다. 강제적으로 사상을 주입하는 러시아와 민주적인 우크라이나는 서로 갈 길이 다르지요. 우리는 더 많은 자유를 누리고 있어요. 예술가에게는 그것이 무엇보다 중요합니다.

근시일 내에 한국인들과 우크라이나 작가가 만날 수 있는 자리가 생기면 좋겠어요.

우리는 새로운 나라에 소개되는 것에 큰 관심을 가지고 있습니다. 한국 갤러리와의 협업도 생각하고 있어요. 조만간 키아프 서울Kiaf SEOUL에 참가할 계획인데요, 그때를 기대하고 있습니다.

우크라이나 예술이나 문화에 대해 더 이야기를 나누고 싶었지만 줄리아 볼로시나는 리스트 아트 페어에서 가장 바쁜 사람이었다. 끊임없이 콜렉터가 찾아왔고 많은 매체와의 인터뷰 일정이 잡혀 있었다. 줄리아는 다른 일정 때문에 자리를 뜨기 전 사진 촬영을 위한 포즈를 취해주었고 직원들을 일일이 소개해주었다. 이번 전시가 끝나면 직원들과 함께 유럽 전역을 떠돌며 우크라이나 작가의 작품을 알리는 일을 계속할 예정이다. 소속 작가들이 작품에 전념할 수 있는 환경이 빨리 돌아오는 것이 바람이라고 했다.

니키타 카단이 연결하려고 하는 세상은 어떤 세상일지 궁금했고, 갤러리 바닥에서 작업하면서 어떤 감정을 느꼈을지 궁금했다. 전쟁 때문에 우크라이나 작가들을 아트 페어에서 직접 볼 수 없는 것이 아쉬웠다.

아트 바젤에서 독일과 오스트리아에서 활동하고 있는 한국인 작가 윤종숙을 만났다. 그녀는 어떤 심상을 가지고 붓을 들고 캔버스 앞에 선다. 심상에 따라 획을 긋고, 그 획에 따라 새로운 감정이 생긴다. 마음에 들지 않으면 다시 같은 캔버스 앞에 붓을 들고 선다. 마음에 들지 않게 표현된 그림 위에 다시 새로운 감정을 덧붙인다. 그렇게 생긴 감정의 기록과 축적이 그녀의 작품이 된다. 런던의 콜렉터는 윤종숙의 그림 앞에 서면 평온과 자유를 느낀다고 했다. 갤러리를 벙커 삼아 작업했던 우크라이나 작가들의 작품 속에는 어떠한 감정의 축적이 담겨 있을까. 그것은 우리에게 어떻게 연결될까? 서울과 런던에서 열릴 볼로신 갤러리의 전시회가 기대된다.

우크라이나
마리아 마티오스
Maria Matios, Марія Матіос

러시아 문학을 경계하는 우크라이나의 유명 작가이자 전 정치인

도스토옙스키에게 신비한 영혼은 없다

지난 수십 년 동안 러시아는
전례 없는 돈을 투자하여
금융, 정치, 문화 등의 다양한 구조를 통해
러시아 문학의 고유성을 알리고
러시아 문학에 보편성을 부여하려고 노력했습니다.
러시아 문학과 관련한 신화를 만들려고 노력했지요.
그 신화의 중심에는
톨스토이와 도스토옙스키가 있습니다.

2022년 6월 7일~6월 16일 이메일 인터뷰.

최근 전쟁과 문학의 관계라는 논쟁적인 이슈를 접하게 되었다. 이와 관련하여 우크라이나 작가를 인터뷰해보고 싶었다. 작가 몇 명과 연락이 되었는데 의사소통이 어려웠다. 모든 작가가 러시아어로 대화하는 것을 거부했고 영어로는 매끄럽게 소통할 수 없었다. 대리인을 통해 연락을 주고받기도 했고, 우크라이나어로 인터뷰 취지를 설명하는 이메일을 쓸 때는 구글 번역기의 도움을 받기도 했다. 우크라이나어와 러시아어의 차이는 생각보다 컸다.

하지만 우크라이나 문학을 한국 독자에게 소개하고 우크라이나 작가의 문학과 전쟁에 대한 의견을 듣고 싶어서 끈질기게 매달렸다. 그리고 이번 인터뷰에 응해준 작가의 장점을 최대한 살리기 위해 이메일을 통한 질의 응답을 선택했지만, 그것은 실수였다. 작가의 답은 쉬이 오지 않았고, 받은 답의 문장은 심오했고, 번역에도 애를 먹었다. 맥락을 짐작하기 어려운 문장이 많았기 때문에 온갖 추측을 동원해야 했고 많은 사람의 도움이 필요했다. 마침내 그 의미들을 파악해낸 후에도 한국어로 표현하는 데 여러 어려움을 겪었다.

그렇기에 마리아 마티오스의 문학적인 생각을 전달하는 과정에서 마리아의 뜻과 다르게 표현된 부분이 생겼을 수도 있다는 점을 인정하지 않을 수 없다. 번역을 도와준 이들에게도, 맥락을 해석하는 데 도움을 준 이들에게도, 각종 번역기와 사전에도 책임은 없다. 전적으로 인터뷰어의 문학적 상상력이 부족한 탓이다.

어떤 이들은 러시아 문학도 푸틴 전쟁의 공범이라고 말합니다. 나는 도스토옙스키를 좋아하지 않지만 톨스토이는 좋아해요. 특히 《안나 카레니나》를 무척 좋아합니다. 비난하는 사람들이 염두에 두고 있는 러시아 문학이란 도스토옙스키뿐 아니라 톨스토이의 작품도 포함하는 것일 텐데요, 마리아는 이러한 비난에 대해 어떻게 생각하나요?

솔직히 말하면 나는 이제 더 이상 러시아 문학에 대해 이야기하고 싶지 않습니다. 위대하다고 여겨지는 개별 작가에 대해서도 이야기하고 싶은 생각이 없어요. 톨스토이와 도스토옙스키를 포함해서요. 도스토옙스키는 더욱 그렇습니다. 우리가 처한 상황에서 이 작가들의 작품을 분석하는 것은 우리나라에 대한 모독이라는 생각이 들 정도입니다. 그리고 굳이 덧붙이자면 나는 도스토옙스키를 존경한 적이 없어요. 그의 글은 거의 육체적으로까지 나를 아프게 했습니다. 그의 작품을 다 읽었지만, 도스토옙스키에 대한 거부감이나 혐오감은 그 이유를 스스로에게 설명할 수 없을 정도로 본능적이었어요. 그의 작품에는 전쟁 숭배, 큰 힘에 대한 숭배, 외국인 혐오, 작은 나라 비하, 러시아인의 우월성에 대한 찬미가 녹아 있습니다. 그것은 나의 세계와는 너무 동떨어진 세상입니다.

나는 톨스토이의 《안나 카레니나》가 한 여성의 위대한 열정과 깊은 정신 세계를 그려낸 것에 감복하며, 그런 면에서는 톨스토이에게 감사해요. 그러나 그뿐입니다. 《전쟁과 평화》와 다른 작품들에서 드러나는 '폭력과 악에 저항하지 않는' 그의 세계는 어떠한 감흥도 주지 못합니다. 그러한 정신이 내 작품 세계에 들어오는 것을 철저히 거부합니다. 아무리 인정받는 명작의 반열에 올라 있다고 하더라도 말이에요.

지난 수십 년 동안 러시아는 전례 없는 돈을 투자하여 금융, 정치, 문화 등의 다양한 구조를 통해 러시아 문학의 고유성을 알리고 러시아 문학에 보편성을 부여하려고 노력했습니다. 러시아 문학과 관련한 신화를 만들려고 노력했지요. 그 신화의 중심에는 톨스토이와 도스토옙스키가 있습니다. 소련과 러시아는 그들의 문학이 세계 문학의 출발점이자 중심으로 보이게 하려고 노력했지요. 톨스토이와 도스토옙스키는 소련과 러시아의 광고의 산물이며, 그들은 세계적으로 과대 평가받고 있습니다.

질문으로 돌아가서, 당신은 '러시아의 신비한 영혼'에 대하여 묻고 있는 것입니까? 톨스토이와 도스토옙스키에게 그 해독 코드가 있다고 하는 '러시아의 신비한 영혼'에 대해 묻고 있는 것입니까? 그런 것은 없어요. 그런 신비는 없습니다.

마리아의 말이 맞다면 이번 전쟁으로 그간의 소련과 러시아의 노력은 물거품이 되겠군요.

푸틴의 간악한 전쟁으로 소위 말하는 '러시아의 영혼'이라는 신비가 비눗방울처럼 터져버렸습니다. 지난 백 년 동안 세계를 매료시킨 톨스토이, 도스토옙스키와 러시아 발레를 야만과 연결시킬 수 있는 사람이 얼마나 있었나요? 야만은 잘 감춰져 있었습니다. 2022년 2월 24일 오전 4시에 러시아의 미사일과 폭탄이 4천4백만 명이 살고 있는 우크라이나를 공격했습니다. 우크라이나의 품위와 우크라이나의 문화에 대한 공격입니다. 푸틴의 탱크는 살인, 약탈, 강간을 엄호했습니다. 부차, 이르핀, 보로디안카에서 일어난 학살을 보세요. 그들이 쓸어버린 도시와 민간인을 보세요. 야만이라는 단어 외에 무언가가 떠오르나요?

러시아 군인은 러시아와 자신을 동일시하고 푸틴을 지도자로 섬기며, 위대한 러시아 문학을 머리에 이고 있습니다. 그런 그들이 한 짓을 보세요. 집을 부수고 사람을 죽인 뒤 고작 어떤 짓들을 했지요? 러시아에 있는 부인에게 선물로 주기 위해 값비싼 물건을 훔치고, 전기 주전자나 개 목줄을 가져가며, 여성의 낡은 속옷을 훔칩니다. 이런 상황에서 러시아 문학의 인간적이고 교육적인 가치에 대해 이야기하는 것이 무슨 소용이 있습니까? 러시아 문학의 위대함에 대해 이야기하는 것이 무슨 의미를 가집니까? 톨스토이와 도스토옙스키가 그들을 어떻게 가르쳤고, 그들을 어떻게 인간으로 만들었는지요? 이 문화적 위대함(?)이 몇 세기 동안 축적되면서 러시아 사람은 좀비가 되고 야만인이 되고 비판적으로 생각할 줄 모르고 공감능력과 기본적인 인간성을 상실했습니다. 그렇다면 왜 우리가 이 소위 **위대한 문학**이 고귀한 영향을 주고 있다는 환상을 가져야 합니까?

나는 도스토옙스키로 대표되는 러시아 문학에 독성이 있다고 믿어요. 우크라이나에서 이러한 문학은 자연히 독자들이 읽지 않게 될 것입니다. 이러한 경향은 아마도 몇 세대에 걸쳐 이어질 겁니다. 나는 최근에 전 세계에서 많이 읽히는 문학 작품의 순위에 관한 글을 본 적이 있어요. 점점 더 많은 사람이 톨스토이와 도스토옙스키의 작품을 읽지 않고 있는 것으로 나타났습니다. 러시아 제국에 의해 러시아인으로 둔갑해버린 우크라이나 작가 고골의 작품이 더 많이 읽히고 있지요.

> 한국인을 포함한 세계인은 어찌 되었건 러시아 문학을 계속 읽지 않을까요. 혹시 러시아 문학을 읽는 것은 러시아를 이해하는 데 얼마나 도움이 될까요? 그리고 러시아 문학을 읽을 때 무엇을 신경 써야 할까요?

러시아 문학을 계속 읽을지 말지의 문제는 개인의 선택과 취향의 문제입니다. 인간의 가장 어두운 밑바닥, 인간의 파괴적인 욕구가 보고 싶다면 계속 러시아 문학을 읽으세요. 그 속에는 가장 추악한 인간 선언이 있고 전체주의적인 단면이 있습니다. 프랑스, 독일, 영국, 일본 등의 문학은 문학적 다양성을 내포하고 있어서 한 사람을 인간적이고 지성적으로 만들기에 충분한 세상을 보여주고 있지요. 러시아 문학의 어두운 면을 잘 살펴야 합니다. 그렇지 않다면 당신은 전체주의를 좋아하게 될 수도, 인간의 추악한 면을 동경하게 될 수도 있습니다.

나는 문학이 교육적 목적을 가져야 한다고 믿는 사람은 아니지만, 문학이 말하고 보여주는 세상에는 어느 정도의 교육적인 역할이 있음을 부인할 수 없어요. 러시아 군인이 우크라이나에서 보여준 잔악성은 문명이란 것과는 아무런 관련이 없습니다. 러시아는 로켓을 우주로 쏘아 올렸지만 자신들의 비포장 도로를 포장하지는 않았습니다. 저기에 화장실이 있어도 러시아 사람은 그 화장실로 가지 않습니다. 그게 러시아 문학이 러시아인에게 보여준 세상입니다. 러시아 문학은 러시아인에게 문명을 보여주지 못했어요. 러시아 고유 문학이라는 신화는 2백 년간 이어져왔지만 결국 지금의 러시아를 만드는 데 그치고 말았습니다.

소련 시기에 우크라이나 문학은 어떤 탄압을 받았는지 궁금합니다.

톨스토이와 도스토옙스키 문학은 인간 중심의 문학이 아니라 제국 중심의 문학입니다. 그 속에서 국가는 항상 개인보다 중요합니다. 러시아 문학은 부인하고 부정하는 문학이며, 그 점이 바로 우크라이나 문학과 매우 다른 점입니다.

러시아는 항상 가능한 모든 방법을 동원해 우크라이나어로 된 책을 금지하려고 했고, 심지어 우크라이나어의 존재 자체도 부인하려고 했습니다. 소련 시기에는 특히 악랄했습니다. 우크라이나어로 쓰인 수백 점의 문학 작품을 금지했지요. 내 작품도 공산주의자들에 의해 출판이 금지되었고, 나를 형사 기소하기까지 했습니다. 우크라이나 작품을 말살하려고 한 소련의 정책과 그로 인해 우크라이나 작가가 당한 굴욕을 설명하기 위해서는 마음가짐을 단단히 해야 합니다. 너무나 방대하고 울분에 찬 이야기이기 때문이에요. 다 설명하려면 별도의 기회를 잡아야 할 것 같군요. 현재의 기분과 마음 상태로는 감당해낼 수가 없네요.

밀란 쿤데라는 도스토옙스키의 소설에서 감정은 두려움을 정당화하고 열정과 사랑이라는 이름으로 잔악한 행위가 묵과된다고 말했습니다. 그러면서 감정이 이성을 대체해서는 인간은 타인을 온전하게 이해할 수 없다고 지적했지요. 마리아의 작품 속에서 감정과 이성은 어떠한 관계를 가지고 있나요?

문학에서의 감정과 이성의 관계를 이야기한 쿤데라의 테제에 대한 질문은 어려우면서 좋은 질문입니다. 나는 30권의 책을 써오면서 분열된 나를 느낍니다. 어느 부분에서는 너무 감정적이고, 어느 부분에서는 너무 이성적이에요. 내 책에는 없어서는 안 될 중요한 감정적 요소들이 있지만, 동시에 그 감정에 너무 빠지지 않기 위해 디테일한 장치를 마련해둡니다. 작품 안에서 이성과 감성은 갈등을 일으키기도 하고 서로 일치하기도 해요. 내 이름을 따서 이러한 문체를 마티오스 스타일이라고 부르곤 있지요.

작가의 작품은 작가의 삶 전반부에 이미 결정이 난다는 말이 있어요. 마리아는 어떠한 어린 시절을 보냈으며 그 시절은 작품에 어떠한 영향을 미쳤나요?

작가로서 나의 삶과 작품 세계와 작품 스타일은 의심의 여지 없이 태어나 자란 곳과 어린 시절로부터 절대적인 영향을 받았습니다.

나는 우크라이나 서부의 카르파티아 산맥에 자리한 작고 아름다운 마을에서 태어났고, 훗술Hutsul, Гуцули* 문화권에서 자랐습니다. 나는 1790년부터의 부계와 모계의 조상을 알고 있어요. 조상은 오스트리아 출신이지만 우리 집안은 7대째 훗술인으로 살고 있습니다. 훗술 문화는 강한 가부장적 전통을 가지고 있으며 복식을 비롯해 모든 면에서 우크라이나 다른 지역 문화와는 다릅니다. 훗술인 거주 지역은 이교와 기독교 전통이 놀랍도록 잘 조화되어 있어요. 우크라이나 다른 지역에서는 볼 수 없는 열정이 있으며, 훗술인 고유의 미신과 믿음을 갖고 있지요. 훗술인의 예술적 전통과 비슷한 것이 남미 몇 나라와 그리스 문화에서 발견되기도 합니다.

부코비나 지역에 속한 내 마을은 해발 9백 미터에 위치한 숲과 목초지 사이에 있어요. 우리 집에서 보면 멀찍이 고작 집 네 채가 서 있을 뿐입니다. 1940년까지 이 지역은 루마니아의 일부였고 거주민 대부분은 우크라이나어를 사용했으며,** 소련과는 아무런 관련이 없었습니다. 제2차 세계 대전 이후에 아홉 개 가문이 성공적으로 살아남았지만, 소련에 점령당하면서 이곳에 살던 사람들 대부분이 시베리아와 우랄의 외딴 지역으로 추방되었습니다. 억압적인 소련 체제는 지역 자치 정부를 받아들이지 않았고 소련에 저항하는 사람들을 잔인하게 다루었습니다. 우리 증조할아버지는 우크라이나 훗술인으로 오스트리아·헝가리 제국에서 태어났고, 내 아버지는 루마니아에서 태어났으며, 나와 내 아들은 소련에서 태어났고, 내 손녀는 독

* 　우크라이나와 루마니아 사이의 산악 지역에서 사는 우크라이나 소수 민족.
** 　훗술의 언어는 서부 우크라이나어의 방언으로 분류된다.

립 국가 우크라이나에서 태어났습니다. 나는 이곳에서 역사의 모순을 봅니다.

내 가족 이야기만으로도 대서사극을 쓸 수 있어요. 나는 2019년에 《너도밤나무의 땅Buchen Land》*이라는 책을 썼습니다. 총 2백만 자, 단어 3십6만 2천 개, 고유명사 5백 개, 지명 6백 개로 구성된 이 책은 1779년에서 2014년까지의 한 집안의 삶을 다룬 소설이에요. 소설 속 주인공들은 오스트리아·헝가리 제국, 독일, 루마니아, 소련, 우크라이나를 배경으로 살아갑니다.

마리아는 우크라이나에서 아주 유명한 작가입니다. 한국 독자에게는 처음 소개되는데요, 자신의 작품 중 제일 먼저 소개하고 싶은 작품이 있다면 어떤 것인가요?

한국 독자에게 내 책 중 먼저 《달콤한 다루시아Sweet Darusya》와 《거의 절대로 다른 것은 아니야Hardly ever otherwise》를 소개하고 싶군요. 작가로서 나는 역사 이야기를 주로 쓰는데, 그 이야기 속에서 사회심리학적인 문제를 풀어내려고 애씁니다.

나의 대표작은 뭐니 뭐니 해도 《달콤한 다루시아》입니다. 영어, 프랑스어, 독일어, 폴란드어 등 열 개 언어로 번역 출간된 소설이지요. 이 소설은 연극화되어 무대에도 올랐고, 우크라이나, 미국, 독일, 폴란드, 캐나다에서 12년 동안 3백 회 이상 공연되었어요.《달콤한 다루시아》는 전체주의 사회에서 벌

---

* 　부코비나는 '너도밤나무의 땅'이라는 뜻이다.

어진 한 소녀의 비극을 그린 작품입니다. 우크라이나는 20세기 전반기에만 무려 열네 번이나 권력이 교체되었고 사회 및 정치 체제가 변화를 거듭했습니다. 그러한 시대를 관통하며 살아간 소녀가 겪었을 사회심리학적인 문제를 상상할 수 있나요? 그런 곳에서 소녀가 느낀 시간이라는 것의 의미는 무엇이었을까요? 작품 속 배경은 내가 태어난 곳입니다.

소개되었으면 하고 바라는 두 번째 작품 《거의 절대로 다른 것은 아니야》는 세 개의 이야기 속에서 가족사를 다룬 소설입니다. 영어와 폴란드어로 번역되었으며 다른 언어로도 번역 작업이 진행 중입니다. 이 작품은 수백 년에 걸친 사건을 사회심리학적으로 다룬 드라마입니다. 문학 평론가들은 민족 형성 과정을 다룬 스릴러라고 생각하지만, 사실은 외상 후 스트레스 증후군을 다루는 심리 스릴러라고 할 수 있습니다. 소설 속에서 명예의 법칙과 감정의 법칙이 충돌하고, 결정적 삶의 순간에 사람들이 갖게 된 알리바이가 전쟁과 연관된 외상 후 스트레스 증후군을 극복하는 문제로 발전하는 이야기이지요. 제1차 세계 대전을 배경으로 펼쳐지는 소설 속 사건은 우크라이나 전쟁이라는 오늘날의 맥락과 놀랍도록 잘 이어져 있습니다.

이번 전쟁은 마리아의 향후 작품 활동에 어떠한 영향을 미칠까요?

내 평생에 전쟁이 일어날 거라고는 상상도 하지 못했어요. 지금만큼 강렬하지는 않지만, 이 전쟁은 2014년 돈바스 전쟁에서 시작되었습니다. 이번에 시작된 전면전도 오래 지속되고 있지요. 현재 전쟁은 우크라이나 동부에 집중되어 있지만 여전히 우크라이나 전역에 절대적인 영향을 미치고 있습니다. 불행히도 푸틴은 우크라이나 영토의 25퍼센트를 점유하고 있는 상태이며, 우크라이나 항구를 장악해서 세계인을 식량 위기로 몰아넣으려고 합니다.

현재 작품을 쓴다는 것은 믿을 수 없을 만큼 어려운 일이 되었어요. 매일 전쟁 소식에서 눈을 뗄 수가 없고, 전쟁 뉴스에서는 손실, 피해, 피, 죽음과 같은 단어가 반복되고 있습니다.

이러한 시간은 결국 많은 문학 작품을 만들어낼 거라고 생각해요. 또 다른 차원의 문학 작품들이 탄생할 겁니다. 어제와 오늘의 전사들, 전쟁에서 살아남은 사람들이 글을 쓸 거예요. 누군가의 글은 그렇게 수준이 높지 않을지도 모르지만 글을 통해서 외상 후 스트레스 증후군을 극복할 수 있을 겁니다. 우리 모두 정신과에 가는 일이 발생하기 전에 많은 문학 작품을 만들어내야 해요. 반드시 푸틴이라는 괴물을 물리칠 테지만 그로 인해 생긴 트라우마와 스트레스는 꽤 오래 남아 우리에게 깊은 영향을 미치겠지요. 상처를 치유하는 데는 오랜 시간이 걸릴 것이고, 문학이 그 과정에서 제 역할을 할 것입니다.

마리아는 우크라이나의 국회의원이기도 했습니다. 그 활동 기간을 어떻게 기억하고 있나요?

나는 2012년부터 2019년까지 우크라이나의 국회의원이었습니다. 우크라이나 현대사에서 가장 중요하고 가장 극적인 기간이었어요. 이 기간에 오렌지 혁명이 일어났지요. 우리는 그것을 '존엄의 혁명The Revolution of Dignity'이라고 부릅니다. 국민들이 야누코비치 대통령의 독재에 반기를 들었어요. 야누코비치는 유럽식 민주주의를 지향하자는 국민의 요구를 뿌리치고 우크라이나를 러시아에 묶어두려고 했습니다. 그러나 우크라이나 사회의 민주적 요구가 야누코비치의 독재를 허락하지 않았지요. 우크라이나는 러시아의 침략으로 3백 년 넘게 고통을 받아왔습니다. 전체주의 소련 시기에만, 그러니까 1927, 1932~1933, 1947년에 무려 세 번의 홀로도모르Holodomor*가 벌어졌지요. 이것은 명백한 학살이었습니다. 그런 기억을 가진 우크라이나 사람을 러시아에 계속 묶어놓으려는 것은 애시당초 가능하지 않습니다. 국민들은 야누코비치의 정책에 반대해 광장으로 나왔고 독재자를 무너뜨렸습니다. 그런 사건이 발생한 후에 러시아가 크름 반도를 병합했고, 그 이후에 돈바스를 공격했어요. 이 모든 것이 내가 국회의원이었던 시절에 벌어졌습니다.

마리아는 어떤 일을 했고, 가까이에서 본 정치는 어떠했습니까?

나는 현 키이우 시장인 비탈리 클리치코**가 이끄는 정당 소속의 국회의원이었습니다. 다른 사람들이 부상당한 군인을 치료

---

* 기근을 가장한 인종 학살. 1932~1933년 사이에 식량 부족으로 사망한 우크라이나 국민은 7백만 명이 넘는다.

** 복싱 헤비급 세계 챔피언 출신이며, 동생도 형을 이어 복싱 헤비급 세계 챔피언이 되었다.

하고 군인을 위해 음식을 준비할 때, 나는 법률을 만들고 다양한 문화 프로젝트를 진행했어요. 국회의원이 아니었다면 나도 어떤 형태로든 전선의 군인에게 직접 도움이 되는 일을 했을 겁니다. 나는 다양한 문화 프로그램을 만들어서 전선의 장병들을 위로했고 재정적·법률적·심리적 도움이 필요한 장병들을 도왔습니다.

정치를 하면서 긍정적인 경험도 했고 부정적인 경험도 했고, 정치인에 대해 긍정적인 이미지도 가졌고 부정적인 이미지도 가졌습니다. 그러나 국회의원 경험은 작품 활동에 좋은 영감을 주지 못했어요. 나는 창의적인 활동으로 돌아왔고 전선의 군인을 지원하기 위한 봉사 활동을 하고 있습니다. 다행인 점은 정치를 하면서 어떠한 스캔들이나 부정과도 연루되지 않았다는 것입니다. 이는 나의 자부심이기도 해요.

내가 정치권에서 일했을 때 정치가 국민들에게 어떠했는지를 한마디로 말하기는 어렵습니다. 선언만 하지 않았을 뿐 이미 사실상 전쟁 상태였고, 우크라이나 동부에서는 잔인한 일들이 계속 일어나고 있었어요. 우리는 그것을 중단시키지 못했다는 면에서는 나쁜 정치를 했고, 더 나은 우크라이나를 만들어나갔다는 면에서는 좋은 정치를 했습니다. 지난 10년 동안 우리는 아닌 것을 아니라고 말할 수 있게 되었지요.

마리아는 비탈리 클리치코와 친분이 깊겠군요? 젤렌스키 대통령과는 어떠한 사이입니까?

나는 비탈리 클리치코의 팀에서 일했어요. 내가 아는 모든 우크라이나 정치인 중에서 누구보다도 인간적인 인물이에요. 작가로서 나는 정치의 인간적인 측면을 중시합니다. 그의 캐릭터는 향후 우크라이나 정치에서 아주 중요한 역할을 할 겁니다. 젤렌스키 대통령과는 개인적인 인연이 없고 그의 개성을 가까이에서 볼 기회가 없었습니다.

마지막으로, 이 전쟁을 지켜보고 있는 한국인들에게 어떠한 이야기를 들려주고 싶은가요?

많은 사람이 푸틴이라는 한 사람에게만 반인도적인 범죄에 대한 비난을 퍼붓고 있습니다. 이것은 심각한 잘못이며, 의도된 잘못일 수 있습니다. 푸틴이 오랫동안 거짓말을 생산하는 것을 방관하고 받아들이고 소비한 러시아 사회 전체에 잘못이 있습니다. 이제 그들은 푸틴의 범죄 의지를 행동으로 옮기고 있지요.

전쟁이 지속되면서 피로감을 느끼는 사람들이 있을 것입니다. 나는 전쟁에 점차 관심을 잃어가는 사람들에게 이렇게 말하고 싶어요. 내일은 다른 어떤 곳에서 이런 일이 일어날지도 모릅니다. 푸틴과 같은 정치적 식인종이 존재하고 그런 자들을 지지하려는 대중의 욕구가 있는 한 이 세상을 살아가는 누구도 안심할 수 없습니다. 그런 것을 막기 위해서라도 오늘 우리는 식인종으로부터 고통받고 있는 이들에게 최대한의 공감을 표해야 합니다.

MVP급 활약을 벌이고 있던 LA다저스의 코디 벨린저 선수가 우익수 방향 깊숙한 곳에 타구를 날렸다. 선수는 가볍게 2루를 찍고 멈춰 섰다. 그런데 그는 다음 수비 때 교체되었다. 팽팽하게 진행되는 경기에서 4번 타자를 뺀 이유는 무엇이었을까? 허슬hustle이 부족해서였다. 허슬은 강하게 밀고 강하게 당기는 전투력을 의미한다. 감독이 보기에는 4번 타자라도 최선을 다해 3루까지 가려고 시도했어야 했다. 선수는 반발했고 모욕으로 받아들였다. 영국의 럭비 선수와 축구 선수, 미국의 미식축구 선수와 야구 선수에게 중요한 것은 허슬이다. 허슬이 없는 선수는 박하게 평가받는 경향이 있다.

운동 선수의 플레이와 달리 우리의 삶은 허슬이 없는 편이 좋다. 그러나 코로나와 전쟁을 겪으면서 인플레이션이 일어나고 금융 시장이 격동하면서 우리 삶에도 허슬이 필요한 순간들이 찾아왔다. '워라밸work and life balance'이 아니라 허슬인 것이다. 퇴근 후 집에서 쉬는 게 아니라 다른 아르바이트를 찾아 뛰는 것이 바로 먹고살기 위한 허슬이다. 영어의 hustle은 네덜란드어 husselen이나 hutselen에서 온 것으로 추정된다. hut은 라틴어로 도둑을 의미한다. 우리는 도둑처럼 3루를 훔쳐야 하며, 도둑처럼 밤에도 일해야 한다.

마리아 마티오스는 훗설인이다. Hutsul이라고 쓴다. 몽골의 침입을 피해 우크라이나와 루마니아의 고산 지대에 정착한 서슬라브족 일부에서 비롯된 민족으로 추정된다. 어쩌면 산에서 척박한 삶을 살아가는 모습이 외부인의 눈에 이상하게 보였는지도 모른다. 그래서 Hutsul이라는 이름이 붙었을까? 허슬과 마찬가지로 훗설도 hut에서 파생된 단어라는 설이 있다. 훗설인은 20세기 전반기에만 열네 번의 정치 체제 변화를 겪었다. 어느 정치 체제는 1년을 넘기지 못하기도 했다. 그들의 삶이 허슬했을 것임은 불문가지다. 그리고 그들은 이번 전쟁으로 다시 한 번 허슬해졌다. 그들의 허슬에 우리는 최대한의 공감과 연대를 보여줘야 한다. 허슬이 필요한 시대를 함께 살아가고 있기 때문이다.

우크라이나
루브코 데레쉬

Lubko Deresh, Любко Дереш

러시아 문학을 전쟁의 공범이라고 말하는 젊은 작가

악을 먼저 계획하면 선에 도달할 수 없다

기독교적 암시로 가득 찬
대부분의 러시아 문학은
미래의 선이라는 환상을 위해
현실에서 악마와 타협하는 것을 허락합니다.
그러나 '진실'은 '당신이 악을 먼저 계획하면
선에 도달할 수 없다'라고 말합니다.
이게 바로 셰익스피어가
《맥베스》에서 말하려고 한 것이지요.
내가 아는 한,
《맥베스》에 드리워 있는 아름다운 생각이
러시아 문학에는 없습니다.

2022년 6월 18일~6월 26일 이메일 인터뷰.

문학과 전쟁, 러시아 문학이 갖고 있는 전쟁 책임, 러시아 문학과 우크라이나 문학의 관계는 심오하고 흥미로운 주제다. 그리고 민감하다. 앞에서 마리아 마티오스 작가의 이야기를 들어보았다. 마리아의 이야기는 많은 감흥을 주었다. 그러나 한 작가의 생각이 우크라이나 문학계 전체를 대변할 수는 없기 때문에 되도록 많은 작가와 접촉했다. 우크라이나 대표 작가로 널리 알려진 옥사나 자부즈코*와 폴란드 작가 협회에 의해 노벨 문학상 후보로 추천된 세르히 자단을 포함해 여섯 작가와 짧거나 긴 대화를 나눴다. 가장 눈에 띄는 작가는 38세 남성 루브코 데레쉬였다.

　루브코의 이야기를 소개하고 싶었던 것은 그가 마리아 마티오스와 여러 면에서 다르기 때문이다. 그는 접촉한 작가들 중 가장 젊고 정치에 무관심했다는 면에서 달랐다. 루브코 데레쉬는 영어로 답해주었지만 그럼에도 그의 생각을 한국어로 옮기는 것은 어려웠다. 루브코는 명확하게 이해할 수 있도록 여러 차례 자세히 설명해주었다. 톨스토이와 도스토옙스키에 관한 그의 의견을 들어보자.

루브코는 요즘 이슈인 러시아 문학 공범론에 대해 어떻게 생각하나요? 작가 옥사나 자부즈코가 러시아 문학은 푸틴이 저지른 전쟁 범죄의 공범이라고 말했지요.

* 　우크라이나 작가 중 작품이 가장 많이 전 세계로 번역되고 있는 작가다. 2022년 5월에 공무원이나 EU 시민이 아닌 사람으로서는 최초로 EU 의회에서 연설했다.

나는 두 가지 문제 때문에 러시아 문학을 푸틴의 공범이라고 생각합니다. 하나는 국가로서 러시아가 가지는 제국주의적 야망과 관련이 있고, 다른 하나는 개인의 존엄, 자유 및 책임이 러시아 문학에 결여되어 있다는 사실과 관련이 있습니다.

첫 번째 문제는 명백히 러시아 지식인의 책임이에요. 예전 영국, 프랑스, 독일 문학에는 크건 작건 식민주의적 관점이 담겨 있었습니다. 그러나 제국주의 야망이 쇠퇴한 이후에는 탈식민주의와 관련해 철저한 식민주의 비판과 성찰이 일어났지요. 하지만 현대 러시아 문학에서 탈식민주의와 관련한 의미 있는 성찰을 본 적이 없습니다. 러시아 문학은 여전히 국수주의적이고 이웃 국가에 대해 오만한 자세를 견지하고 있어요. 자유주의 담론은 억압되어 있고요. 소련 붕괴 이후 강력한 탈식민주의 담론을 만들어낼 책임은 러시아 지식인에게 있었습니다. 그러나 그들은 시민 사회의 성숙함을 만드는 데 어떠한 공헌도 하지 못했습니다. 그들에게 전쟁에 대한 죄책감이 있을 수는 있겠지만 그뿐입니다.

두 번째 문제는 러시아 문학에 인간의 존엄성, 내면의 자유, 스스로 저지른 행위에 대한 도덕적 책임이 결여되어 있는 것과 관련이 있습니다. 이 또한 문학에 한정되는 것은 아니고 사회 전체에 해당하는 현상입니다. 러시아 사회는 실질적으로 마그데부르크 법Magdeburger Recht*을 알지 못했고 자율의 경

---

* 옛 중부 유럽에서 도시와 마을이 군주의 독단에서 벗어나 누렸던 자치권을 칭한다. 원래는 신성 로마 제국 황제 오토 1세가 제정한 법으로, 독일 동부, 보헤미아, 헝가리, 폴란드, 리투아니아, 우크라이나, 러시아로 전파되었다.

험이 거의 없었습니다. 몽골-타타르 멍에, 이반 그로즈니Ivan Grozny*로 상징되는 러시아 차르의 억압, 스탈린의 공포 정치, 그리고 푸틴의 독재에 이르기까지 러시아 사회는 가혹하고 부당하며 수직적이고 가부장적인 구조에서 벗어나지 못했지요. 러시아는 죽을 때까지 자유를 위해 싸우는 대신에 새 주인을 조용히 받아들이는 것을 선택했어요. 결국 한 사회가 가져야 할 존엄성과 품격의 구조를 갖추지 못한 것입니다. 존엄성 없이는 자유도 없고, 자유 없이는 가까이서 일어나는 일에 대한 책임도 없죠. 이러한 문제는 러시아 정교도 동일하게 품고 있습니다. 기독교의 핵심 사상에는 인간의 존엄, 자유, 개인적 책임이 포함되어 있다고 생각해요. 하지만 그러한 기독교조차도 러시아에서는 길을 잃었습니다. 러시아 주교와 그들의 성경 해석은 차르와 KGB 수령의 볼모가 되어버렸지요.

이러한 맥락에서 러시아 문학과 종교도, 보다 넓게 말하면 러시아의 사회 문화도 이 전쟁의 공범이라고 말할 수 있습니다. 다른 민족을 모욕함으로써 러시아의 위대함을 드러낸다는 생각은 어디에서 왔을까요? 오랫동안 노예로 살아온 데서 비롯된 집단적 트라우마와 굴욕감이 존엄성 부족을 만들어낸 것입니다.

구체적으로 어떠한 공범적 요소가 러시아 문학에 내재되어 있는지 듣고 싶습니다.

---

* 　1530~1584. 공포 이반Ivan the Terrible으로 불리는 러시아 황제.

체호프, 부닌, 톨스토이와 같은 극소수 러시아 작가에게는 존엄과 품격이 있고, 다른 사람을 모욕하지 않으려는 노력이 있어요. 그러나 러시아 작가의 작품 속에는 '러시아의 신God', '민족', '위대함'에 대한 정교한 담론이 있지만, 그 세 가지는 현실 속에선 한없이 빈약하고 불공정하며 초라합니다. 기독교적 암시로 가득 찬 대부분의 러시아 문학은 미래의 선이라는 환상을 위해 현실에서 악마와 타협하는 것을 허락합니다. 그러나 '진실'은 '당신이 악을 먼저 계획하면 선에 도달할 수 없다'라고 말합니다. 이게 바로 셰익스피어가 《맥베스》에서 말하려고 한 것이지요. 내가 아는 한, 《맥베스》에 드리워 있는 아름다운 생각이 러시아 문학에는 없습니다.

조지아의 위대한 철학자 메랍 마마르다쉬빌리는 러시아인이 임마누엘 칸트를 선호하지 않는다는 사실을 발견했어요. 칸트의 정언 명령에 따르면, 당신의 행동에 대한 책임은 항상 당신 자신에게 있는 것입니다. 유전자, 환경 그리고 당신이 살고 있는 사회에 책임을 떠넘길 수는 없습니다. 하지만 러시아 문학의 주요 내러티브는 칸트의 생각과는 완전히 반대입니다. 러시아 문학은 죄라는 것은 당신이 아닌 다른 사람에게 있다고 말하지요. 러시아인은 "먼저 죄를 짓지 않는다면, 회개란 없다"라고 합니다. 그것은 원죄와는 다른 것입니다. 죄를 어느 정도 당연시하고 있는 거예요.

"러시아 문학은 범죄자를 정죄하지 않고 동정하는 세계관을 반영한다"라는 비난도 있습니다. 도스토옙스키를 염두에 두고 한 말이겠지요. 이에 대해서는 어떻게 생각하나요? 러시아 문학이 그런 세계관을 가지고 있다면, 우크라이나 문학은 어떻게 다른가요?

이미 언급했듯이, 러시아 문학을 깊숙이 들여다보면 인간에 대한 존엄성이 없다는 것을 깨닫게 됩니다. 러시아 문학은 보통 사람들이 블레셋 사람들*로 구성되어 있다는 강한 믿음을 가지고 있어요. 그러면서 러시아 문학은 매춘부와 범죄자 등에서 '진정한 사람'을 찾는 것에 매달리고 있습니다. 그에 반해 내가 읽은 우크라이나 문학은 자유 추구와 세상에 대한 미묘한 형이상학적 탐구에 더 중점을 두어요.

밀란 쿤데라는 도스토옙스키의 소설에서 감정은 공포를 정당화하고 최악의 잔학 행위는 서정적인 열정과 사랑의 이름으로 정당화된다고 말했습니다. 이런 비판과 관련해 의견이 있나요?

문학은 인간이 인간성을 회복할 수 있게 만드는 메커니즘입니다. 고대 그리스 드라마, 셰익스피어, 샐린저가 묘사하는 것이 바로 인간성의 회복이에요. 러시아 문학은 러시아가 우크라이나를 침략하는 동안 러시아인이 인간성을 회복하는 데 아무 도움도 주지 못한 채 무기력했습니다. 상트페테르부르크에서 돈바스로 온 철학 대학원생**에 대한 이야기를 도스토옙스

---

*   성경에서 이스라엘의 적으로 표현되는 사람들이다. 여기서는 죄를 범하는
      사람들이라는 의미로 사용되었다.
**   도스토옙스키의 《죄와 벌》의 주인공 라스콜니코프를 가리킨다.

키가 어떻게 썼을지 쉽게 상상할 수 있습니다. '그는 위대한 러시아 문화를 보호하기 위해 돈바스에 와서 민병대가 되었습니다. 그가 여기로 온 이유는 돈바스는 항상 러시아의 땅이었고, 한 번도 실질적으로 우크라이나의 땅인 적이 없기 때문입니다. 우크라이나인은 실제로는 무고하지만, 서구에 의해 오염되었기 때문에 죽어 마땅합니다. 오염된 우크라이나인이 돈바스에서 위대한 러시아 문화를 없애버리는 것을 막기 위해 살육을 저지릅니다' 등등. 러시아 침략에 대해 러시아 지성인조차 이와 같은 말을 하지요. 도스토옙스키 소설의 현실 버전인 것입니다. 개인에게는 어떤 감정을 불러일으키기에 충분한 이야기지만, 인간 스스로 인간성을 회복하는 면에서는 충분하지 않은 이야기예요. 도스토옙스키는 인간에게 인간성을 회복시키는 것이 아니라, 러시아인에게 러시아성을 회복시켜줍니다.

카렐 차페크는 이렇게 말했습니다. "누군가가 잔학 행위를 저지르고 가슴을 치기 시작한다. 그러면 도덕적 질서가 유지되고 인간 영혼이 구원을 받는다. 죄인은 용서받는다. 그러나 현실은 그렇게 단순하고 감상적이지 않다. 그것은 문학과 감상이지 실생활이 아니다. 현실에서 당신은 어떤 것과도 섞이지 않고 다른 모든 것이 흘러내리도록 하는 부드럽고 깨끗하고 단단한 수정 조각을 자신 안에 가지고 있어야 한다."* 이것도 도스토옙스키를 비난한

---

* 《호르두발Hordubal》(1933), 카렐 차페크.

것으로 보이는데요, 루브코는 어떻게 생각하나요?

러시아인은 칸트의 정언 명령을 견디지 못한다고 앞에서 이야기했지요. 차페크가 말한 것이 바로 칸트의 정언 명령입니다. 제2차 세계 대전 때 쾨니히스베르크에 온 러시아 군인이 칸트의 무덤에 '러시아 사람 이반이 당신의 유골 위에 설 것이라고 생각해본 적이 있나?'라고 쓴 일이 있어요. '위대한 러시아 문학'과 '끔찍한 러시아 현실' 사이에는 심연이 있습니다. 심연의 어둠 속에 러시아인의 신비한 영혼이 살고 있습니다. 그것은 빛을 좋아하지 않아요. 왜냐하면 빛은 억압, 공포, 폭력, 인권 무시로 가득한 러시아의 일상과 감상적 가치로 가득한 러시아 문학 사이의 거리를 드러내기 때문입니다.

루브코는 아까 톨스토이를 부분적이지만 긍정적으로 평가했습니다. 톨스토이와 도스토옙스키의 문학은 앞으로 우크라이나에서 어떠한 위상을 가지게 될까요?

러시아 아이콘으로 누구를 선택할 것인지에 대한 논쟁이 있었다고 가정해봅시다. 실제로 그런 것은 없었지만요. 톨스토이는 평화주의자, 세계주의자라고 생각할 여지가 있는 데 반해 도스토옙스키는 외국인 혐오자, 국수주의자입니다. 하지만 국가 대표를 선발하는 전투에서는 톨스토이가 도스토옙스키에게 졌다고 할 수 있어요. 그리고 이번 전쟁과 무관하게, 이미 도스토옙스키는 우크라이나 문학계에선 거의 어떠한 위상도 없었습니다. 도스토옙스키는 우크라이나 도시의 길 이름에서 사라졌고, 학교의 문학 수업에서 빠진 지 오래되었지요.

그럼에도 불구하고 러시아 문학에는 읽을 만한 가치가 있지 않을까요? 러시아를 이해하는 수단으로서, 또는 잘못된 것이 있다면 교훈을 얻기 위해 읽어야 하지 않을까요?

러시아 문화 자체와 전쟁 중 러시아 문화를 거부하는 행동을 서로 다른 것으로 구분해서 봐야 합니다. 전쟁 이후 러시아 문화는 여기에 관심 있는 사람에게 열려 있어야 해요. 마치 우리가 나치를 지지하거나 그들에게 영감을 주었던 니체, 하이데거, 크누트 함순 또는 에즈라 파운드의 작품을 지금도 읽을 수 있는 것처럼 말입니다. 러시아 문학 연구는 우크라이나뿐만 아니라 조지아, 아르메니아, 몰도바, 체첸과 시리아 등에서 러시아가 자행한 전쟁 범죄를 이해하는 데 큰 도움이 됩니다. 러시아 문학을 읽는다면 러시아의 제국주의와 민족적 오만함의 실체를 깨달을 수 있어요.

다른 한편으로는 러시아의 침략 전쟁이 끝날 때까지 러시아 문화 소비를 거부할 필요성이 있습니다. 푸틴에게 문화는 대화를 위한 공간이 아니라 그의 '특수 KGB 작전'을 위한 선전 도구입니다. 러시아인과 함께하는 문화 행사는 의도했든 의도하지 않았든 러시아 침략을 정당화하는 데 이용될 여지가 있어요.

러시아 문화를 소비하는 사람 대부분은 오늘날의 문제가 러시아 사회에 내재되어 있는 전체주의 때문이 아니라, 푸틴 개인 때문에 일어난 것이라고 생각합니다. 하지만 근본적인 문제는 푸틴이 아니라 푸틴을 부상하게 한 러시아 사회예요. 어느 러시아인이 길거리 인터뷰에서 "우크라이나인들의 죽음을 진심으로 바란다"라고 발언했습니다. 그가 죽기를 바라는 인간들이 우크라이나인뿐이겠습니까? 상황에 따라서는 유럽인, 미국인, 아시아인에게도 같은 일이 일어나기를 바라겠지요. 푸틴의 성명에도 같은 말이 있습니다. "왜 러시아가 없는 세상이 필요한가? 그런 세상은 필요하지 않다." 그러한 사람들은 도처에 있습니다.

21세기에 어떻게 이런 행동이 가능한가요? 러시아 문화 속에 깊숙이 박혀 있는 특정한 생각이 러시아인으로 하여금 세상을 증오하도록 만들었어요. 전쟁이 끝날 때까지 러시아 문화 소비를 거부하는 것은 문명 세계가 러시아에게 가할 수 있는 또 다른 형태의 제재입니다. 러시아 예술가는 해외 활동을 멈추고, 이러한 악이 어떻게 가능하게 되었고 이러한 상황에 대한 책임이 어디에 있는지 자문해야 합니다. 러시아의 시민사회가 쇠퇴한 이유, 러시아의 군사적 침략의 근원을 찾아보려는 노력이 행해져야 합니다.

이제 우크라이나인인 루브코의 개인적인 이야기를 듣고 싶어요. 루브코는 어떻게 작가가 되었나요?

나는 친유럽 지역인 서부 도시 르비우에서 태어났습니다. 도처에 아름다운 중세 건축물들이 있는 도시지요. 폴란드, 오스트리아·헝가리 제국, 독일, 아르메니아 및 유대인 문화가 영향을 미친 곳이기도 해요. 이 서부 지역은 그리스 정교의 영향을 받아 보수적입니다. 여기에서 자란 나는 종교적인 영향을 받긴 했지만 반항아이기도 해서 국가적 또는 전통적 종교의 틀에 갇히기를 원하지 않았어요. 반항심 때문에 어린 시절에 친구들과 갈등이 많았고 거의 왕따로 어린 시절을 보냈지요. 방과 후에는 혼자서 시간을 보냈고 주로 책을 읽었습니다. 삼촌이 엄청난 규모의 서재를 가지고 있었지만, 십대의 나는 고전보다는 SF, 판타지, 공포 문학을 읽는 것을 좋아했지요. 열다섯 살 때부터 글을 썼어요.

르비우 대학에서 생물학과 화학을 공부했는데, 대학의 창조적이고 자유로운 분위기가 나를 전문 작가로 만들었습니다. 대학에서 만난 여성 심리학자를 통해 스타니슬라브 그로프와 같은 자아 초월 심리학자의 이론을 공부하기도 했어요. 자각몽lucid dream,* 변화된 마음 상태, 죽음 및 영적 황홀경과 같은 인간 의식의 경계 현상에 관심을 가졌고, 명상, 초월적 호흡법, 요가, 샤머니즘과 같은 것에 빠지기도 했습니다. 티모시 리어리, 켄 키시, 카를로스 카스타네다가 보여준 저항 문화와 환각적이며 진보적인 것들에서도 영향을 받았습니다. 서구의 포스트 모던 예술을 썩은 것으로 묘사하는 옛 소련의 책을 보면서 반대로 예술에서의 실험의 중요성을 깨닫기도 했고요. 이러한 다양한 경험이 칵테일을 이루어 초기 작품에 드러났습니다. 사랑, 우정, 폭력, 저항이라는 젊음의 날카로운 주제들을 아이러니하고 유머러스한 문체 속에 담아내려고 했지요.

자신의 대표작으로 어떤 작품을 꼽나요? 한국 독자에게

---

* 꿈을 꾸고 있다는 사실을 알고 있는 꿈. 이 꿈의 내용을 어느 정도 통제할 수 있는 것으로 알려져 있다.

소개해주고 싶은 작품이 있다면 그건 어떤 작품인지 설명
해줄 수 있을까요?

가장 최근에 발표한 《바람이 부는 곳에Where the Wind Blows》
(2021)를 소개하고 싶습니다. 《바람이 부는 곳에》는 1960년대
비트닉Beatnik* 저항 문학을 패러디한 희극이자 비극 작품입니
다. 유망한 젊은 작가가 2014년에 일어난 마이단 혁명을 지지
하지 않았기 때문에 독자를 잃게 되는 과정을 그리고 있어요.
마이단 혁명은 2014년에 수백만 명의 우크라이나인이 키이우
거리에서 야누코비치 정부의 폭력과 부당함에 맞서 싸운 혁명
을 가리킵니다. 혁명에 동참하지 않은 주인공은 독자들과 점
차 멀어져 가지요. 그러다가 자신의 열렬한 팬인 십대 소녀의
제안을 수락하여, 곤조 저널리스트gonzo journalist**처럼 된 채 아
마추어 록 밴드와 함께 전국을 여행합니다. 젊은 신인 음악가
들과 함께 우크라이나 서부에서 동부까지 여행하는 동안 깨닫
지 못했던 것을 새롭게 깨닫고 자신의 나라에서 일어날 불행
을 예감하게 되지요. 조국을 짓밟은 전쟁의 현실과, 저항하면
서도 정치에는 무관심한 문화 사이에 벌어지는 갈등을 묘사했
어요. 이 책은 어떤 면에서는 자전적이고 이전 작품보다는 미
학적인 면에서 균형을 이루고 있다고 생각해요.

---

* 비트 문화Beat Culture를 따르는 사람을 칭한다. 비트 문화의 중심 요소는 표
준화된 내러티브 거부, 영적인 탐구, 동양 종교 연구, 경제적 유물론 거부,
환각제에 관한 실험, 성적인 해방과 탐험 등이다.
** 객관성 없이 자신만의 고집으로 글을 쓰는 저널리스트를 가리킨다.

자전적인 소설이라면, 마이단 혁명 이전에는 정치에 큰
관심이 없었군요?

소설 속 등장인물에 나의 꿈과 악몽이 동시에 투영되어 있다
고 할 수 있어요. 나는 2014년에 혁명이 일어났을 때 철저히
지지하지 않았어요. 소설 속 주인공처럼요. 키이우에서 벌어
진 시위 초기에는 거리로 나섰지만 곧바로 원인 모를 좌절에
빠졌지요. 나의 비정치적인 성향이 정치적 격변으로부터 스스
로를 멀어지게 했던 거예요. 그리고 당시에는 마이단 혁명의
역사적 의미를 충분히 깨닫지 못했지요. 그것은 단순히 우크
라이나가 유럽으로 가겠다는 선언이 아니었습니다. 자유, 존
엄, 인권을 향한 인간의 투쟁이었던 거예요. 정치적이었다기
보다는 존재론적이었지요. 만일 시간을 되돌려 돌아갈 수 있
다면 마이단 혁명에 보다 깊이 관여할 거예요.

러시아 문학은 루브코의 작품 세계에 어떠한 영향을 미쳤
나요? 러시아가 삶에 어떠한 영향을 미쳤는지 질문해도
될까요?

러시아 문학이 우크라이나 서부에서 자란 내게 끼친 영향은
미미해요. 운 좋게도 나는 글을 쓰기 시작한 초기에는 러시아
고전의 영향을 피할 수 있었습니다. 문학에 심취하게 되면서
다양한 세계 문학을 읽게 되었고, 그때 그 목록에 러시아 문학
도 포함되었지요. 그 후 러시아 모더니스트와 포스트 모더니
스트의 작품들을 즐겼습니다. 흘레브니코프, 프리고프, 예로페
예프, 소로킨과 펠레빈의 작품들을 읽었지요. 최근에 내게 영

향을 미친 작가는 철학자이자 인문학자인 미하일 바흐친입니다. 내가 일부 작가로부터 영향을 받은 것은 사실이지만, 전체적으로 러시아 문학은 지루한 것이었습니다. 러시아 고전에 끝없이 나오는 애국심이 낯설게 느껴졌기 때문에 러시아 고전에 몰입하지 못했어요.

러시아인은 거만하게 조롱하는 투로 우크라이나를 2류, 지방, 농촌으로 간주해왔습니다. 나는 이를 일부 바보 국수주의자들의 시각이라고 생각했어요. 하지만 그게 바로 러시아 정체성을 이루는, 양보할 수 없는 부분이라는 사실을 비로소 깨달았습니다.

2022년 2월, 러시아의 전면적 침략이 시작되자 러시아인들이 전쟁을 지지한 일은 충격 그 자체였어요. 그들의 실제 목표는 우크라이나 문화 제거이지만, 대외적 명분은 우크라이나의 탈나치화입니다. 러시아의 위대함을 회복하기 위해 침략, 강간, 살인이 이뤄져야 한다고 생각하는 사람들과 무슨 이야기를 나눌 수 있습니까? 러시아의 집단적 정신 세계에는 남의 고통을 마다하지 않는 가학적 뒤틀림이 있습니다. 톨스토이, 체호프, 부닌과 같은 몇몇 사상가와 작가에게 그러한 뒤틀림이 있다고 말하는 것은 공정하지 않을 수도 있어요. 하지만 지금 이 순간에 그들을 포함한 모든 러시아 작가와 거리를 둘 필요성이 있다고 느낍니다.

어린 시절에 친구들로부터 따돌림을 당했다고 했지요. 따돌림은 현대 사회의 큰 문제인데요, 학교 생활에 어려움을 자신만의 내적인 세상을 만들고 그것을 지키라고 말해주고 싶어요. 다른 사람이 그 세상을 폄하하고 모욕하지 못하도록 보호하는 것이 필요해요. 자신의 내적인 세상을 상상력과 창의력으로 발전시켜 나가야 해요. 자신의 관심사를 따라가다 보면 외로움, 무시당했다는 생각, 불행하다는 느낌이 들지 않을 거예요.

마지막으로, 유럽으로 피난한 난민들에게 어떤 이야기를 전해주고 싶나요? 난민을 돕고 있는 사람이나 이 전쟁을 지켜보는 한국인에게 전하고 싶은 말이 있는지요?

우크라이나를 떠난 난민들에게 '당신은 모든 일을 올바르게 했다'라고 말해주고 싶습니다. 당신은 먼저 자신과 가족을 구해야 했습니다. 조국을 일시적으로 떠난 것에 조금이라도 죄책감을 느낄 필요가 없어요. 당신이 있는 곳에서 당신을 도와주는 사람들에게 친절하게 대하고 감사하게 생각하면 될 뿐이에요. 그리고 그들을 위해 무엇인가를 해야 한다는 사실을 잊지 않기를 바라요. 우크라이나에 있는 우리는 당신이 더 안전한 나라로 돌아올 수 있도록 무언가를 하고 있습니다. 그러나 당신이 그곳에 없다면, 이곳에 우리도 없습니다. 당신 없이는 우크라이나도 없다는 것을 꼭 기억해주세요.

우크라이나인을 도와주는 유럽과 전 세계 사람들에게 말하고 싶습니다. 당신이 발휘하고 있는 인류애는 값을 매길 수 없이 귀중합니다. 진정한 인류애를 보여주고 있습니다. 당신은 우리 아이들의 마음과 기억을 구했어요. 우리 아이들의 동심과 안전을 지켜주었습니다. 우리는 당신에게 큰 빚을 졌고, 나는 그 빚을 언젠가 백 배로 갚겠습니다.

한국 사람들에게도 이렇게 전하고 싶어요. 이번 우크라이나 전쟁은 큰 소요의 시작을 알리는 신호일 수 있어요. 러시아가 저지되고 처벌되지 않는다면 무력 사용이 남용될 것이며, 다른 독재 정권에 핑곗거리를 제공해줄 것입니다. 어쩌면 중국이 러시아로부터 바통을 넘겨받는 나라가 될지도 몰라요. 아니면 중국이 아니라 러시아가 아시아에 영향력을 행사하겠다고 나설 수도 있고요. 한국과 아시아를 위해서도 러시아의 잔악 행위를 함께 막아야 한다고 전하고 싶어요.

러시아 침략이 시작된 직후 우리는 전 세계에서 보내주는 믿을 수 없을 만큼 커다란 지지를 보았습니다. 정부가 아니라 평범한 사람들이 먼저 우크라이나를 지지했고, 그러한 지지에 놀란 각국 정부가 뒤늦게 대응에 나섰지요. 서방 국가들이 적극적으로 적절하게 우크라이나 정부와 난민을 지원하고 있습니다. 우크라이나에 대한 이러한 세계적 지원은 인간적인 세상을 만들 수 있는 가능성을 보여주는 좋은 징조입니다.

사실, 주요 유럽 국가들의 첫 전쟁 대응에서 서구의 도덕적 침식을 보았습니다. 그 도덕적 침식이란 비즈니스 관점으로 국제 정치를 바라보는 태도입니다. 하지만 이런 잘못된 태도는 일반 시민들의 의지에 의해 바뀌게 되었고, 상실될 뻔한 서구의 존엄성이 되살아날 수 있는 계기가 만들어졌어요. 인류는 존엄, 자유, 책임이라는 더 나은 가치를 지향할 기회를 갖게

된 것이에요.

마지막 질문과 답변에 인터뷰어가 하고 싶은 말이 모두
담겨 있다.

감사의 말

인터뷰에 응해주었으나 고심 끝에 싣지 않기로 한 원고의 주인공 올가는, 전쟁으로 인해 일상이 왜곡된 사람들의 개인적 경험이 서로 연결되고, 그 연결을 통해 보편적 깨달음이라는 그림이 그려질 수 있다면 자신의 이야기가 그림의 가장자리에 위치해 있어서 액자에 가려진다고 해도 좋다고 말했다. 올가는 책 속의 사실 관계들을 확인해주었다. 감사한다.

인터뷰에 응해준 아만다, 나타샤, 리디아, 올레나, 밀라, 자네, 스테파니, 디아나, 안나, 메리, 아나르, 리자, 줄리아, 마리아, 루브코, 또 다른 마리아에게 감사한다. 실명이 아닌 익명으로 등장한 다리야, 소피아, 알리야에게 감사한다.

인터뷰 성사를 도와준 이웃집 친구 크리스티나, 이름을 밝힐 수 없는 벨라루스 친구, 직장 동료 타냐, 고인이 된 동료 인나의 아들 알렉산더, 폴란드의 번역가 안나, 소프라노 이혜지, 김상철 박사, 대학생 윤예신에게 감사한다.

작가 스베틀라나 알렉시예비치, 작가 밀란 쿤데라, 화가 카지미르 말레비치, 화가 아르히프 쿠인지, 런던의 거리 예술가들, 덜위치 픽쳐 갤러리와 덜위치 컬리지 덕분에 책 내용이 풍부해질 수 있었다. 모두에게 감사를 표한다.

우리는 침묵할 수 없다

초판 1쇄   2022년 8월 12일 발행

지은이   윤영호, 윤지영

기획편집   유온누리
디자인   조주희
마케팅   김성현, 김예린
홍보   이혜옥, 최재희
인쇄   예인미술

펴낸이   김현종
펴낸곳   메디치미디어
경영지원   전선정, 김유라
등록일   2008년 8월 20일 제300-2008-76호
주소   서울시 중구 중림로7길 4
전화 / 팩스   02-735-3308 / 02-735-3309
이메일   meeum@medicimedia.co.kr
인스타그램   @__meeum
블로그   blog.naver.com/meeum__

ISBN 979-11-5706-265-2 03300

창문, 몸의 ㅁ, 마음의 ㅁ
ㅁ은 메디치미디어의 인문·교양·에세이 브랜드입니다.

이 책의 판매 수익 일부는 우크라이나에 기부됩니다.

이 책을 읽는 당신이 궁금합니다.

카메라를 켜고 QR코드를 스캔해주세요.
답해주시는 분들 중 추첨을 통해
소정의 선물을 드립니다.